행복한 삶

장애 자녀를 위한 미래 설계 7단계

앨 에트만스키 외 지음 · 이보상 옮김

Here and Now Community Society

이 책은 독자들에게 도움이 될 만한 일반적인 정보를 제공하려는 것이며 법적 조언이 아님을 알려 드립니다.

이 책에 소개된 정보는 이 책이 출판된 시점에는 정확한 정보이지만 실제 미래 설계를 실행할 때는 관련 전문가를 직접 만나 상담할 것을 권고합니다.

이 책에서 사용된 "장애(disability)"라는 용어는 인간의 기능적 능력에 제한을 주는 어려움, 조건, 환경, 불리함, 손상 등을 일컫는 것입니다. PLAN의 모든 출판물에 동일하게 적용되는 개념이 있습니다. 그것은 사람이 중심이며, 장애는 그 다음이라는 것입니다.

행복한 삶 – 장애 자녀를 위한 미래 설계 7단계

지은이	앨 에트만스키 외
옮긴이	이보상
초판발행	2016년 10월 20일
펴낸이	배용하
등록	제364~2008~000013호
펴낸곳	도서출판 대장간
	www.daejanggan.org
등록한곳	대전광역시 동구 우암로 75~21
편집부	전화 (042) 673~7424
영업부	전화 (042) 673~7424전송 (042) 623~1424
분류	장애	복지
ISBN	978-89-7071-392-2 13330

값 15,000원

목차

서문

"우리가 더 이상 자녀를 돌볼 수 없을 때 누가 우리 자녀를 돌보아 줄 것인가?" 이 질문은 바로 1989 년 Planned Lifetime Advocacy Network(PLAN)을 만들면서 앨 에트만스키, 빅키 코맥, 잭 콜린스 등 몇몇 부모가 한 질문입니다. 이 분들은 자신이 죽는다고 장애 자녀를 돌봐야 하는 책임이 없어지는 것이 아니라는 점을 깨달은 분들입니다. 즉, 부모의 책임은 장애 자녀가 죽었을 때 끝난다는 것입니다. "장애 자녀가 우리보다 더 오래 산다면 누가 자녀를 돌볼 것인가?"라는 질문이 장애 자녀에 대한 깊은 사랑과 용기를 가진 부모들에게 던져진 것입니다.

다행히 해답이 있었습니다. 1996년 *"Safe and Secure"*라는 제목으로 초판이 발행된 이후, 이 책은 다음과 같은 질문을 가진 장애 가족과 부모에게 매우 귀중한 자원이 되었습니다. 우리가 죽은 후 누가 우리 장애 자녀에게 관심을 가져 줄 것인가? 누가 우리 자녀를 사랑해 줄 것인가? 누가 자녀를 보호하고 안전하게 지켜줄 것인가? 누가 그들의 재능을 알아보고 발전시켜 줄 것인가? 누가 자녀의 권익을 옹호해 줄 것인가? 누가 올바른 의사결정을 하도록 도와줄 것인가?

*"Safe and Secure"*는 힘든 여정을 걸어 온 수 많은 가족들과 친구들의 지혜와 경험을 담은 책입니다. 이들은 사랑하는 장애 자녀에게 안전하고 안정된 삶을 만들어 줄 수 있다는 믿음 아래 모인 분들입니다. 지난 20년 동안 PLAN은 자녀의 장애보다 그들의 재능과 그들이 할 수 있는 기여에 초점을 맞춰 왔습니다. PLAN은 장애 자녀의 안전과 안정된 삶이 그가 가지고 있는 관계에 달려 있다고 굳게 믿습니다. 관계가 풍성할 수록 자녀의 삶은 더 안전합니다. 관계가 부족할 수록 자녀의 삶은 더 취약해집니다.

장애 자녀에 대한 비전을 갖는다는 것과 명확한 의도를 가지고 양육하는 것은 자녀의 삶에 큰 영향을 줍니다. 의사결정 지원 체계를 갖추고, 유산상속 계획과 유언장을 작성하는 등 재정적 문제를 미리 준비하는 것 또한 장애 자녀의 삶에 매우 중요합니다. 2009년, *"Safe and Secure"*는 장애 적금(Registered Disability Savings Plan, RDSP) 제도의 도입과 함께 크게 보완되었습니다. 장애 적금은 장애인을 위해 세계 최초로 캐나다가 도입한 목돈 마련 저축 수단입니다. PLAN이 주도가 되어 도입된 이 제도로 인해 이제 사랑하는 장애 자녀가 가난 속에서 살지 않고 재정적으로 안정되게 살아 갈 수 있는 수단이 마련된 것입니다. 이것을 가족과 친구들이 도울 수 있습니다.

이번 2014년에 보완된 *"Safe and Secure"*는 지난 4반세기 동안에 이룬 혁신과 실험에서 얻은 지식과 지혜기 더해졌으며, 일곱 단계 미래 설계를 통해 이룩한 장애인의 안정된 삶에 대한 이야기와 사례들이 포함되었습니다.

저는, 저 역시 도움을 필요로 하는 장애 자녀의 아버지로서, 앨 에트만스키, 빅키 코맥, 잭 콜린스 등 장애인의 더 나은 삶을 위해 선구자적 역할을 해 준 분들께 많은 빚을 졌습니다. 장애 자녀들은 우리 사회의 보살핌과 사랑의 깊이에 의존하며 살아갑니다. 이들의 보살핌과 사랑으로 우리 사회는 더욱 더 풍성하고, 생기 넘치며, 모든 사람을 포용하고 받아 들이는 곳이 된 것입니다.

테드 쿤츠
PLAN 이사회 의장

한국어판 서문

Safe and Secure 한국어판 출간을 축하하며…

앞서 Ted Kuntz가 'Safe and Secure' 영어판 서문에서 언급한 바와 같이 이 책은 "우리가 이 세상에 없을 때 누가 우리 자녀를 돌봐줄 것인가?"에 대한 해답을 드리고자 한 것입니다. 이 책은 전세계 수천 가족들의 지혜와 경험이 집약된 책으로 지금까지 10개 국가에서 5개 언어로 번역되어 출간되었습니다. 이들 가족들은 그들이 사랑하는 장애 자녀들에게 안전하고 안정된 삶을 만들어 줄 수 있다는 믿음 하나로 뭉친 사람들입니다.

이번 한글판 역시 장애 자녀의 아빠이면서 Here and Now의 CEO인 역자와 동일한 믿음으로 오랜 기간 대화를 나누고 논의를 거쳐 나온 결과물입니다. 저는 그동안 그가 얼마나 많은 시간 공을 들여 이 책을 번역해왔는지 잘 알고 있습니다. 사실 이곳 캐나다에 있는 한국 장애 가정들은 장애 자녀를 양육하는 것뿐만 아니라 문화 차이와 언어 장벽으로 인해 다른 캐나다 장애 가정들보다 더 큰 어려움을 겪고 있습니다. 이런 면에서 Safe and Secure의 한국어판은 캐나다에 있는 한국 가정에 큰 기여를 할 것입니다. 이러한 그의 헌신은 바로 자녀와 가족에 대한 사랑, 더 나아가 기관과 지역 사회에 대한 사랑에서 출발된 것입니다. 이 자리를 빌어 그의 노력과 의미 있는 기여에 감사를 표하고 싶습니다.

여러 번 한국을 방문하면서 저는 한국 장애 가정이 갖고 있는 어려움들이나 이곳 캐나다에서 경험하는 것이 별반 다르지 않다는 것을 알게 되었습니다. 비록 한국에서의 지원책이 캐나다보다 다소 적긴 하지만, 한국 가정들도 똑같이 자녀들에게 보다 나은 삶을 주기 위해 피나는 노력을 하고 있는 것을 보았습니다. 모쪼록 이 책이 캐나다와 한국에 있는 부모들이 장애 자녀들의 "행복한 삶(A Good Life)"을 이루게 하는데 조금이나마 도움이 되기를 간절히 바랍니다.

2016년 10월, 팀 에임스

Executive Director
PLAN & Plan Institute

감사의 글

이 책의 번역과 출판을 위해 후원해 주신 Here & Now 가족들과 후원자 분들께 심심한 감사를 드립니다. 이 분들의 도움으로 이 책의 출판은 물론 캐나다 B.C.주에 거주하는 1,000 가정에 이 책을 무료로 배포할 수 있게 되었습니다. 아무런 대가도 바라지 않고 어디선가 이 여정을 걷고 계신 다른 가정을 위해 기꺼이 후원해 주신 이 분들의 뜻을 기억하고자 합니다.

강시영 가족, 강지형, 김도건, 김태현, 김태희, 나영지, 남동우, 박윤상, 박종서/한혜란, 백주리, 서동구, 송창헌, 심준, 송승재, 오예찬, 오영욱, 윤영로, 이승윤, 이영미, 이재환, 이철신, 이한얼, 이혜지, 임은실, 장성녀, 장채빈, 정예인, 정유진, 정지환, 조동혁, 최숙경, 최영호, 홍송의, 홍순태 변호사, 황보경옥. (가나다 순)

옮긴이의 글

이 책을 처음 접한 때는 2012년 제 아이가 16세가 되었을 때입니다. 곧 성인이 될 아이를 위해 어떤 준비를 해야 하는가를 고민하며 여기 저기 정보를 수집하고 관련 기관을 만나러 다니던 터였습니다. 그 때 알게 된 기관이 PLAN이었고 그 때 접한 책이 바로 이 책 *"Safe and Secure"*였습니다. 행복한 삶(a good life), 부모 중심의 기관(parents-led), 친구 관계 형성(personal network), 미래 설계 (future planning) 등의 개념이 오랫동안 막연히 고민만 해 오던 제게 매우 구체적인 해결책으로 다가온 것입니다. 특히 충분한 재산이 없어 자녀의 미래를 걱정하고 있는 저희와 같은 가정에도 미리 준비만 잘 한다면 자녀의 행복한 삶이 어느 정도 가능하다는 생각도 들었습니다.

더 열심히 정보를 수집하고 PLAN의 모델을 적용하여 아이에 대한 계획을 어느 정도 마치고 나자, 문득 이것을 저만 알고 있으면 안되겠다는 생각이 들었습니다. 왜냐하면 거의 모든 부모가 똑 같은 고민을 하고 있고 그 해결책이 거의 없다고 생각하며 하루하루 지내고 있다는 것을 알고 있었기 때문입니다. 그리고 혼자만으로는 필요한 것들을 다 채울 수 없다는 것도 분명했습니다.

사실 장애 자녀를 위해 성인기 전환 계획이나 부모 사후의 미래 설계를 준비하고, 친구 관계를 형성해 주는 것은 현지인들에게도 결코 쉬운 일이 아닙니다. 하물며 낯선 캐나다 땅에 와서 언어 장벽과 문화적 차이만이 아니라, 장애 자녀를 돌보느라 지쳐 있는 한국 부모들에게 스스로 알아서 자녀의 미래를 준비하라는 것은 거의 불가능에 가까운 일입니다.

이 힘든 일을 과연 내가 아니, 우리가 할 수 있을까 많은 고민 끝에 일단 움직이기로 했습니다. PLAN을 만나 협조를 구하고, 한국 부모들을 대상으로 PLAN의 모델을 설명하고, 몇몇 가정을 대상으로 미래 설계와 네트워크 만드는 일을 시작하였습니다. 웹사이트도 만들어 그동안 모아둔 정보를 정리하여 한글로 올리고, 세미나도 하고 개별 상담도 하였습니다. 역시 쉽지 않은 일이었고 실패도 있었지만, 그래도 아무 것도 하지 않는 것보다 낫다는 것은 분명했습니다.

Nothing happens until something moves (움직이지 않으면 아무 일도 일어나지 않는다)
– 앨버트 아인슈타인 –

그러다 이 책을 번역해야겠다는 생각에 이르게 되었습니다. 짧은 상담이나 세미나를 통해 많은 정보를 전달하기 어려웠기 때문이었습니다. 그리고 아직 노출되지 않은 수 많은 한국 가정들과 다른 지역에 있는 가족들도 생각났습니다. 제가 사는 B.C.주에는 약 70,000명의 한국인이 살고 있다고 합니다. 통계적으로 추정해 보았을 때, 자폐아 비율 통계가 적게는 1.4% 많게는 2.6%까지 발표가 되고 있으니 다른 발달 장애까지 합친다면 최소 약 1,000가정 정도가 장애 가정이라 할 수 있습니다. 하지만 지난 3년간 Here & Now에 알려진 가정은 100가정이 채 안됩니다. 이 책의 한국어판이 출판되어 이들 가정의 손에 들어갈 수 있다면 조금이라도 도움이 되지 않을까라는 생각이 들었습니다.

이렇듯 노출되지 않은 가정이 많은 것은 여러가지 이유가 있을 것입니다. 이 자리를 빌어 이제 막 자녀가 진단을 받았거나 자녀의 상태에 의심을 가지고 있는 저보다 젊은 부모의 가정에 드리고 싶은 권고가 있습니다. 자녀의 장애를 인정하고, 공개하고, 도움을 요청하고, 부모 조직에 참여하라는 것입니다. 눈이 나쁜 사람에게 안경을 주어야지 열심히 노력해서 시력을 향상 하라고 할 수는 없습니다. 발달 장애도 마찬가지입니다. 자녀의 장애를 인정하지 않으면 한 발자국도 나아갈 수 없습니다. 가족의 관계도 힘들어집니다. 부부가 힘을 합쳐도 힘든 상황인데 서로의 힘을 빼는 결과를 낳고 그것은 결국 자녀의 발달에도 전혀 도움이 되지 않습니다. 자녀의 장애를 인정할 때 도움이 필요한 자녀에게 도움을 줄 수 있는 부모의 위치에 서게 되고 사랑으로 다가갈 수 있습니다. 또 부모가 같은 마음으로 자녀를 바라볼 때 힘을 합쳐 자녀의 행복을 지켜줄 수 있고, 관계도 회복됩니다. 저는 장애가 있는 자녀로 인해 가정이 바로 서는 경우를 수없이 보아왔습니다. 장애 자녀가 그 가정에 'Disguised Blessing(위장된 축복)"이었음을 고백하는 가정도 많이 보았습니다. 이 모든 것이 자녀의 장애를 인정하고 공개하는 것에서부터 시작된다고 생각합니다.

이제 한국어판을 발표하게 되었습니다. 하지만, 읽기가 쉬워졌다고 해서 모든 것이 끝난 것은 아닙니다. "Nothing happens until something moves!" 그렇습니다. 실행이 없다면 지식이나 정보는 아무 의미가 없습니다. 물론 실행이 쉽지는 않습니다. 특별히 드리고 싶은 말씀이 있습니다. 그것은 바로 아버지의 적극적인 관심과 참여입니다. 여러 가정을 만나다 보면 대부분의 가정이 아빠보다는 엄마가 장애 자녀의 모든 것을 챙기는 경우가 많습니다. 아빠는 바깥 일을 해야 하기 때문이죠. 하지만, 자녀의 미래 설계는 아빠가 주도적으로 해야 하는 일입니다. 그것이 불가능하다면 최소한 적극적으로 함께 논의하고 지원해야 합니다. 그리고 외부에 도움을 요청해야 합니다. 부모들의 실천을 돕기 위해 부모의 마음으로 부모들을 도울 수 있는 부모 중심의 기관이 필요합니다.

부모 중심의 기관이 있으면 개별 가정의 실행을 다음과 같이 도울 수 있습니다. 첫째, 미래 설계를 위한 워크샵을 개최합니다. 단계별로 매회마다 사전에 책을 읽고 각 장 뒤에 있는 워크시트를 작성해 본 후 워크샵에 참석해 함께 아이디어를 나누고 필요한 정보를 얻습니다. 부부가 함께 참석하는 것을 원칙으로 하고, 그것이 정 어렵다면 최소한 사전에 책을 읽고 워크시트를 작성하는 것은 함께 합니다. 유산 상속, 유언장 등에 관한 얘기를 나누다 보면 부부간에 기분이 상하기도 합니다. 저희 가정도 그랬습니다. 그래도 대화를 나누어야 합니다. 둘째, 장애 자녀의 네트워크 구축을 도울 수 있습니다. 중이 제 머리 못 깎듯이 부모가 직접 자녀의 친구 네트워크를 만드는 것은 매우 어려운 일입니다. 중간에 PLAN 혹은 Here & Now와 같은 전문적인 기관을 두고 네트워크를 구축하는 것이 바람직합니다. 특히 신앙 공동체는 네트워크 구축에 매우 중요한 터전이 됩니다.

> "20년후 당신은 했던 것보다 하지 않았던 것으로 인해 더 실망할 것이다."
>
> — 마크 트웨인 —

이 책은 캐나다 B.C.주를 중심으로 서술된 책입니다. 정부 지원 제도나 RDSP 등의 제도가 아직 캐나다에만 있어 다른 나라에서는 적용이 안되는 부분도 있습니다. 하지만 전체적인 요소는 공통적입니다. 즉, 비전을 세우고, 관계를 형성하고, 집을 장만하고, 의사결정을 지원하고, 재정적 안정을 준비하고, 사회에 기여할 수 있는 영역을 찾는 것, 그리고 부모 중심의 조직을 만들어 부모 사후까지도 자녀의 미래를 책임지고 보살펴 주는 것입니다. 따라서 이 책은 B.C.주에 있는 한국 장애 가정만이 아니라 캐나다 다른 주에 있는 가정, 더 나아가 다른 나라나 한국에 있는 가족들에게도 큰 도움이 되리라 확신합니다.

특히 캐나다의 정부 지원제도나 RDSP 제도 등 캐나다의 상황이 한국에 소개되어, 좋은 점이 있다면 한국에도 도입되기를 희망합니다. 또한 이 책을 토대로 한국과 다른 지역에 있는 분들이 그 지역의 특성을 반영한 글들을 많이 쓰기를 기대합니다. 여러 나라의 정보들이 한국어로 발표된다면 좋은 제도나 아이디어들이 활발하게 교환되는 계기가 될 것이기 때문입니다.

이제 이 책의 번역을 마치면서 감사의 마음을 전하고 싶은 분들이 있습니다. 무엇보다도 이 책이 한국어판으로 나오게 허락을 해 준 저자 대표 Al Etmanski와 Vickie Commack, PLAN Institute의 CEO Tim Ames, 그리고 처음 PLAN을 만났을 때 많은 도움을 제공해 준 PLAN의 전 CEO Maggie Vilvang과 PLAN 이사회 의장 Ted Kuntz에게도 감사를 드립니다. 또한 한국 커뮤니티를 따뜻하게 맞아 주고 도움을 주는 PLAN의 이사진과 직원분들께도 감사드립니다.

이 책의 번역을 위해 재정적 후원을 해 주신 한국 브솔복지재단의 방수현 목사님과 박성열 목사님, 그리고 박국정 실장님 및 브솔 직원분들께도 심심한 감사를 드립니다. 그리고 대가도 없이 묵묵히 섬겨 주시는 Here & Now 이사진과 여러 모양으로 지원해 주시는 부모님들과 후원자 분들께 큰 감사를 드립니다.

끝으로 함께 이 길을 걸어가며 동역하는 사랑하는 아내, 아빠를 항상 격려해 주는 사랑하는 딸 단하, 모든 영역에서 내 삶의 방향을 바꾸게 해 준 사랑하는 아들 찬하에게 감사하며, 이 모든 여정을 주관하시고 이끄시는 하나님께 무한한 감사를 드립니다.

2016년 7월 밴쿠버에서
이 보 상

나의 인생

사람들은 지레 짐작 합니다. 아마 그들은 자신의 삶이 얼마나 부유하고, 풍성하고, 재미있고, 게다가 감히 행복하다고 말할 정도라는 것을 모를 겁니다. 여러분은 믿을 수 있나요?

나는 많은 사람들—돌보미, 가족, 친구—을 압니다. 그리고 그들은 모두 나를 보살펴 줍니다. 나는 그들이 나를 좋아한다는 것도 압니다. 그들은 나와 함께 있기를 좋아합니다. 나랑 함께 있으면 즐겁거든요. 나는 사람들에게 인생에서 무엇이 진정으로 중요한 지 알려 줍니다. 그것은 바로 관계입니다.

나는 운이 좋은 사람입니다. 아무도 나에게 기대하는 것이 없습니다. 내 삶은 내적 탐험을 하기에 가장 이상적인 삶입니다.

우리는 뭔가를 "하는" 사회에 살고 있습니다. 우리는 장애인을 불쌍하게 여깁니다. 뭔가를 "할 수" 없기 때문이죠. 내면의 유익을 보지 못합니다. 뭔가를 할 수 없고, 일할 수 없고, 직업이 없다고 해서 그 사람이 소중하지 않다고 말할 수는 없습니다.

장애는 아무런 꼬리표 없이 우리가 진정으로 누구인지 돌아보게 합니다. 전문지식, 소유, 집, 자동차, 돈, 재능 등이 없다면 당신은 누구인가요? 모든 것을 빼앗긴, 당신은 누구인가요?

커스틴 매인(KIRSTEEN MAIN)
밴쿠버에서 태어나 시인이 되었다. 캐나다 시인 협회(Poetry Institute of Canada)에 작품을 발표했으며, 스코틀랜드 및 앨버타 주에서 출판된 *Safe and Secure*에도 작품이 실렸다. 최근 그녀의 작품을 모아 *Dear Butterfly*라는 제목으로 단행본이 출간되었다. 자세한 내용은 '참고자료' 참조.

들어가며

사랑만으로는 충분치 않습니다

누군가 이 책에 관심을 갖고 읽고 있다면 마음 속에 두 가지 감정이 있을 겁니다. 하나는 사랑이고 다른 하나는 두려움입니다. 너무나 당연한 감정입니다. 우리도 그랬고, 지금까지 만났던 많은 장애 자녀의 부모들도 마찬가지입니다. 여러분만 그런 것은 아닙니다.

"다른 사람들처럼 나도 세상을 떠나기 전에 여러가지 문제들을 잘 정리해 두고 싶다. 그리고 내가 세상을 떠난 후에도 내가 바라는 대로 될 수 있도록 명확한 청사진을 남겨두고 싶다. 그래서 내가 세상을 떠나게 되었을 때, 아이들이 받게 될 엄청난 스트레스와 정신적 충격을 덜어주고 싶다. 나보다 더 오래 살게 될 자녀, 특히 장애가 있는 자녀들을 위해 안정된 미래를 만들어 주고 싶다."

이것은 사랑의 소리입니다.

그럼에도 불구하고 캐나다인의 50 퍼센트 이상은 유언장을 남기지 않은 채 세상을 떠납니다. 나머지 50퍼센트의 경우도 유언장은 있지만, 과거 5년 이상 내용을 재검토하거나 수정하지 않은 채 방치해 두고 있습니다. 그리고 놀랍게도 사업체 소유자의 90퍼센트 이상이 제대로 된 유산 상속 계획없이 사망합니다.

이것은 두려움의 소리입니다.

바로 본론으로 들어가 보겠습니다. 미래 설계를 제대로 하려면 사랑만으로는 충분치 않습니다. 이것이 이 책을 쓴 가장 큰 이유 중 하나입니다. 이 책을 쓴 목적은 크게 세 가지입니다.

1. 여러분에게 용기를 주고 도전을 드려
   - 장애 자녀를 위한 미래 설계를 시작하고 완성할 뿐만 아니라
   - 여러분이 가지고 있는 두려움을 극복하고
   - 미래에 대한 두려움을 미래에 대한 믿음으로 바꿀 수 있기를 바랍니다.
2. 장애 자녀의 미래 설계를 준비하는 전 과정을 단계별로 안내해 드리고자 합니다. 미래에 대한 가능성을 넓혀드리고 비전을 구체화할 수 있도록 도와드리고자 합니다.
3. 여러분의 바람을 실행할 수 있는 법적/재정적/기술적 방안들을 제시해 드림과 동시에 각자의 상황에 맞게 이것들을 어떻게 적용할 것인지에 대해서도 구체적인 사례와 함께 소개해 드리고자 합니다.

> "사랑 없는 지성은 없다. 사랑이 곧 지성이다. 사랑 없이 당신은 어떤 지성을 가지고 있는가?"
> – 로빈 블레이저 (ROBIN BLASER), 시인 –

우리가 믿는 것

우리는 가족들을 믿습니다. 우리는 여러분의 결단, 여러분의 헌신, 여러분의 창의력, 여러분의 인내, 그리고 여러분의 성실함을 믿습니다. 우리는 자녀를 향한 여러분의 바람, 꿈 그리고 소망들이 결국 미래의 모습을 만들어 낼 것이라 믿습니다. 우리는 가능성을 믿습니다. 우리는 여러분이 이 책에서 안내하는 대로 미래 설계에 힘을 쏟는다면 그것이 바로 자녀의 미래가 될 것이라 믿습니다.

이 책을 통해 여러분은 같은 여정을 걷고 있는 다른 가족들을 어깨 너머로 볼 수 있을 것입니다. 또한 스스로의 꿈에 생기를 불어넣고 자녀의 밝은 미래를 만들어 나가고 있는 사람들을 만나게 될 것입니다. 그들의 계획이 여러분의 것과 조금 다를 수는 있으나 당면한 과제들은 크게 다르지 않을 것입니다.

이 책은 전체 미래설계 과정을 개괄적으로 설명할 것입니다. 여기에는 어떤 한가지 정답이나 해결책이 있는 것도 아니고 어떤 기적도 없습니다. 사실 어떤 부분은 아주 미흡합니다. '개인 미래 설계'는 단지 이전부터 있어 왔던 상식적인 내용에 책임감과 열심을 더하고 거기에 약간의 허세를 입힌 것입니다.

그러니 즐기시고, 새로운 아이디어도 생각해 보시고, 때로는 웃고 때로는 울기도 하십시오.

안정된 미래를 향한 일곱 단계

우리 부모들은 시간을 내서 조용히 앉아 장애 자녀의 미래에 대해 서로의 생각을 나누는 경우가 그리 많지 않습니다. 하지만 그 미래는 반드시 옵니다. 그런 일은 가족 모임을 마치고 집으로 돌아오는 길에 갑자기 일어날 수도 있습니다. 자녀 중 한 명이 지나가는 말로 그 문제에 관해 얘기를 꺼냈는데 바로 다른 이야기로 화제를 바꿔 버리기도 합니다. 어느 날 문득 한밤중에 잠이 깨어 아침에 같이 얘기해 봐야지 결심하지만, 다음날 아침이 되면 까맣게 잊어버리고 맙니다.

많은 생각과 아이디어, 근심과 걱정이 머리 속에서 뱅뱅 돕니다. 그걸 다 기억할 수는 없을 것입니다. 여러분이 그럴진대 하물며 다른 누가 이걸 다 기억하겠습니까? 혼란스러운 메시지들, 수많은 조언들, 그리고 아주 복잡한 문제들이 있습니다. 문제를 해결해야 한다는 것은 알겠는데 평상시에는 표면 밑에 숨어있다가 전혀 예상치 못한 때 불쑥 모습을 드러냅니다.

익숙한 얘기인가요? 맞습니다. 바로 우리의 경험이기도 합니다. 사실상 우리가 함께 일했던 거의 모든 가족들이 미래를 준비하는 데 필요한 이런 저런 정보와 해야 할 일에 짓눌려 있었습니다. 하지만 가족들과 함께 작업을 하면서 우리는 그 과정이 생각보다 그리 복잡하지 않다는 것을 알게 되었습니다. 한발 더 나아가 우리는 몇가지 필수적인 요소에만 중점을 둘 필요가 있다는 것도 확신하게 되었습니다. 이런 요소들을 한데 모아 '개인 미래 설계(Personal Future Plan)'라 이름을 붙였습니다. 이 책은 바로 이 미래 설계에 대한 것입니다. 이 미래 설계를 토대로 자녀의 미래 설계를 하도록 권하는 것입니다. 이것을 잘 따라가면 여러분 스스로 자녀의 미래 설계를 할 수 있을 것입니다.

개인 미래 설계는 장애 자녀의 미래가 안전하고 안정되고 행복한 삶이 될 수 있도록 준비시켜 주는 일곱 단계의 절차입니다. 여기에는 여러분의 경험, 꿈, 근심, 미래에 대한 소망, 여러분의 지식과 전문 기술까지 모든 것이 포함됩니다. 이를 위해 장애 자녀 및 다른 가족 구성원들, 그리고 이 분야의 전문가들과 함께 만들어 가는 것입니다. 여러분이 만들고 조정하고 지시하는 청사진입니다. 이것은 '지금 여기(Here and Now)'에 초점을 맞춥니다. 그러나 동시에 여러분이 이 세상에 없을 때를 대비하는 것입니다.

일곱 단계는 다음과 같습니다.

단계 1	비전을 명확히 하십시오
단계 2	관계를 형성하십시오
단계 3	자녀에게 맞는 집을 장만하십시오
단계 4	자녀의 의사를 존중하십시오
단계 5	재정적 안정을 준비하십시오
단계 6	자녀의 입장에서 옹호하십시오
단계 7	안전장치를 마련하십시오

어린 자녀의 부모를 위한 조언

책을 읽어 보시면 아시겠지만 이 책에는 특별히 19세 미만 자녀의 부모들을 위해 쓴 부분이 몇 개 있습니다.

어린 자녀를 둔 부모들은 참으로 감당하기 힘든 어려움들을 겪게 됩니다. 처음으로 부모가 되고, 자녀가 장애가 있다는 소식을 감당해야 하고, 여러가지 건강 문제에 대응해야 하는 것 등등. 이 시기에는 너무나 정신이 없고 당장 눈앞에 닥친 현실에 집중해야 하는 시기라는 것을 잘 압니다. 그래서 미래에 대해서는 생각조차 하고 싶지 않을 것입니다. 충분히 이해합니다. 그럼에도 불구하고 도움이 되리라 생각되는 몇가지 팁을 드리고자 합니다.

- 조부모들이 여러 가지 방식으로 도울 수 있습니다. 자녀의 RDSP 계좌에 불입금을 넣어 준다든 가 혹은 재량 신탁을 개설하여 조부모들이 유산을 일부 남겨 준다거나 할 수 있습니다.
- 생명 보험도 신탁 재원을 마련할 수 있는 방법입니다. 젊을 때 일수록 보험료가 저렴하니 가능한 만큼 보험료를 내시면, 향후 사망 보험금이 자녀에게는 커다란 재량 신탁의 재원이 될 수 있

습니다.

- 자녀의 삶에 친구들을 초대하는 것을 주저하지 마십시오. 자녀의 친구가 된 사람들의 끈을 놓지 마십시오. 이들 중 얼마나 많은 사람들이 나중에 자녀의 네트워크 멤버가 되는지 보시면 깜짝 놀라실 겁니다.
- 고등학교 때가 자녀의 친구 네트워크 만들기 가장 좋은 시기입니다.
- 유언장을 작성하는 것과 자녀의 후견인 지정을 잊지 마십시오. 단계 5에서 이것을 하지 않을 경우 어떤 상황이 벌어지는지 설명할 것입니다.

"공동체란 'We'가 'Us'가 되는 곳이다."

– 팀 브롯헤드 (TIM BRODHEAD), 맥코넬 재단 대표 (CEO of J.W. McConnell Family Foundation) –

> 장애 자녀가 있는 다른 부모들과 소통하는 것은
> 자녀를 위해 어려운 결정들을 해야 할 때 가장 큰 도움이 됩니다.

일단 자세히 읽어보기 원하는 장에 이를 때까지 이 책을 전체적으로 한번 쭉 훑어보십시오. 관심있는 장이 정해지면 해당 장에 있는 질문에 답을 하시고 워크시트를 작성해 보십시오. 만일 책에 표시하고 싶지 않으시면 www.PLAN.ca에서 'Safe and Secure Worksheets'를 클릭하셔서 워크시트를 다운로드할 수 있습니다. 한글판은 www.hereandnowca.org에서 정보제공 / 메뉴 / 자주묻은질문 / '행복한 삶 워크시트'를 클릭하시면 다운받으실 수 있습니다.

각 장에 있는 질문들은 다음 장의 질문과 밀접하게 연결되어 있습니다. 한 장이 다른 장으로 인도해 주는 형태입니다. 모든 장이 끝나고 나면 어느새 미래 설계가 완성될 것이고 본인의 의도가 한 곳에 기록된 문서가 만들어 질 것입니다.

이 책은 여러분을 미래 설계와 관련된 서비스를 잘 아는 소비자로 만들어 드릴 것입니다. 이 책에서 소개되는 단계들을 따라가다 보면 미래 준비를 더 잘 할 수 있고, 전문가 사용시간도 줄이고, 그에 따라 비용도 절약될 것입니다.

개인의 필요에 맞게 이 책을 활용하셔도 됩니다. 개인 데이터, 사진, 기록물, 의료 정보 등을 추가 하십시오. 그리고 그것을 안전한 장소에 보관하십시오. 이 정보들이 유족들에게 얼마나 가치 있는 정보가 될지 나중에 아시면 놀라실 것입니다.

'행복한 삶'을 미래를 위해 여러분이 작성한 원고로 생각하십시오.

비전을
명확히 하십시오

꿈 속에서 나는 항해사
이 땅에서 저 땅으로 여행한다
내 마음은 나침반
나는 결코 길을 잃지 않는다

리즈 에트만스키 (LIZ ETMANSKI)
캐나다 아티스트, 다운 신드롬 장애인

브롬리 가족 이야기

댄스

목요일 전화를 받았다. 가정보건서비스 부서에서 근무하는 직원이었다. "샤논의 생일이 되기 전에 해야 할 일이 많네요. 무척 바쁠 것 같아요!" 나는 울음을 참으며 조용히 말했다. "저도 알아요."

샤논은 이제 19세가 된다. 너무나 중요한 시기이다. 이제 학교도 더 다닐 수 없다. 아동병원에도 다닐 수 없고, 28명의 전문 도우미들과도 이별을 해야 한다.

학교는 딸에게 너무나 좋은 곳이었는데… 벌써 이 곳을 떠나 새로운 시작을 해야 하다니 참으로 믿기 어렵다.

나는 오늘도 샤논이 다섯 살 때부터 늘 해 오던 대로 학교에서 하루를 보냈다. 유치원 때부터 나는 샤논의 반에 들어가 샤논에 대한 이야기를 나누었다. 그 때마다 나는 선생님들과 학생들이 환영해 주는 것을 느꼈다.

엄마가 교실에 들어와 자기에 대한 얘기를 함으로 해서 주목을 받기 원하는 학생은 없을 것이다. 하지만 누군가가 휠체어에 앉아 몸에 음식공급 펌프, 음성대화장치, 컴퓨터와 이런 저런 도구들을 달고 들어오면 반에 있는 학생들은 호기심이 생길 수 밖에 없다. 어쨌든 호기심은 좋은 것이다. 적어도 얘기하고 질문에 답할 수 있는 기회가 생기는 것이니까.

지난 수년간 내가 전한 메시지는 항상 같았다. 다른 친구들을 대하는 것과 같은 방식으로 샤논을 대해 달라는 것. 샤논이 귀찮게 하면 그러지

말라고 얘기하라는 것; 샤논이 쳐다보지 않으면 주목해 달라고 얘기하라는 것; 그리고 더 중요한 것은, 샤논이 혼자 떨어져 있으면 데려와서 함께 섞여 놀게 해 달라는 것.

나는 아이들에게 샤논도 우리에게는 너무나 예쁜 딸이고 너희들처럼 자기의 삶을 살고 있다는 것을 알려 주었다. 우리는 샤논에게 필요한 의료 지원에 최선을 다해 보살펴 주었지만, 그 보다 더 중요한 것은 샤논이 인생을 경험하고 재미있게 살도록 하는 것이었다.

나는 학생들에게 샤논이 좋아하는 운동, 음악회, 여행 등의 얘기를 해서 그들의 기억에 남도록 노력했다. 샤논의 삶이 다른 학생들과 다르지 않다는 것을 얘기하면 샤논이 더 잘 어울리는 것을 느낀다.

내 시간에 대한 대가는 즉각적이었다. 샤논을 돌봐주는 도우미는 학생들이 샤논과 얘기하는 것을 꺼려하지 않고 더 적극적이라고 말했다. 학생들은 샤논의 음성대화장치를 어떻게 조정하는지 배우고 싶어하고, 드라마 숙제를 위해 샤논에게 맞는 의상을 골라 주고, 어떻게 춤을 추는지도 알려 주었다.

마지막 학기 말에 우리는 샤논이 더 재미있게 춤을 출 수 있도록 휠체어에 바퀴 달린 판을 달았다. 우리가 들어오자 아이들의 눈이 휘둥그레졌다. 댄스 선생님이 샤논의 휠체어 뒤에 끌려 가며 춤추는 자세를 취하자 학생들은 박장대소 했다.

물론 나만큼은 아니지만, 그 날의 가장 큰 미

소는 샤논이었다. 머리를 높이 들고 밝게 웃는 모습을 보니, 엄마가 자기 학급에 들어오는 것에 전혀 신경 쓰는 것 같지 않았다.

금요일 샤논이 이제 청소년에서 성인 서비스로 전환되면서 필요한 서류작업을 마쳤다. 나는 지원금을 받기 위해 샤논에게 필요한 모든 것을 적어야 했다. 손톱, 발톱 깎는 사소한 것까지 포함해서 24시간 동안 내가 해 주든 남이 해 주든 필요한 것들을 적었다. 다섯 페이지 분량의 서류를 끝내고 나니 피곤이 몰려왔다.

서류를 이메일로 보낸 지 10분도 채 되지 않아 샤논의 선생님으로부터 전화가 왔다. 다음 학기 도우미에 관한 얘기였다. 절망감이 느껴졌다. 고등학교 생활도 5개월이 채 남지 않았다. 앞으로 어떻게 될 지 모르지만, 분명한 것은 이제 고등학생이 아니라는 것이다. 다음 학기 도우미가 바뀔지도 모른다고 하는데 머리에 들어오지도 않았다. 그 전화가 그 날의 일정을 바꾸었다. 나는 오전 시간을 향후 계획을 세우는데 할애했다.

그날 저녁, 극장에서 있을 샤논의 댄스 공연 준비를 위해 가방을 정리하다가 문득 어떤 연극의 한 장면이 스쳐 지나갔다.

누가 썼는지는 모르지만 샤논을 염두에 두고 쓴 것임에 틀림없다. 샤논도 머리를 숙이고 좀처럼 눈을 마주치지 않으니까.

행동이 말보다 중요하다

묘사: 10대 소녀 두 명이 금요일 밤 함께 잔다. 과연 이 둘은 친구로 남아 있을까?

한나: 샤논, 너 학교 애들한테 내 비밀을 얘기 했다며?

샤논: (침묵)

한나: 난 널 믿었는데. 네가 얘기 안한다고 했잖아?

샤논: (침묵)

한나: 너 정말 할 말 없어?

샤논: (침묵. 눈을 마주치지 않는다. 머리를 숙인다.)

한나: 샤논, 우린 제일 친한 친구였어.

샤논: (긴 침묵)

한나: (일어서며) 정말이지, 우린 제일 친한 친구였는데. (방을 나간다)

단계 1

비전을 명확히 하십시오

"어디로 가는지도 모르는데 목적지에 도달할 수 있을까요?" 미래 설계를 하는 데 있어서도 마찬가지입니다. 그것이 바로 우리가 미래 설계를 시작할 때 무엇을 원하는지 명확히 해야 하는 이유입니다. 우리 자녀가 무엇을 성취하길 원하는가? 자녀의 미래 모습을 그려 본다면 어떤 모습인가? 목표는 무엇인가? 무엇을 어떻게 대비해야 하는가? 어떤 상황이 지속되기를 원하는가? 부모가 죽은 후에 지인들이 모여 자녀에 대해 논의할 때 그들이 어떤 내용을 알기 원하는가? 이런 여러 가지 질문들에 대해 구체적인 답이 없다면 자녀를 위한 미래 설계는 불분명하고 불완전할 것입니다. 따라서 자신이 무엇을 성취하기 원하는지 명확히 하는 것이 바로 미래 설계의 첫번째 단계입니다.

그리고 그 첫 출발점은 바로 유언장을 작성하고 자녀를 위해 신탁을 만들어 놓는 것입니다.

미래 설계에서 중요한 것은 "성취하고자 하는 것이 무엇인지 알아내고, 그에 따른 목표를 설정하고, 비전을 명확히 하는 것"에 많은 시간을 할애하는 것입니다. 이 단계가 명확히 되어야 다양한 선택 대안을 판단할 수 있습니다. 즉, 유산을 늘릴 것인지, 누구를 신탁관리인으로 선정할 것인지, 유언장을 어떻게 작성할 것인지 등 구체적이고 기술적인 문제들에 대한 답을 찾을 수 있습니다. 그리고 나서 전문가의 도움을 구해야 합니다. 그렇게 되면 이미 방향이 명확하게 설정이 되어 있기 때문에 유언장이나 유산 상속 계획이 보다 의미 있고 유용하게 됩니다.

비행기를 탄다고 생각해 보십시오. 조종사에게 어디로 가냐고 묻나요? 물론 아닙니다. 우리는 사전에 어디로 갈지 먼저 정하고 나서 다양한 경로를 검색하고 그에 따른 가격 등 필요한 의사 결정을 합니다. 유언장이나 유산상속계획 전문가를 활용할 때도 마찬가지입니다. 이렇게 해야 시간도 줄이고 그에 따른 비용도 절약할 수 있기 때문입니다.

어른이 되어도
꿈은 여전히 필요하다.
많은 사람들이 이것을 부인
하고, 생존 현실에 묶여
꿈을 꿀 수 있다는 의미를
놓치고 사는 것이 안타깝다.
잠 잘 때 꾸는 꿈이
아니라 깨어 있을 때
꾸는 꿈 말이다.
비록 이 두 가지가 잠재의식
속에서 서로 연결이
되어 있을지 모르지만.
로베르타 본다르
(ROBERTA BONDAR)
캐나다 우주비행사

음악이 사랑의 양식이라면, 들어라

갈랜드 코헨이 아들 데이빗과 함께 PLAN에 가입한 것은 80세가 넘어서였다. 그녀는 오랫동안 기적을 바라며 미래를 자신의 생각 뒤로 밀어 넣고 있었다. 갈랜드는 자신이 죽는 것을 두려워하지는 않았다. 두려운 것은 데이빗을 혼자 두고 떠나는 것이었다.

데이빗은 어머니 집 아래층에서 20년간 어머니와 함께 살았다. 데이빗은 그 동네에서 많은 사람을 알고 지냈지만, 서로 친한 사이는 아니었다. 갈랜드의 건강이 점점 나빠지면서 그녀는 데이빗이 혼자 외롭게 지내다가 결국 버려지지 않을까 두려웠다.

PLAN의 도움으로 갈랜드는 신탁을 개설하고 데이빗을 위한 네트워크를 만들기 시작했다. 그리고 나서 얼마 후 그녀는 암 진단을 받았다. 데이빗의 네트워크 멤버들은 그녀가 집에서 돌아가실 수 있도록 필요한 것들을 도와주었다. 그녀가 죽은 후 네트워크 멤버들은 데이빗이 소유하고 있던 아파트로 이사하도록 도와주었다.

갈랜드가 세상을 떠나고 나서도 데이빗은 네트워크 멤버들로 인해 그 지역에서 사는 것이 안전하고 외로움을 느끼지 않는다고 말하곤 했다. 그 이후에도 네트워크 멤버들은 데이빗이 일자리를 찾거나, 컴퓨터를 이용하거나, 학교에 다시 들어갈 때도 도움을 주었다. "그들은 정말 좋은 분들이에요."라고 데이빗은 친구들에 대해 얘기했고, 친구들도 데이빗에 대해 같은 얘기를 하였다. 12년 전 갈랜드가 살아있을 때 데이빗의 신탁 개설을 도와주었던 초기 네트워크 멤버 존 메이어는 갈랜드가 살아서 데이빗이 이렇게 잘 지내고 있는지 보았다면 무척 기뻐했을 것이라고 말했다.

* * *

61세의 나이에 데이빗이 뇌암 판정을 받았을 때 친구들은 데이빗에게 달려왔다. 몇 주 후 12월 어느 저녁, 데이빗과 75명의 친구들은 크리스마스의 기쁨이 가득한 방에 함께 모여 데이빗의 놀라운 삶을 축하하였다.

데이빗이 음악을 얼마나 사랑했는지 거기 모인 사람들은 모두 알고 있었다. 캐나다 최고의 오페라 가수 쥬디스 포스트는 데이빗이 지난 수 십 년간 매번 공연이 끝날 때마다 무대 뒤로 와서 얼마나 자신을 칭찬해 주었는지 이야기 했다. "데이빗이 뭔가를 좋아하면 50퍼센트인 적이 없어요. 항상 100퍼센트예요." 밴쿠버 심포니 오케스트라의 피아니스트 린다 리 토마스도 "데이빗 코헨이 없는 공연은 결코 완전하다고 할 수 없어요. 그는 항상 무대 뒤에 와서 악수를 청하며 감사를 전했죠."라고 말했다.

데이빗은 정치계에서도 잘 알려진 인물이었다. 그는 어머니가 가진 평화와 사회 정의에 대한 열정을 그대로 가지고 있었다. 국제사면위원회를 위해 그가 쓴 편지는 전설적이었다. 선거가 있을 때면 데이빗은 자원봉사를 하였으며, 지역 정치 모임에도 거의 빠지지 않았다. 밴쿠버 시장 후보자 짐 그린은 출장 중임에도, 데이빗을 위한 파티에 편지를 보내 오페라 '생쥐와 인간'에 대해 데이빗이 발표한 내용이 거기 있었던 한 테너의 눈물을 자아내게 했던 것을 상기시켰다.

다른 사람들 역시 데이빗의 다정함과 감사를 표하는 모습, 너그러운 마음씨에 대해 이야기하였다. 데이빗의 네트워크 멤버 중 하나인 라일 렉시어는 이렇게 말했다. "지난 15년간 데이빗 코헨과 친구로 지내며 우리는 오페라, 인권, 정치범 석방, 사형제 폐지 등에 관한 얘기를 나누었어요." 데이빗의 오랜 친구 오웬 언더힐도 자신의 경험을 나눴다. "데이빗은 종종 전화 메시지를 남겨요. 작곡가로서, 지휘자로서, 아빠로서, 친구로서 제가 한 일에 대해 칭찬을 하죠. 그걸 듣노라면 제 삶에 대해 확신이 넘쳐나죠."

네트워크 멤버 배리 빅커스는 그 모임에 참석한 사람들을 대표해서 "데이빗은 우리에게 엄청난 선물입니다. 우리는 데이빗이 우리에게 준 기쁨을 잊지 않고 살아갈 것입니다."라고 말했다.

데이빗이 마이크를 잡고 "여러분들의 아름다운 말씀에 감사해요"라고 말했다. 뒤이어 방 전체가 '천사 찬송하기를'이라는 찬송을 힘차게 부르기 시작했다. 데이빗 옆에는 긴 줄이 늘어섰고 그 다음 한 시간 동안 데이빗은 한 사람 한 사람 정중하게 인사를 하였다.

샌드라 쉴즈

후기

데이빗 코헨은 많은 사람들이 지켜보는 가운데 평화롭게 세상과 작별을 하였다. 몇몇 친구들은 데이빗의 마지막 날이 어찌 그리 절묘하게도 모짜르트의 생일과 같은지 얘기하며 미소를 지었다. 그것도 웅장한 추모 음악과 함께. PLAN 밴쿠버 직원들도 데이빗의 전화를 그리워할 것이다. 그는 매일같이 전화를 걸어 어떤 행사가 있는지 그리고 지역내 공연 스케줄이 어떻게 되는지를 알려주곤 했다. 데이빗의 네트워크 멤버였던 분은 이렇게 말한다. "데이빗은 행복한 삶을 살았고 마지막도 행복했어요. 더 이상 무엇을 바랄 수 있을까요?"

미래 설계란 무엇인가?

미래 설계란 장애를 가진 자녀의 사회적, 재정적 안정을 계획한 문서입니다. 가족들의 미래 설계를 도우면서 우리가 깨달은 중요한 질문 한가지는 바로 "행복한 삶이란 무엇인가?"라는 것입니다. 가족들은 자녀의 행복한 삶에 대해 얘기할 때 다음과 같은 요소들이 포함되어야 한다고 말합니다.

- 돌봐주고 사랑하는 관계
- 자녀가 살 공간
- 자녀의 선택 존중
- 자녀의 기여
- 재정적 안정

각 장의 끝에 있는 워크시트는 각 가정이 처한 상황에서 위와 같은 질문에 답을 할 수 있도록 도와줄 것입니다.

비전이란 무엇인가?

일상에서 상상력이 하는 일은 비전을 생산하는 것이다. 어쩔 수 없이 살아가야만 하는 사회를 모두가 살기 원하는 사회로 만들어 내는.

노드럽 프라이
(NORTHROP FRYE)
캐나다 문학비평가

비전은 지성과 감성이 빚은 창조물입니다. 비전은 우리가 바라고 자녀가 원하는 미래를 그려놓은 것입니다. 비전은 열정을 담고 있습니다. 즉, 자녀가 재정적으로 또 사회적으로 행복하게 살아가기를 바라는 열정을 의미합니다. 우리는 향후 자녀에게 벌어질 최악의 상황에 대해서는 많이 얘기합니다. 하지만 최악의 상황만 얘기해서는 안됩니다. 꿈도 얘기해야 합니다. 두려움, 걱정, 희망, 그리고 꿈, 이 모두가 열정을 뿜게 하는 기폭제들입니다.

비전을 명확하게 서술해 놓으면 막연함에서 벗어나 목표에 집중할 수 있습니다. 비전은 자신이 품고 있는 가치, 전통, 그리고 가족의 특성까지 반영하고 있기 때문에, 미래 설계에 필요한 다른 요소들의 방향까지도 제시해 줍니다.

자녀의 미래 비전을 명확히 하면,

- 자녀의 눈으로 세상을 볼 수 있게 해 주며
- 다른 가족 구성원들도 보다 적극적으로 참여하게 되고
- 다른 지인들도 왜 함께 참여해야 하며 무엇을 어떻게 도울 수 있는지 생각하게 하고

- 더 좋은 방법들을 서로 의논하고
- 새로운 방법들을 생각하게 하고
- 미래를 향해 앞으로 나아가게 해 주며
- 현재 상황에 변화를 가져오게 합니다.

자신의 생각을 다른 사람과 나누고 특히 그것들을 문서로 만들어 놓는 것은 매우 중요합니다. 부모가 결국에는 자녀와 함께 할 수 없기에 지금부터 다른 자녀들, 친지, 친구, 그리고 도와줄 가능성이 있는 사람들과 얘기를 나누어야 합니다. 그들과 아무런 얘기도 하지 않고 그들을 의지하려 하면 결국 그들에게 문제만 안겨줄 뿐입니다.

우리가 아는 한 어머니는 장애가 있는 자녀의 건강 상태를 다른 자녀들도 잘 알고 있으리라 생각했답니다. 하지만 그 자녀들 역시 자라면서 자기 챙기기도 버거워 장애 형제가 무엇이 필요한지 전혀 알지 못했다고 합니다! 또 어떤 아버지는 바로 옆집에 사는 친한 이웃이 자신의 바람대로 자신의 딸을 도와주리라 생각했답니다. 그 이웃이 과연 관심이 있는지 상의도 하지 않고 말입니다.

무엇을 두려워 하십니까?

그렇다면 과연 무엇이 우리로 하여금 자녀의 미래에 대해 생각조차 못하게 하는 걸까요? 유언장을 작성하는 등 자녀의 미래에 대한 바람을 체계적으로 준비하는 것은 차치하고 말입니다. 무엇이 우리를 무기력하게 하는 걸까요? 왜 우리는 행동에 옮기지 못하는 걸까요?

아마도 그것은 두려움 때문일 것입니다.

사랑과 두려움은 동전의 양면입니다. 이 동전을 우리는 열정이라고 부릅니다. 열정이라는 단어는 고통이라는 의미의 라틴어에서 유래되었습니다. 여러분도 고통이 사랑과 두려움의 혼합체라고 생각하지 않으시나요?

두려움은 미묘한 감정입니다. 두려움은 우리의 인식을 왜곡시키고 우리를 혼란에 빠뜨려 무슨 일이 일어나고 있는지, 무엇이 가능한지를 알 수 없게 합니다. 우리가 '할 수 없어', '해야만 해', '이것만 이루어 진다면',

'의심', '불가능' 등과 같은 단어를 사용할 때 우리는 두려움의 영향 아래 있게 됩니다. 두려움은 우리의 생각과 행동 사이에 어둡고 차가운 커튼을 드리웁니다. 학교에서 따돌림을 당하는 것처럼 두려움은 드러난 현상만으로는 판단할 수 없습니다. 두려움은 실재보다 더 크게 우리 마음과 생각에 영향을 줍니다.

우리는 우리 자녀의 미래 설계를 하고 또 다른 가족들의 미래 설계를 도우면서 우리가 처한 상황이 '학교 따돌림'과 매우 유사하다는 것을 알게 되었습니다. 이것에 맞서려면 용기가 필요합니다. 이와 관련하여 유사점 세 가지를 소개하려 합니다. 문제가 무엇인지 실체를 명확히 알아야 편안해질 수 있고 변화를 줄 수 있는 원동력이 생기기 때문입니다.

공개에 대한 두려움

희망이나 걱정을 다른 사람들—배우자, 가족, 친구 혹은 지인, 전문가 등—과 나눈다는 것은 사적인 문제를 깊게 의논한다는 것입니다. 이렇게 하는 것이 쉬운 일은 아닙니다. 자녀에 대해 아무런 관심도 없는 사람들을 만나야 할지도 모릅니다. 누구와 상의해야 할지, 누구를 신뢰해야 할지 모르는 경우도 있습니다. 거절당할 각오를 하고 얘기 해야 하는 경우도 있습니다.

우리는 자립을 배우며 자라왔습니다. 책임감도 중요하게 여깁니다. 다른 사람들에게 피해를 주지 않기 위해 많은 애를 씁니다. 우리가 할 수 있는 최선을 다합니다.

하지만 미래 설계를 하려면 우리의 소망, 꿈, 염려와 걱정까지 다른 사람들과 나누어야 하고 도움을 요청해야 합니다.

- 우리의 미래 설계를 도와 달라고
- 우리가 사망한 이후에 우리가 바라는 대로 해 달라고
- 우리의 자녀를 믿어 주고 그들의 가능성을 믿어 달라고

이렇게 하기 위해서 우리는 다른 사람들에게 다가가야 합니다. 신뢰할

> 우리는 스스로 이루어야 하는 인생의 변화를 운명이 가져다 줄 것이라 생각하며 기다린다.
> 더글러스 쿠프랜드
> (DOUGLAS COUPLAND)
> 캐나다 소설가, 아티스트

만한 사람을 찾아야 합니다. 그들이 누구인지 모른다면 자녀의 미래 설계가 무슨 소용이 있겠습니까? 물론 여러분이 유언장에 적어 놓은 것을 누군가 읽을 것입니다. 하지만 그들이 그것을 읽었다 한들 과연 명확한 그림을 그릴 수 있을까요? 과연 여러분이 진정으로 원하는 것이 무엇인지 알 수 있을까요? 만일 그들이 이런 저런 질문들이 있으면 어떻게 하나요? 어쩌면 자녀에 대해 아무 관심도 없을 수 있습니다. 그들이 여러분을 이해할 것이라고 확신할 수 있으신가요?

죽음에 대한 두려움

죽음은 그다지 흥미 있는 주제가 아닙니다. 이런 저런 매체를 대충 훑어 봐도 우리의 문화는 젊음, 오래 사는 것, 그리고 질병과 아픔에서 벗어나는 방법에 심취되어 있습니다. 환상에 사로 잡혀 있습니다. 우리가 죽음을 속일 수 있다고 생각하는 것입니다. 비록 드러내 놓고 얘기하지는 않지만 그 안에 들어 있는 메시지는 다이어트, 운동, 의학적 처방 등이 우리를 영원한 젊음으로 혹은 영원히 죽지 않도록 지켜 줄 것이라고 얘기합니다. 마가렛 미드(Margaret Mead)는 우리의 문화에 대해 이렇게 말합니다. "우리는 사람들이 태어나면 기뻐하고, 결혼을 하면 축하하지만, 죽을 때는 마치 아무 일도 없었던 것처럼 행동하려 한다."

죽음에 대한 두려움은 우리 모두에게 있습니다. 다만 그 두려움이 수면 아래 숨어 있을 뿐입니다. 무시되지 않을 정도의 깊이로 숨어 있습니다. 그 두려움이 때로는 걱정으로, 때로는 극도의 허무함으로, 때로는 외로움으로 나타납니다. 장애 자녀가 없는 부모들은 죽음에 대해 우리보다 걱정이 덜 할 거라고 생각할 수 있습니다. 그렇지 않습니다. 다만 우리는 우리 생애 뿐만 아니라 우리 자녀의 생애까지 고민해야 한다는 것이 다를 뿐입니다.

젊은이들에게는 죽음이 멀게 느껴질 것입니다. 어쩌면 죽음에 대해 생각한다는 것 자체가 이상할 수 있습니다. 그러나 죽음은 피할 수 없는 것이고 조만간 우리 모두가 맞이해야 하는 인생의 한 부분입니다. 달라이 라마는 우리가 죽음을 대하는 방식에 두가지가 있다고 말합니다: 하나는

인생은 죽어가는 것으로 가득 차 있다. 인생은 죽음으로 가득 차 있다. 죽음이 현실로 다가올 때 우리는 육체적 한계와 영혼의 깊이를 깨닫게 된다. 그 때 우리는 후회도 있겠지만, 그래도 우리에게 새로운 시작이 있다는 것, 아직 죽음의 그늘 안에 있을 때 새로운 삶이 시작된다는 깨달음에 감사한다.

데이빗 쿨 박사
(DAVID KUHL, M.D.)

죽음을 무시하는 것이고 하나는 죽음을 직시한다는 것입니다. 우리가 죽음을 직시하고 받아들이면 그에 따른 행동을 취하게 됩니다. 피할 수 없는 것들을 받아들일 수 있는 지혜를 얻게 됩니다. 또한 할 수 있는 것들을 미리 준비하는 것이 결국은 모두에게 더 바람직하다는 것을 깨닫게 됩니다.

실수에 대한 두려움 혹은 완벽하지 못함에 대한 두려움

참 모순된 것이 있습니다. 미래에 대한 준비를 하려고 할 때 우리는 뭔가 '완벽한' 계획을 세워야 한다고 생각합니다. 모든 것이 준비되지 않았음에 두려움을 가집니다. 사실 지금 당장의 상황들도 우리가 계획한 대로 돌아가고 있지 않은데 미래에는 모든 것을 완벽히 준비할 수 있다고 생각합니다.

시도하지 않은
슛의 실패율은 100%다.
웨인 그레츠키
(WAYNE GRETZKY)
캐나다 아이스하키 선수

미래 설계를 할 때 자문을 해 주는 재무설계사, 유산상속 설계사, 변호사, 회계사 등 전문가들에 따르면, 유언장을 만들지 않는 가장 큰 이유가 유언장을 제대로 작성하지 못할 것을 걱정하기 때문이라고 합니다. 이런저런 이유로 계속 망설이다 보면 아무리 좋은 의도를 가졌다 해도 자칫 모든 것을 망칠 수 있습니다. 완벽한 의사결정을 하려다 보니 결국 무한정 미루게 되는 실수를 하게 되는 것입니다. 완벽은 곧 무한정 미룬다는 것입니다. 지금 최선을 다하다 보면 미래는 최선을 다한 만큼 완벽하게 될 것입니다.

미래 설계를 작성한 후 반응들

- 다른 가족 구성원들도 좋아합니다. 이제 그들도 무엇을 해야 하는지 알아요.
- 외부 간섭에 대한 걱정이 없어졌어요.
- 불확실한 미래에 잘 대비해서 좋아요.
- 최선을 다했어요.
- 사랑을 유산으로 남겨 놓았어요
- 이제 평안해요

미래 설계는 계속 변합니다

미래 설계는 상황이 변함에 따라 함께 변하게 됩니다. 꿈도 시간이 지남에 따라 변합니다. 미래 설계는 언제든지 수정될 수 있습니다. 사실, 계속해서 바뀐다고 생각하는 것이 더 자연스러운 것입니다. 나이가 들면서 우리는 더 현명해지게 됩니다. 살면서 새로운 통찰력도 생기고 크고 작은 조언들도 받게 되기 때문입니다.

어느 누구도 미래를 완벽하게 예상할 수는 없습니다. 중요한 것은 미래에 대한 정답이 없더라도 현재 우리가 할 수 있는 최선을 다해야 한다는 것입니다. 완벽한 비전에 대해 한 가지 확실한 것은 결국 그 때가 되어야 알 수 있다는 것입니다.

캐티 브룸리

시간

시간. 이것이 의미하는 바는 사람마다 다르다. 우리처럼 4명의 가족과 강아지를 키우는 경우는 항상 부족하다고 느껴지는 것이 시간이다.

우리는 때로는 정신없이 여기 저기를 다녀야 했다. 등에 기대 앉아 여유있게 휴식을 취한다거나, 좋아하는 친구들을 만난다거나, 품위있게 식사를 한다는 것은 꿈도 꾸지 못했다.

어떤 가족들에게는 우리가 그저 평범한 가족으로 보이겠지만 사실 우리는 필사적으로 페이스를 유지해야 하는 가족이다. 그것도 사회에 뒤처지지 않으려고 하는 것이 아니라 정해진 시간에 따라 살아야 하는. 몇 시에 일어나서 몇 시에 자고, 몇 시에 일을 시작하고, 가족과 함께 보내는 시간은 얼마나 갖는지 등등.

우리는 일반적인 가족이 아니다. 남편 랍과 나, 최근에 독립한 아들 마이클, 그리고 스스로 의사결정을 하지 못하는 18세 된 딸이 우리 가족이다.

나의 사랑스런 딸, 샤논은 혼자서는 옷을 입을 수도, 밥을 먹을 수도 없다. 머리를 빗거나 양치질을 할 때도 도움이 필요하다. 하지만 거부할 수 없는 미소를 짓는다. 그리고 샤논은 남편과 아들과 나를 더 참을성 있고, 남을 더 잘 이해하는 괜찮은 사람으로, 하지만 자유 시간이 거의 없는 그런 사람들로 만들어 주었다.

나는 나

바라보고 늘 바라본다
사람들이 지나가는 것을.
오, 그들이 쳐다 본다,
그러나 그들이 보는 것은 내가 아니다.
그들은 휠체어를 보고,
그들 눈에는 희망이 없는 육체를 본다.
그들은 그 육체를 보고, 말한다, "오 불쌍한 것."
그들은, 사회는, 나를 보지 않았다.
나는 생각하고, 느끼고, 살아가는 사람이다.
나는 작가다.
나는 학생이다.
그리고 기회가 주어지면, 나는 친구다.
나는 당신과 같은 사람이다.
나는 울고, 웃고, 화도 난다.
물론, 나는 도움이 필요하다. 그러나 여전히 나는 사람이다.
당신이 나를 볼 때 사람을 보라.
나는 휠체어가 아니다.
나는 장애인이 아니다.
나는 전시용 물건이 아니다.
나는 사람.
나는 나

커스틴 매인 (KIRSTEEN MAIN)

워크시트 1

자녀의 곁을 떠난 후: 비전을 명확히 하기

• 당신의 자녀를 소개한다면?
➡

• 당신이 죽은 후, 미래의 어느 날 궁극적으로 꿈 꾸는 당신 자녀의 가장 멋진 하루를 그려 보세요
➡

• 당신이 죽은 후, 자녀에 대해 어떤 걱정과 두려움이 있나요?
➡

• 당신의 자녀에게 남기고 싶은 가장 중요한 메시지는 무엇인가요?
➡

• 당신이 죽은 후에 남아서 자녀를 돌봐 줄 가족들에게 부탁하고 싶은 것은?
➡

• 당신의 유언장 집행인이나 신탁 관리인이 당신 자녀에게 가장 우선적으로 해 주기를 원하는 것은?
➡

• 당신의 자녀를 돌봐 줄 사람에게 당신 자녀에 대해 꼭 알려 주고 싶은 것 3가지를 든다면?
➡

• 당신 자녀의 행복한 삶을 위해 마련해 줄 가장 중요한 것은 무엇이라고 생각하시나요?
➡

• 당신은 당신의 자녀에게 어떻게 기억되기를 원하십니까?
➡

워크시트 2
자녀 및 가족에 대한 정보

이 워크시트에 있는 자녀에 대한 정보는 남아있는 가족에게 중요한 기록이 될 것입니다.

자녀 및 가족 인적 사항

자녀	영어		생년월일	
	한글			
부	영어		한글	
	전화		Email	
모	영어		한글	
	전화		Email	
형제/자매	영어		한글	
	전화		Email	
Address			City, Prov	
Postal			집전화	

비상 연락처

관계	영문이름		한글이름	
	휴대폰		Email	
	Address		City/Prov	
	Postal		집전화	
관계	영문이름		한글이름	
	휴대폰		Email	
	Address		City/Prov	
	Postal		집전화	

건강

당신 자녀의 주치의, 전문의, 기타 의료진

가족 주치의	영문이름		한글이름	
	휴대폰		Email	
	Address		City/Prov	
	Postal		집전화	
관계	영문이름		한글이름	
	휴대폰		Email	
	Address		City/Prov	
	Postal		집전화	
관계	연문이름		하글이룹	
	휴대폰		Email	
	Address		City/Prov	
	Postal		집전화	

당신의 자녀를 돌봐 줄 사람이 알아야 할 건강 문제

⇒

당신의 자녀를 돌봐 줄 사람이 알아야 할 현재 하고 있는 치료

⇒

당신의 자녀를 돌봐 줄 사람이 알아야 할 건강 관련 주의 사항 및 대처 방안

⇒

당신의 자녀를 돌봐 줄 사람이 알아야 할 자녀의 주요한 건강 이력

⇒

정부 지원 서비스

- 당신 자녀는 정부 지원 서비스 제공 기관의 서비스를 받고 있나요?
  ⇒

- 당신 자녀는 서비스 제공 기관의 서비스에 만족하고 있나요?
  ⇒

- 어떤 서비스를 받고 싶으신가요?
  ⇒

- 개별 펀딩(Individualized Funding)을 생각해 보신 적이 있나요?
  ⇒

여가 및 취미

- 현재 하고 있는 여러가지 사회, 여가, 문화, 예술, 체육 활동들을 나열해 주세요
  ⇒

- 그 중에서 당신 자녀가 특별히 좋아하는 활동들을 나열해 주세요
  ⇒

- 그 중에서 가장 좋아하는 것은 무엇입니까?
  ⇒

- 여가나 취미 활동 중에 자녀를 위해 좀 더 알아 보고 싶은 것은 무엇입니까?
  ⇒

- 이 분야에서 자녀를 돌봐 줄 사람이 알아야 할 주의사항은 무엇인가요?
  ⇒

개인

• 당신 자녀의 믿음 혹은 가치관에 대해 서술해 보세요.

  →

• 당신 가족에게 중요한 관습이나 전통이 있습니까?

  →

• 당신 자녀의 인생에 있어 의미 있었던 특기할 만한 내용이 있다면 무엇입니까?

  →

• 무엇이 당신의 자녀를 안정되고 평화롭게 만드나요?

  →

• 당신 이외에 누가 당신 자녀에게 정서적으로 가장 큰 도움이 되나요?

  →

• 당신의 자녀는 무엇으로부터 가장 큰 즐거움을 얻나요?

  →

• 당신 자녀의 인생에서 가장 중요한 사람은 누구인가요?

  →

• 당신 자녀가 가장 좋아하는 소유물은 무엇인가요?

  →

워크시트 3
미래에 보내는 편지

미래에 보내는 편지는 당신이 어떻게 기억되기를 원하고, 자녀가 어떻게 보살펴지기를 바라는지 남아 있는 가족에게 전하고 싶은 것을 쓰는 것입니다.

이 편지를 쓰기가 쉽지는 않을 것입니다. 잠이 오지 않는 늦은 밤에 쓰는 편지라 생각하십시오. 당신의 소망과 두려움에 솔직해 지도록 하십시오. 당신이 생각하기에 가장 중요한 것이 무엇인지 남아 있는 가족에게 쓰는 것입니다.

사랑하는 _____ 에게,

_____

_____

_____

_____

_____

_____

_____

_____

_____

_____

_____

사랑하는 _____ 가
날짜 _____

관계를
형성하십시오

우리는 친구들과 함께 시간을 보냅니다.
그들과 함께 있으면 긴장이 풀어지고 쓰고 있던 가면도 벗게 됩니다.
진정으로 우리 자신이 되어도 되며,
우리가 좋아하는 것을 할 수 있고,
어떤 규칙에 얽매일 필요가 없습니다.
그러나 우정은 책임을 내포하고 있습니다.
진정한 친구는 자기 친구들에 대해 책임감을 느낍니다.
좋을 때나 힘들 때나, 성공 했을 때나 실패 했을 때나,
모욕을 당했을 때나 슬픔에 처했을 때나 관계없이.

장 바니에르 (JEAN VANIER), 라르쉐 공동체 설립자

샤논, 바로 그것을 가져…

오래 전에 누군가가 장애와 관련해서 다른 언어가 있어야 한다고 말했다. 화장실 대신에 "용변 가리기", 학교에 출석한다는 말 대신에 "통합", 친구를 사귀고 소속감을 갖는다는 말 대신에 "융합"이라는 말을 쓰는 것처럼.

랍과 나는 다른 사람들이 샤논을 똑 같이 대하도록 하기 위해 많은 노력을 기울였다. 하지만 샤논의 친구들이 매일의 생활 속에서 샤논을 대하는 방식에 대해서는 어찌 할 도리가 없었다.

겉으로 보기에는 친구들을 샤논의 삶에 초대한다는 것이 거의 불가능해 보였다. 그렇게 많은 장비와 직원들이 항상 샤논 옆에 붙어 있는데 어떻게 자연스럽게 친구를 사귈 수 있는 환경을 만들 수 있겠는가?

우리가 깨달은 것은 샤논에 대해 우리가 원하는 것을 만들고, 샤논의 능력을 계속해서 나눔과 동시에 샤논의 장애를 인정함으로써, 샤논이 평범한 고등학생이 된다는 것이다. 또래들이 있고, 아는 사람들도 생기고, 친구들이 있는 학생. 졸업을 하기 위해 열심히 노력하는 수백명의 12학년 학생 중 하나.

샤논도 다른 친구들처럼 자신을 신경써 주는 친구들이 있다. 어느 날 샤논이 평소와 달리 머리 정돈이 안 돼서 학교에 왔을 때 드라마 수업을 같이 듣는 한 학생이 샤논의 머리에 있는 고무줄을 빼서 샤논의 머리를 정돈해 주었다. 그 아이는 물어보지도 않았다. 단지 그렇게 하는 것이 필요하다는 것을 안 것이다.

수 년 동안 샤논은 발 보정기를 신고 다녔는데 그것은 신기도 어렵고 벗기는 거의 불가능한 까만색 신발이었다. 샤논의 정형외과 의사가 일어서 있을 때만 발 보정기를 신으면 된다고 하자 샤논은 예쁜 평평한 신발을 샀다.

샤논은 그 평평한 신발을 벗는 방법을 알아냈는데 그것은 휠체어에 신발을 끼워 툭 쳐서 벗는 것이었다. 어느 이른 아침에 샤논이 졸업앨범클럽에 있을 때, 신발 한 짝을 너무 세게 벗는 바람에 신발이 그녀 뒤로 날아가 버렸다! 그러자 한 학생이 그 신발을 들어 샤논에게 휙 던져 버렸다. 샤논의 특수교육 보조 교사는 어찌할 바를 몰랐다. 하지만 나는 어떻게 반응해야 하는 지 잘 안다…바로 미소를 짓는 것.

정기적으로 서로 만나는 사람들간에는 어느 정도 예의라는 것이 있다. 서로 알아가는데 그리 많은 시간을 보내지는 않았지만 그래도 어느 정도 서로 칭찬하고 예의를 지켜야 하는 사람들간에. 이런 경우는 친구관계가 아니다. 하지만 여기가 우정이 시작되는 곳이다.

서로 안다는 것은 그들과 함께 웃는 것뿐만 아니라 어느 정도 존중은 하면서도 서로 놀리는 관계까지 의미한다. 내 친구들도 내가 음식을 엎지르거나 길에서 걸려 넘어지면 나를 놀리곤 했다. 친한 친구만이 그럴 수 있는 것이다.

이런 생각을 하자 졸업앨범 클럽에서 샤논에게 신발을 던진 그 아이가 생각났다. 신발을 세게 던진 것도 아니고 샤논의 무릎 위로 툭 던지며 "네 신발 잘 지켜, 샤논!"이라고 말한 것이다. 친구만이 이런 행동들을 아무렇지도 않게 하는 것이다.

그렇다. 내 딸은 또래가 있고, 아는 사람, 학급 친구, 직원들도 안다. 게다가 샤논은 친구라 부를 수 있는 절친들이 있어 존중해 주고, 다른 친구들에게 하듯이 농담을 걸어주곤 한다. 이것이 바로 우리가 원하는 우리 딸이 있을 곳이다. 이것이 바로 융합이 의미하는 것이다.

단계 2

관계를 형성하십시오

아마도 이 세상에서 이 책을 읽고 있는 여러분만큼 자녀에 대해 애정과 인내와 의지를 가지고 자녀를 돌봐줄 사람은 없을 것입니다. 그러나 영원히 늙지 않는 샘물을 먹지 않는 한 자녀 곁에 영원히 머물 수는 없습니다. 그렇다면 장애 자녀가 안전하고 안정된 삶을 유지토록 하기 위해 우리가 준비해 줄 수 있는 것은 무엇일까요? 그것은 바로 다른 가족들, 친구들, 친지들, 지인들, 그리고 자녀의 삶에 도움을 줄 수 있는 사람들이 자녀를 돌볼 수 있도록 준비하는 것입니다.

> 친구는 선물을
> 만들어 주고
> 선물은 친구를
> 만들어 준다.
> 이누이트 속담
> (INUIT PROVERB)

튼튼하고 건강한 관계를 만들기 위해서는 장애 자녀와 돌봐주는 사람들과의 관계 뿐만 아니라 돌봐주는 사람들 간의 관계 또한 매우 중요합니다. 거미집을 한번 생각해 보십시오. 거미줄 가닥이 중앙으로부터 나와 끝으로 연결되어 있습니다. 그런데 만일 중앙에서 뻗은 각 거미줄을 서로 연결하는 다른 거미줄이 없다고 상상해 보십시오. 바람이 조금만 불어도 흔들릴 것입니다. 이런 경우 거미집의 가치는 크게 떨어집니다.

워크시트 4 · 관계 동그라미

본 장의 뒤에 있는 워크시트 4를 이용해서 장애 자녀의 관계 동그라미를 작성해 보십시오.

관심분야, 취미, 열정 등에 따라 동그라미 안에 넣고 싶은 사람의 이름을 적어보십시오. 이렇게 적어 보면 바깥 주변에 있는 사람들이 친구 그룹 안으로 옮겨질 가능성이 많아질 것입니다.

거미집이 제대로 작동하려면 각 거미줄이 서로서로 연결되어 있어야 합니다. 그렇지 않으면 거미는 굶어 죽을 것입니다. 거미집의 힘은 모든 가닥들이 서로 얽혀 있을 때 강해 지는 것입니다.

이와 같은 원리는 네트워크를 구성하는 구성원 관계에도 그대로 적용됩니다. 장애 자녀를 도울 때 가장 중요한 점은 각 구성원과 자녀와의 관계 뿐만 아니라 구성원들 간의 관계도 매우 중요하다는 것입니다. 이러한 상호 연결성이 바로 거미집 같은 구조를 형성하게 되는데 이러한 관계를 통해 구성원들이 서로 긴밀하게 도와줄 수 있는 것입니다. PLAN의 전문 분야는 바로 장애인들을 위해 이와 같은 관계가 형성되도록 돕는 것입니다. 우리는 이것을 '개인 네트워크'라 부릅니다.

개인 네트워크는 네트워크의 중심에 서 있는 장애 자녀의 안전과 건강 그리고 행복이라는 세 가지 목적을 위해 함께 모인 사람들을 지칭합니다. 건강한 개인 네트워크는 모든 구성원들이 서로 긴밀하게 연락하면서, 각자가 어떻게 관여하는지 상의하며, 전체적인 상황이 어떻게 돌아가고 있는지 서로 잘 파악하고 있는 네트워크를 말합니다. 이들은 우정과 사랑, 신뢰라는 끈으로 묶여 있습니다. 사실 우리 모두가 이것을 바라지만, 이런 관계를 지속적으로 유지하는 것은 그리 쉬운 일이 아닙니다.

우리 삶에서 관계의 역할

과거의 문헌들을 보면 거의 모든 나라에서 관계는 중요하게 인식되고 있습니다. 문헌에 상호 관계에 대한 주제들이 많다는 것은 우리가 바로 사회적 존재라는 것을 의미합니다. 관계는 우리 모두에게 반드시 있어야 할 요소이고 음식이나 물만큼 중요한 것입니다.

서구 사상에 지대한 영향을 끼친 그리스 철학자 아리스토텔레스는 관계를 다음과 같이 정의한 바 있습니다. "모든 것을 소유하고 있다 하더라도 친구 없이 살기를 원하는 사람은 없을 것이다." 이것은 관계를 맺고 사는 것이 너무나 당연하다고 여길 만큼 우리 생존에 본질적이라는 의미입니다. 그러다 보니 어떤 힘든 상황에 처해 관계의 어려움을 겪어 보기 전까지는 관계의 중요성을 인지하지 못하는 것입니다.

- 우호적인 유대 관계를 가진 사람들일수록 병에 덜 걸린다.
- 사회적 접촉은 병의 회복을 촉진시킨다.
- 사회적 우호관계는 행복에 긍정적 영향을 주고 건강한 행동 양식을 유지하게 해 준다.

인생의 가장 본질적인 요소가 무엇일까요? 그것은 인간이 독립적인 존재라기보다는 상호 의존적인 존재라는 것입니다. 우리가 이것을 깨닫게 되면 그 영향력은 현재 우리 사회가 인식하는 것보다 훨씬 더 강할 것입니다. 이러한 상호 의존성을 이해하는 것은 우리의 건강, 삶의 질, 소속감, 마음의 평화와 안정에 매우 중요합니다. 마찬가지로 관계는 우리 장애 자녀의 삶에 있어서도 매우 본질적인 요소입니다.

안정된 미래의 기반은 우리가 남겨 주는 재산의 크기나 유언장에 있지 않습니다. 물론 이런 것들도 자녀의 행복한 삶을 준비하는데 중요한 요소들입니다. 하지만, 이것만으로는 충분하지 않습니다. 에밀리 디킨슨은 "내 친구들이 바로 나의 재산이다" 라고 말했습니다. 서로를 배려하고 돌봐주는 관계는 우리 생활을 윤택하게 하고 활력을 주며, 삶을 가치 있게 해 줍니다.

다소 먼 지인 관계부터 아주 가까운 친구관계까지 관계는 상호간에 선택으로 시작됩니다. 상호 유익을 토대로 자유롭게 관계가 형성됩니다. 관계는 일방적인 것이 아닙니다. 상호적인 교류입니다. 이 관계는 대가를 요구하지 않습니다. 자원봉사도 아닙니다. 일대일로 돌봐주는 고용관계도 아닙니다.

좋은 친구란 기쁠 때나 슬플 때나, 우리가 잘해 줄 때나 못해 줄 때나 우리 곁을 지켜줍니다. 우리는 친구를 사귀기 위해 우리 자신을 바꾸지 않습니다. 우리의 재능 뿐만 아니라 우리의 나약함까지도 받아들여 지는 것입니다. 친구가 우리의 단점을 고쳐 주기를 기대하지도 않습니다. 그들은 그저 거기에 있는 것입니다. 친구 관계란 그 자체로 즐거운 것입니다.

> 친구들이라는 개념보다 더 오래된 개념은 없다. 이 안에서는 도움이 필요한 친구가 오히려 다른 친구들을 돕는 모습을 흔히 볼 수 있다.
>
> 존 랠스톤 사울
> (JHOHN RALSTON SAUL)
> 캐나다 철학자, 소설가, 수필가

우리가 진정으로 사랑받고 가치를 인정받을 때 우리는 소속감을 느끼게 됩니다. 우리가 어딘가에 속해 있다고 느낄 때 우리는 좋은 방향으로 변하게 됩니다. 자신감도 붙고, 자존감도 생기며, 그에 따라 행복을 느끼고 삶의 질도 높아집니다. 인생이 새로운 의미로 다가옵니다. PLAN에서 우리는 이러한 변화를 수 없이 보았습니다.

네트워크 도우미의 글

나는 PLAN의 여러 네트워크의 도우미가 되는 기회를 가질 수 있었다. 어떤 네트워크의 경우 내 역할은 단지 일년에 몇 번 모임을 기획하는 정도이다. 누구는 찜 요리, 누구는 샐러드 등을 가지고 와서 함께 이야기를 나누고 서로 기여한다.

어떤 경우는 어떻게 하면 더 많은 사람을 네트워크로 초대할 수 있는지 방법을 찾아야 할 때도 있다. 이런 경우는 초대할 때도 그렇고 새로운 사람을 만날 장소를 찾기 위해서도 창의적인 방식과 많은 노력이 필요하다.

브래드는 내가 함께 일한 사람 중 한 명이다. 브래드가 PLAN에 가입했을 때 그의 네트워크 멤버로 가능한 사람은 브래드의 엄마뿐이었다. 브래드는 단기 기억력이 없어 새로운 사람을 만나기가 매우 어렵다. 얼마 전에 만나 얘기했던 사람을 기억하지 못했고, 그들이 무슨 말을 했는지, 브래드가 그들에게 한 이야기도 기억하지 못한다.

우리는 브래드가 고등학교에 다닐 때 알고 지냈던 사람이 있었는지 알아보기 위해 고등학교를 방문해 졸업앨범을 훑어보았다. 브래드의 장기 기억력은 그래도 단기 기억력보다 좋아서, 그가 혹시나 옛날 얼굴이나 이름을 알아보지 않을까 희망을 가져 보았다. 다행히도 그는 몇몇을 기억하였고, 지금 우리는 그들을 접촉하기 위해 연락처를 찾고 있는 중이다.

우리가 전혀 예상치 못한 것이 있었는데 그것은 브래드의 치과의사였다. 브래드는 누군가에 대해 좋게 얘기하지 않는데, 그 치과의사는 예외였다. 이 점이 너무 특이해서 나는 브래드의 허락을 받아 그 치과의사에게 연락하였다. 치과의사인 원코트 박사는 가끔 브래드를 방문한다! 그는 지금 브래드의 네트워크 멤버이다.

우리는 최근에 브래드가 열일곱 살 때 근무했던 회사에 연락을 해 보았다. 브래드가 사고가 난 후 연락이 끊긴 회사 동료 두 명을 찾을 수 있었다. 조만간 우리는 이분들과 커피 한 잔 할 것이다.

어떤 아이디어를 내고 서로의 이야기를 나누면서 나는 브래드가 알았던 사람들에 대해 더 많이 알게 된다. 이제 브래드가 나를 알고 신뢰하기 때문에 내가 이 사람들을 찾는다는 것에 대해 브래드도 편안해 한다.

브래드도 나도 네트워크를 만드는 초기 단계에 있지만 조금씩 성장하고 있다. 우리 둘 다 앞으로 브래드의 삶에 더 많은 사람들이 들어오면서 어떤 일이 벌어질지 기대하고 있다.

티나 댐
PLAN 가족 연결팀

돌봐주는 관계 : 도움의 원천

우리 자신의 삶을 한번 생각해 보죠. 우리는 우리와 가까운 누군가가 죽는다고 해서 바로 혼자가 되지는 않습니다. 여전히 우리를 도와줄 수 있는 친구와 가족이 있습니다. 이와 마찬가지로 우리는 우리가 죽었을 때 우리 장애 자녀를 돌봐줄 수 있는 안전한 환경이 마련되기를 바랍니다. 그러기 위해서는 현재 우리 자녀 주위에 느슨하게 형성되어 있는 관계를 '개인 네트워크'로 강화할 필요가 있습니다. 만일 자녀가 아무런 관계를 맺지 않고 살아가고 있다면 새로운 '개인 네트워크'를 만들어야 합니다. 이것만이 "우리가 죽으면 누가 우리 자녀를 돌볼 것인가?"라는 질문에 대한 유일한 답입니다. 개인 네트워크는 장애 자녀에게는 최선의 방법입니다. 바로 그 네트워크가 여러분을 대신해서 장애 자녀의 눈, 귀, 팔과 다리가 될 수 있습니다. 이보다 더 마음의 평안을 줄 수 있는 것은 없습니다.

우리는 친구 관계를 통해서 다른 사람과 관계를 맺는다는 것이 참 좋다는 느낌을 갖습니다. 하지만, 이런 좋은 느낌은 '돌봐주는 관계'에서 얻는 유익에 비하면 단지 시작에 불과합니다. 장애 자녀에게 네트워크를 만들어 준다는 것은 단기뿐 아니라 장기적으로도 유익이 많습니다.

장애 자녀의 권익을 보호하려고 할 때 주위에 친구나 후원자들이 있다는 것만으로도 커다란 도움이 됩니다. 일반 사람들도 관계가 부족하면 곤경에 처할 때가 많습니다. 하물며 우리 장애 자녀는 어떻겠습니까? 자

호혜적 관계

개인 네트워크 멤버들은 종종 네트워크의 중심에 있는 장애인과 그들의 관계가 얼마나 의미 있는 관계인지 얘기합니다. 그들은 자신들이 준만큼 받는다고 얘기합니다. 이것을 호혜라고 합니다.

몇 년 전에 개인 네트워크 멤버들의 경험을 조사하는 연구를 의뢰한 바 있습니다. 그 결과는 우리의 믿음을 확인시켜 주었습니다. 즉, 장애인들이 네트워크 멤버들의 삶에 실질적인 변화를 준다는 것입니다. 우리는 또한 장애인들과 네트워크 멤버들간의 관계가 상호적이라는 것도 확인하였습니다. 관계라는 관점에서 보았을 때 우리 장애 자녀들도 기여자가 되는 것입니다.

녀 주위에 자녀의 삶에 관심있는 사람들이 없으면 학대를 당하거나, 방치되거나, 착취의 위험에 처하게 됩니다. 또한 주위에 친구가 없으면 주로 서비스 제공에 중심을 둔 현 지원체계로는 자녀의 필요가 무시될 가능성이 큽니다.

학교나 직장에서 성공은 우리가 가진 사회적 네트워크의 규모 및 친밀도와 직접적인 상관관계가 있습니다. 사회적 네트워크는 또한 신체적 건강과도 매우 밀접하게 연계되어 있습니다. 신체적으로 건강한 사람과 그렇지 못한 사람을 구분하는 중요한 요소 중 하나가 사회적 유대관계라는 연구결과도 많이 있습니다. 혼자 고립되어 있는 것이 흡연만큼이나 건강에 해롭다는 것을 아시나요? 친구 관계는 이처럼 건강에도 아주 중요한 요소입니다.

개인 네트워크의 영향력과 잠재력은 우리가 생각하는 것보다 훨씬 더 큽니다. 지난 25년간 우리는 PLAN의 개인 네트워크 구성원들이 어떤 역할을 해왔는지 지켜 보았습니다. 그들은,

- 장애 자녀들이 받는 프로그램이나 서비스들을 점검하고
- 실질적으로 그들의 권리를 옹호해 주고
- 유언장 집행인이나 신탁 관리인 혹은 자문인이 되기도 하고
- 대리권 동의(Representation Agreement)의 구성원이 되어 주기도 하고
- 장애 자녀가 위기 상황에 처했을 때 즉각적으로 도움을 주고
- 어려운 문제가 생기면 해결해 주고 예기치 않은 상황에서도 잘 대응해 주고
- 부모들의 바람을 실제로 실행에 옮깁니다.

개인 네트워크 구축 절차

PLAN은 네트워크 도우미(Community Connector)를 고용합니다. 네트워크 도우미는 네트워크를 만들고 키우기 위해 한 달에 평균 약 2시간에서 6시간 정도 일을 합니다. PLAN의 공동 설립자이고 Tyze의 설립자

이며 이 책의 공동 저자이기도 한 빅키 코맥(Vickie Cammack)이 프로그램을 개발하였습니다. 그녀는 네트워크 도우미는 "필요한 만큼 많이 그러나 가능한 한 적게" 관여하는 것이 좋다고 조언합니다.

개인 네트워크를 구축하는 데는 시간이 꽤 걸립니다. 빅키가 얘기하는 네트워크의 "다리"라는 것을 갖게 되기까지 약 1년에서 2년 정도 걸립니다. 이때가 되면 장애 자녀와 구성원들과의 관계 형성뿐만 아니라 구성원들간에도 친밀한 관계가 형성되는 것을 기대할 수 있습니다.

개인 네트워크는 다음과 같이 세 단계를 거치게 됩니다.

마리아는 내게 삶의
작은 일에 어떻게
감사하는지를
보여 주었다.
인간에 대한 내 믿음도
점차 커져갔다.
토마스, 개인 네트워크 멤버

1단계 : 탐색

장애 자녀와 가족 그리고 네트워크 도우미가 서로 알아 가는 단계입니다. 자녀의 관심사, 열정, 그리고 주위에 누구를 접촉하는 것이 좋을지 탐색하게 됩니다. 이 단계가 끝날 즈음에 네트워크 도우미는 일련의 목표, 세부 활동 계획 및 일정, 그리고 접촉 가능한 네트워크 구성원 명단을 작성합니다.

2단계 : 구축

가능성이 있는 네트워크 구성원들을 접촉하고 네트워크 모임에 초대하는 단계입니다. 이 단계의 목표는 네트워크 구성원들을 찾고 그들을 서로 소개하는 것입니다. 네트워크 구축을 위한 실질적인 전략도 개발합니다.

네트워크 도우미의 자질

재능 있는 네트워크 도우미들이 가지고 있는 공통적인 특징은 다음과 같습니다.
• 모든 사람의 능력과 재능을 인지하고 키워줍니다.
• 사소한 것에도 관심을 기울입니다.
• 훌륭한 이벤트 기획자들입니다.
• 창의적이고 실용적이며 사려가 깊습니다.
• 주변 지역을 잘 알고 자신들의 관계를 활용합니다.

3단계 : 유지

이 단계가 되면 서로를 돌봐 주는 관계가 형성되고 네트워크 구성원들 간 모임이 정례화 됩니다. 네트워크가 장기적으로 안정화됩니다. 새로운 관심이 생기면 – 이런 일이 자주 일어나지만 – 새로운 네트워크 멤버가 들어 오기도 합니다. 그러면서 네트워크가 더 안정되고 동시에 관계도 더 활발해 집니다.

친구를 사귀는 기술

유치원에 다니는 아이들이 다른 아이들과 어울려 놀려고 할 때 그 첫번째 시도 중 50%가 거절된다는 사실을 아시나요? 이 아이들은 다른 아이들이 받아줄 때까지 계속해서 시도해야 합니다.

다시 말해서, 친구를 사귀는 첫번째 단계는 실습을 통해 배운다는 것입니다. 이러한 기술을 우리는 자연스럽게 터득하기 때문에 너무 당연하다고 여깁니다. 그런데 장애를 가지고 있는 아이들은 이러한 시행착오 과정을 경험하지 못합니다. 연구에 따르면 아주 어린 아이들이 다른 아이들과 어울려 노는 과정에서 세 가지 기술을 배운다고 합니다. 즉,

1. 또래에게 먼저 다가가는 방법.
2. 또래들과 놀이를 지속하는 방법 – 이런 기술들이 바로 상호 작용을 유지시키고 다른 사람과의 관계를 지속시켜 주는 것입니다.
3. 갈등을 해결하는 방법 – 관계 속에서 이들은 협상하는 법을 배우고, 서로 나누고 타협하는 방법을 배우게 됩니다.

친구 관계는 저절로 만들어지지 않습니다. 우리는 직업을 찾고, 가족을 보살피고, 재능이나 취미를 개발하듯이 정성껏 친구 관계를 가꾸어 갑니다. 어떤 사람들은 친구 관계가 자연스럽게 만들어진다고 생각합니다. 설사 친구 관계가 안 만들어지더라도 달리 어찌할 도리가 없다고 생각합니다. 그렇지 않습니다. 누군가에게 다가가고 친구를 사귀는 데에는 뭔가 필요한 기술이 있습니다.

어떤 사람들에게는 친구 사귀는 능력이 배워서 터득해야 하는 기술일 수도 있습니다. 어떤 분들은 사고를 당하거나 다쳐서 사귀던 친구들과 멀어지게 되고 그에 따라 사회적 관계도 갑작스럽게 바뀔 수 있습니다. 보호 시설이나 요양 시설에 있게 되면 사람들과 교류할 수 있는 기회가 제한되기도 합니다. 요양 시설에 근무하는 직원들이 친구 관계의 중요성을 잘 알지 못하거나 그런 관계를 어떻게 만들어 주어야 하는지 모르는 경우도 허다합니다. 또 어떤 분들은 친구를 사귀어 보려 해도 자꾸 퇴짜를 맞아 다시 시도조차 못할 정도로 좌절합니다. 점점 자신감을 잃어갑니다. 결국에는 아무도 자신의 친구가 되기를 원치 않는다고 믿게 됩니다. 특히 장애가 있는 경우 친구관계가 저절로 만들어지지 않기 때문에 이들을 위해 전략적으로 친구관계를 만들어 줄 필요가 있습니다. PLAN은 이를 위해 네트워크 도우미를 고용하여 개인 네트워크를 만들어 주고 유지시키는 일을 합니다.

돌봐주는 관계

많은 부모들은 장애 자녀가 살아가는 데 있어 그를 돌봐줄 사람들이 필요하다는 것은 인정합니다. 하지만 막상 그런 관계를 만들어 보자고 하면 대부분 주저합니다. 우리의 경험으로 보아 그 이유는 부모들이 다음 세가지를 어려워하기 때문입니다. 즉, 도움 요청을 어려워 하고, 마음 열기를 두려워 하고, 가능하다는 믿음을 갖지 못하는 것입니다.

개인 네트워크를 진행하며 알게 된 점들

- 네트워크가 어느 정도 순조롭게 운영되기까지 평균 약 2년 정도가 걸릴 정도로 시간이 꽤 걸립니다.
- 해당 장애인의 관심, 열정 그리고 그들이 할 수 있는 것에 초점을 맞추는 것이 매우 중요합니다. 많은 사람들이 해당 장애인들이 할 수 없는 것에 초점을 맞추곤 합니다.
- 네트워크 멤버들 간의 관계도 해당 장애인과의 관계만큼 중요합니다.
- 여러분이 생각하는 것보다 더 많은 사람들이 자녀와 관계를 맺고 싶어합니다.

도움 요청

도움을 요청한다는 것은 우리 스스로 나약하다는 것을 인정하는 것입니다. 게다가 항상 거절당할 가능성이 있습니다. 그럼에도 불구하고 누군가에게 손을 뻗어 도움을 요청하는 것은 관계를 위해 반드시 거쳐야 하는 과정입니다. 관계는 보통 다른 사람에게 참여를 요청하면서 시작됩니다. 약간의 친분이 있는 사람들을 좀 더 알기 위해 차 한잔 하자고 초대합니다. 울타리 만드는 것을 도와 달라고 이웃에게 부탁하기도 합니다. 파티 준비를 좀 도와달라고 부탁합니다. 이런 일상의 초대를 시작으로 서로가 배려하는 관계로 발전하는 것입니다.

하지만 장애 자녀를 위해서 누군가에게 이런 부탁을 하려면 참 어렵습니다. 아마도 불문율처럼 자기 일은 자기가 알아서 하라고 교육받았기 때문일 것입니다. 자기 일은 자기가 알아서 하는 것을 우리 모두는 매우 당연하게 여기고 뿌듯해 합니다.

심지어 일상적인 초대까지도 조심해야 한다고 말하는 사람들도 있습니다. 초대받은 사람들이 부담감을 느끼거나 초대한 사람에게 미안해서 마지못해 초대에 응할 수도 있다고 생각합니다. 이는 그동안 우리가 얼마나 장애에 대한 부정적인 시선 때문에 상처를 받아 왔는가를 대변해 주는 말입니다. 이로 인해 우리는 자녀가 우리에게 주는 선물을 잊곤 합니다. 또한 우리 자녀를 배려하는 사람들이 주위에 있다는 것도 간과하게 합니다.

하지만, 우리는 우리 자녀가 우리에게 안겨 준 삶의 아름다움과 풍성함을 잘 알고 있습니다. 또 우리 자녀를 알고 있는 사람들은 우리 자녀 덕분에 자신들의 삶에 많은 변화가 생겼다고 얘기하기도 합니다. 이런 분들 중에는 뭔가 도움을 주고 싶긴 한데 어떻게 도움을 주어야 할지 모르는 경우가 많습니다. 우리가 하는 초대는 바로 이런 분들에게 하는 것입니다. 그들에게 자신의 영역을 확장하고 관계를 넓혀 나갈 수 있는 기회를 제공하는 것입니다.

마음 열기

타인이 우리의 삶에 들어 오도록 하기 위해서는 그들을 위한 공간이 마련되어 있어야 합니다. 그들을 만날 시간이 없다면 친구 관계를 형성하는 것이 불가능하지요. 이것은 장애가 있는 사람들에게도 똑같이 적용됩니다. 실제로 우리 장애 자녀의 생활은 거의 매일 프로그램으로 꽉 짜여져 있습니다. 외부 사람의 눈으로 보면 딱히 친구가 필요할 것 같지도 않습니다. 어떤 경우는 자녀의 스케줄이 너무 빡빡해서 친구를 만날 시간조차 없을 정도입니다. 따라서 우리 부모들은 때로는 다른 사람들이 자녀들과 어울릴 수 있는 시간이 생기도록 프로그램을 취소하거나 일정을 변경할 필요가 있습니다.

어떤 경우는 부모가 오히려 다른 사람들의 참여를 막기도 합니다. 우리 부모들은 참으로 장애자녀를 위해 많은 일을 합니다. 그러다 보니 다른 사람들로 인해 우리의 일상이 깨지지 않을까 두려워하는 것이죠. 혹자는 이렇게 묻습니다. "모든 일은 스스로 알아서 해야 하는 것 아닌가요?" 맞습니다. 하지만 그것은 옛날 사고 방식이 주는 죄책감입니다. "우리가 잘 할 수 있어. 그런데 다른 사람들이 더 잘 하면 어떻게 하지? 다른 사람들이 우리를 어떻게 생각할까?" 이런 생각들이 바로 우리를 두려움에 빠지게 하는 것입니다. 우리가 그동안 잘 통제해 오던 일상이 깨지지 않을까 염려하면, 다른 사람들이 참여하는 것을 거부할 수 있습니다. 우리는 정직하게 자문해 봐야 합니다. 다른 사람들이 우리 자녀의 삶에 적극적으로 참여할 수 있도록 하기 위해 우리가 무엇을 내려 놓아야 하는지를 말입니다.

이런 것을 진정으로 고민하게 되면, 그때부터 내려 놓는 과정이 우리의 평생 과제가 됩니다. 이것이 바로 이 책을 읽고 있는 이유입니다. 친구 관계는 이 문제를 해결하는 촉매제가 될 것입니다. 우리 자녀들은 가족 이외 다른 사람들과 경험을 통해 더 잘 성장하게 됩니다. 친구들은 우리 자녀들이 지역 사회 활동에 참여하고 기여할 수 있도록 북돋아 주고 격려를 해 줄 것입니다.

나는 모든 것을 내려 놓고 맡겼다. 우리는 빠르고 거칠게 움직였다. 내 안에서 기쁨의 함성이 들렸다. 나는 그것이 무엇인지 몰랐고 관심도 없었다. 내 안에 있던 무용수가 빠져 나간 것이다.

보니 세르 클라인
(BONNIE SHERR KLEIN)
미국 영화 감독
장애인 인권 활동가

믿음 갖기

부모들이 갖고 있는 세 가지 어려움 중에 가장 어려운 것이 믿음을 갖는 것입니다. 우리는 장애자녀들이 그들의 독특한 특성으로 인해 다른 사람들에게서 사랑받지 못할 것이라 생각합니다. 자녀가 친구들로부터 생일 파티에 초대를 받거나 함께 놀자고 초대받은 기억도 없습니다. 슈퍼마켓에서 누가 빤히 쳐다 본다거나 지나 가는 행인이 측은한 눈으로 쳐다보기도 합니다. 우리는 이런 일들을 당하며 마음에 상처를 입기도 하고 우리 자녀 때문에 마음 아파합니다. 우리가 스스로 자녀를 보호해야 한다는 강박감이 있다 보니 주변에 우리 자녀의 친구가 되어 주고 돌보아 줄 사람들이 있으리라고는 생각하지 못합니다. 이런 믿음이 부족하다 보니 다른 사람들에게 마음을 열기 어렵고 그들의 진정성을 신뢰하지 못합니다.

지난 25년간 PLAN에서 개인 네트워크를 만드는 동안 – 그리고 전 세계적으로 약 12개 지역에서 – 우리는 어떤 장애를 가졌다 하더라도 그들을 돌봐 주는 관계를 만들 수 있다는 확신을 얻게 되었습니다. 과거에 어떤 경험을 했든, 어떤 특성을 가졌든, 어떤 행동을 하든, 그 어떤 것도 이를 막을 수 없습니다. 우리는 안된다는 것을 믿지 않습니다. 우리는 가능하다는 것을 압니다. 그 증거는 바로 개인 네트워크 안에서 형성된 수 많은 관계 속에서 발견할 수 있습니다.

대중 매체가 그려 내는 사회에 대한 부정적 시각에도 불구하고 사람들은 서로에게 손을 뻗고 다가갑니다. PLAN의 경험은 이것이 옳다는 것을

---

tyze

Tyze는 이미 입증된 PLAN 네트워크 모델을 기반으로 개인 네트워크를 만들고 유지하는데 사용하는 개인 온라인 네트워크 서비스입니다.

Tyze는 가입한 모든 분들이 늘 같은 정보를 공유하며 좋은 관계를 만들어 나갈 수 있도록 도와 주고 상호주의, 나눔, 의미를 중요하게 생각합니다. www.tyze.come 을 방문해 보세요

증명해 줍니다. 사람들은 진정으로 자녀를 따뜻이 맞아 주고 우리 자녀들 삶에 한 부분이 되기를 원합니다. 단지 누군가의 요청이 필요할 뿐입니다.

부모로서 그리고 가족으로서 우리가 해야 할 일은 우리의 두려움 때문에 자녀가 관계 맺을 기회를 잃어버리지 않도록 하는 것입니다.

닉의 네트워크

Tyze를 비롯해 친구들과 가족, 도우미들의 도움으로 닉은 음악회에 가고, 컴퓨터 잡지를 읽고, 심지어 The Hockey Ambassador라는 블로그도 운영합니다. 몇몇 은퇴한 프로 하키 선수들이 닉의 동네를 방문할 것이라는 것을 알고, 닉은 그들에게 맥주 한잔 하자고 초대하고 인터넷을 이용해 몰슨 캐나디언 맥주를 특별 주문했습니다. 닉은 정보통신기술을 공부하며 활기찬 삶을 살고 있습니다. 대부분의 시간을 침대에 누워 지내야 하지만 그래도 꽤 풍성한 삶을 살고 있습니다.

여러 사람의 도움으로 닉은 대학에서 공부할 수 있습니다. 친구들과 돌보미들은 닉의 숙제 제출 기한이 언제까지인지 알고 있으며, 보고서를 쓰고 시험준비 하는 것을 도와줍니다. 돌보미들은 닉이 음악회에 갈 수 있도록 교통편을 마련해 주고, NHL 경기 결과를 기록해 주고, 병원 약속에 데려다 주기도 합니다.

기억해야 할 것도 많고 조정해야 할 것도 많습니다. Tyze는 이럴 때 필요합니다.

닉의 부모, 친구들, 돌보미들은 닉을 돕는 주요 수단으로 Tyze 네트워크를 이용하게 되었습니다. 닉의 부모는 – 그리고 닉과 함께 사는 돌보미와 다른 에이전시 직원 및 전문가들까지 – 정기적으로 Tyze에 로그인하여 어떤 약을 먹고, 어떤 부작용이 있는지, 그 주에 어떤 교통편이 필요한지, 그리고 닉이 어떤 프로젝트를 진행하고 있는지 등을 알아 봅니다. 닉의 어머니 도나는 "돌보미들이 닉의 삶에 필요한 모든 것을 조정할 수 있는 완벽한 시스템"을 운영할 필요가 있다고 말합니다. 이것은 꽤 힘든 일입니다. 닉이 워낙 바쁘기 때문이죠.

이들이 Tyze를 이용하기 전에는 4일 전부터 할 일에 대한 정보를 닉의 방에 있는 화이트보드에 적어 놓았습니다. 문제는 돌보미들이 읽지 않는다는 것이었습니다. 그래서 도나는 새로운 돌보미가 올 때마다 닉의 일상생활에서 중요한 것이 무엇이고, 의료 관련 필요가 무엇인지 일일이 말로 설명해야 했습니다. 그러면서도 혹여 일이 잘못될까 노심초사 하였습니다

Tyze 덕분에 의사소통이 원활해지고, 닉의 돌보미들은 언제든지 그들이 필요한 정보에 쉽게 접근할 수 있습니다. Tyze는 화이트보드를 사용할 때와는 다르게 돌보미들이 관심을 갖고 봅니다. 물론 돌보미들이 젊고 컴퓨터에 익숙한 측면도 있지만, 더 중요한 것은 관련된 정보를 제때에 볼 수 있다는 것입니다. 누군가가 닉의 일정이나 필요에 대한 내용을 입력하면 Tyze 네트워크에 가입한 사람들에게 메시지가 보내집니다. 모든 돌보미들은 일을 시작할 때 닉의 Tyze네트워크에 로그인해야 합니다.

어떤 돌보미는 아이폰을 이용해 닉의 Tyze 사이트에 접속해 이동 중에도 메시지를 주고 받을 수 있습니다. 비밀번호, 의료 정보, 교제 활동, 의

사와의 약속 등이 모두 닉의 개인 Tyze 네트워크에 저장되어 있어 닉의 돌보미팀이 함께 공유할 수 있고 최상의 도움을 줄 수 있습니다.

닉은 스포츠를 좋아하고, 새로운 기기 광이고, 미래에 대한 희망으로 가득 차 있는 청년입니다. 세상에 대한 호기심도 많고, 신기술 사용에 대한 두려움도 없습니다. 친구, 가족, 돌보미들의 참여와 도움으로 Tyze는 닉의 꿈을 실현시키는 데 기여하는 좋은 수단입니다. 닉을 돌봐주는 모든 사람들에게 끊기지 않는 소통의 장이 되는 것입니다.

도나 톰슨

관계와 기여

관계 형성은 우리 자녀들이 가진 재능을 사회에 기여하게 하는 데 있어서도 중요한 역할을 합니다. 친구들, 가족들, 네트워크 멤버들을 통해서 장애를 가진 사람들은 좀 더 쉽게 고용의 기회를 갖거나, 자원 봉사를 하기도 하고, 창작 활동을 하고, 다른 사람들에게 감명을 주기도 하고, 또 다른 사람을 보살펴 주거나 섬기는 등, 다양하게 사회에 기여할 수 있는 기회를 가질 수 있습니다.

우리 장애 자녀들은 두 가지 방식으로 기여를 합니다.

마음은 늘 자기를 찾고 있다. 마음은 자기가 어디에 있는지 알기도 하고 모르기도 한다.

얀 즈위키 (JAN ZWICKY)
캐나다 시인, 철학자
수필가, 음악가

행위를 통한 기여

이것은 우리에게 익숙한 것으로서 자원 봉사나 일을 하는 것과 같이 행동 지향적인 기여를 말합니다.

존재 자체로서의 기여

이것은 우리 자녀가 존재 자체만으로도 기여를 한다는 것입니다. 함께 있다는 것은 우리 가족 구성원들이 기여하는 방법 중 하나입니다. 서로 유대감을 갖고 교감을 나누는 것입니다. 우리 장애 자녀 역시 우리에게 여러 가지를 은사로 나누어 줍니다. 우아함, 배려, 경청, 경이로움, 관용, 조용함, 수용, 연민, 감동, 즐거움, 감사, 충성, 우정 등. 이런 은사들은 흔히 간과되는 것들이지만 우리 사회의 행복에 매우 중요한 요소들입니다. 오히려 이런 것들은 "행위에만 집중하는 사회"에 필요한 해독제입니다.

우리 장애 자녀들이 가진 은사와 기여할 수 있는 것들을 찾아보면 다

의미 있는 기여

개인 네트워크 멤버들은 다음과 같은 일을 하면서 매우 의미 있는 기여를 하게 됩니다.
- 우리 자녀들의 재능과 능력을 알아봅니다.
- 우리 자녀들이 가치 있는 존재라는 것을 알게 해 줌으로써 그들을 인정해 줍니다.
- 우리 자녀들이 가지고 있는 재능을 개발할 수 있도록 도와줍니다.
- 우리 자녀들도 기여를 할 수 있도록 기회를 만들어 줍니다.

른 사람들과 의미 있는 관계를 맺는데 도움이 됩니다. 워크시트 5를 참고하십시오.

친구란 바로 그런 겁니다

사람들은 보통 다른 사람들과 함께 있고 싶어합니다. 가족이나 친구와 함께 있고 싶고, 그들의 손길이 닿기를 바랍니다. 장애가 있으면 고립과 고독이라는 아주 고약한 부산물이 생깁니다. 우리는 이러한 부산물 그 자체가 바로 장애라고 생각합니다.

만일 관계형성을 무시한 채 그저 서비스에만 초점이 맞춰져 장애 자녀들을 지원한다면 자녀들이 갖게 될 외로움은 한층 더 커질 것입니다. 이런 외로움을 덜 수 있는 유일한 방법은 이끼고 보살펴 주는 관계형성에 초점을 두는 것입니다. 이렇게 하는 것이 우리 가족들에게는 좀 힘든 일이긴 하지만 장애 자녀의 행복을 위해서는 매우 중요한 일입니다.

이것을 가능케 하는 가장 중요한 열쇠는 첫째, 이런 관계가 형성되도록 하겠다는 우리의 의지이며, 둘째, 그것을 가능케 하는 우리의 노력입니다. 물질만으로는 우리 자녀가 인격적인 보살핌을 받을 것이라 보장할 수 없습니다. 관계는 가족들이 하는 것입니다. 친구 역시 이것을 위해 있는 것입니다.

어떤 장애도 관계를 막지 못한다.
빅키 코맥
(VICKIE COMMACK)
PLAN 공동 설립자

샤논의 미소

고등학생이 되면서, 우리는 샤논에게 댄스반에 들어가 보는 것이 어떻겠냐고 제안했다. 댄스반에서는 이제까지 휠체어를 탄 학생이 들어온 적은 없으며 어떻게 해야 할 지 모르겠다고 했다.

첫 수업에 나는 샤논과 함께 들어가 선생님에게 내 소개를 하고 반 학생들에게 샤논에 대해 이야기했다. 그 반에 있는 몇몇 학생은 중학교때부터 같이 다녔던 친구들이지만, 나머지 학생들에게는 샤논을 만나는 것이 새로운 경험이었을 것이다.

그 해 일 년이 은혜롭게 지나갔다. 댄스반 선생님은 샤논에게 다음 학기에도 오라고 하였다. 샤논 덕분에 반에 활력이 생겼으며, 학생들은 더 친절해지고 참을성이 생겼다고 했다.

학기가 끝나면서 선생님은 학생들에게 서로에게 해 주고 싶은 말을 쓰라고 했다. 샤논이 받은 글 중에 내 마음을 가장 감동있게 사로잡은 글은 바로 이것이었다. "샤논, 너의 미소는 우리 팀을 하나로 만들어."

우정

어떤 우정은 몇 년이 가고.

우정은 좋을 때나 나쁠 때나 함께 나누는 것.

우정은 사람들을 돕는 것,

그들이 곤경에 빠졌을 때 그들을 위해 거기에 있어 줌으로.

우정은 친구를 돕는 것

그들이 어려운 상황을 헤쳐 나가도록.

친구는 늘 서로 연락을 유지하는 깃.

친구는 서로를 충분히 배려하는 것

위기에 처한 그들을 도와주면서.

당신이 지쳐있을 때, 친구는 당신에게 힘을 주지.

어떤 우정은 영원하고.

제니 베이커(JENNY BAKER)
시를 쓰는 것 이외에도 제니는 쇼핑을 좋아하고,
여동생과 노는 것, 크리스마스와 그녀의 생일을 좋아하고,
그리고 뱀파이어와 관련된 모든 것을 좋아합니다.

워크 시트 4
관계 동그라미

가족이나 친구들과의 관계는 우리의 삶을 지탱하는 원동력이 됩니다. 우리는 다양한 관계를 맺고 살아갑니다. 가족, 배우자, 오랜 친구들, 회사 동료들, 이웃들, 같은 취미를 가진 사람들, 대가를 받고 서비스를 제공하는 사람들까지.

장애를 가진 사람들에게도 이러한 관계는 똑 같이 중요합니다. 문제는 이런 관계를 만들기가 매우 어렵다는 것입니다.

장애인의 경우는 친구 관계를 포함해 어떤 관계든 우연히 이루어지지 않습니다. 의도를 갖고 접근해야 하며 장애인들이 자신들의 네트워크를 건강하게 만들 수 있도록 도와야 합니다. 즉, 자녀가 가진 흥미, 취미, 열정 등을 펼칠 수 있는 곳으로 인도하고, 그것들을 함께 공유할 수 있는 사람들과 만날 기회를 마련해 주는 것입니다.

관계 동그라미는 자녀가 기존에 관계를 맺고 있는 사람들이 누구인지 파악하는 데 도움을 줄 것입니다. 또한 좀 더 넓게 관계도를 작성해 볼 수 있습니다. 일대일로 할 수도 있고, 가족이나 친구들과 함께 할 수도 있으며, 네트워크 모임에 참여한 그룹원들과도 함께 작성할 수 있습니다.

관계도에서 각각의 동심원들은 관계의 친밀도를 나타냅니다. 마샤 포레스트 (Marsha Forest), 잭 피어포인트 (Jack Pearpoint), 쥬디스 스노우 (Judith Snow)는 이 동그라미들을 다음과 같이 표현합니다.

- **친밀관계** 동그라미
- **친구관계** 동그라미
- **참여관계** 동그라미
- **거래관계** 동그라미

동그라미 1 친밀관계 동그라미는 자녀를 사랑하고 자녀의 삶에 있어 핵심이 되는 사람들입니다. 이 사람들이 없이는 자녀의 삶을 상상할 수 없습니다. 주로 엄마, 아빠, 배우자, 아주 친한 친구나 다른 형제 자매 등이 여기에 해당합니다. 하지만 때로는 이들과의 관계가 좋지 않은 경우도 있습니다!

동그라미 2 친구관계 동그라미는 자녀의 친구들, 자녀를 응원하는 사람들입니다. 여기 속하는 사람들을 찾아보려면 자녀에게 다음과 같은 질문을 해 보십시오. 기쁜 소식이 있으면 누구에게 전화나 문자를 보낼 거니? 부모님께 야단을 맞으면 누가 너를 위로해 줄까? 누가 너에게 힘이 되니? 누구와 함께 웃음을 나누니? 누구와 함께 너의 꿈을 나누니?

동그라미 3 참여관계 동그라미는 관심사가 같거나 이웃에 있는 사람들입니다. 주로 동호회, 위원회, 직장 동료들입니다. 참고로 이 동그라미는 동그라미 1과 2의 토대가 되는 중요한 부류의 사람들입니다. 따라서 이 동그라미에 속한 사람들이 많을수록 동그라미 1과 2의 관계로 발전할 가능성이 높아지는 것입니다.

동그라미 4 거래관계 동그라미는 대가를 받고 관계를 맺는 사람들입니다. 여기에는 자녀의 담당 의사, 치과 의사, 정원사, 미용사, 택시 운전기사 등등 다양합니다.

자녀의 관계도를 완성하고 나면 자녀의 관계가 얼마나 균형을 이루고 있는 지 윤곽이 잡힐 것입니다. 예를 들어,

- 동그라미 1에는 다른 일반 사람들과 비슷한 숫자의 사람들이 있지만, 동그라미 2와 3에 속하는 사람들은 거의 없으며 동그라미 4는 특히 더 그렇다.
- 거래관계 동그라미 속한 사람들, 즉 대가를 받고 일하는 사람들과 대부분의 시간을 보낸다.

안쪽에 위치한 동그라미를 강화할 수 있는 전략은 동그라미 3인 참여관계에 속하는 사람들을 많게 하는 것입니다. 이들은 관심사가 같거나 취미 활동을 함께할 수 있는 사람들입니다. 함께 일을 한다거나, 운동을 같이 한다거나, 미술이나 공예 작품을 함께 만든다거나, 식사나 영화를 함께 한다거나 하는 사람들을 말합니다.

참여를 통해서 사람들은 점점 친구가 되는 것입니다.

사람들이 처음부터 동그라미 2인 친구 관계로 바로 가는 경우는 드뭅니다. 친구관계가 단번에 만들어지지는 않습니다.

관계 동그라미

교환

참여

친구

친밀

관계

- 당신 자녀의 인생에서 가장 중요한 사람들은 누구입니까?
  ⇒

- 과거부터 지금까지 당신 자녀와 가까운 관계를 유지하고 있는 사람들은 누구입니까?
  ⇒

- 현재 당신 자녀의 친구, 지인, 동료, 이웃 등등을 적어 보세요.
  ⇒

- 당신 자녀는 어떤 그룹이나 기관의 일원인가요?
  ⇒

- 당신 자녀는 어떤 사람들과 더 많은 시간을 보내기 원하나요?
  ⇒

- 당신 자녀가 자주 다니는 곳은?
  ⇒

- 당신 자녀가 자주 가고 싶어 하는 곳은?
  ⇒

- 네트워크를 어떤 방식으로 만들어 나가기를 원하시나요?
  ⇒

- 당신 자녀의 네트워크는 어떠 했으면 좋다고 생각하시나요?
  ⇒

워크시트 5
기여

다음 질문들은 당신의 자녀가 기여하거나 기여할 수 있는 것을 찾는데 도움이 될 것입니다.

여기 있는 질문들에 답을 해 보시고 자녀를 잘 알고 있는 다른 가족이나 지인들과 함께 나누어 보세요.

- 현재 받고 있는 교육 혹은 근로 활동
  ➡

- 당신의 자녀가 학교 생활에서 겪은 것 중 언급할 만한 중요한 것들은?
  ➡ 좋았던 것:

  ➡ 좋지 않았던 것:

- 당신의 자녀가 한 근로 활동 중 언급할 만한 중요한 것은 무엇인가요?
  ➡ 좋았던 것:

  ➡ 좋지 않았던 것:

- 당신 자녀는 당신 가족에게 어떤 기여를 합니까?
  ➡

- 당신 자녀가 가장 좋아하는 활동 3가지를 적어 보세요
  ➡

- 당신의 자녀는 무엇에 열정이 있습니까?
  ➡

- 당신의 자녀는 어디에서 가장 큰 기쁨과 즐거움을 누립니까?
  ➡

• 당신 자녀가 싫어하는 것은?
  ⇒

• 당신 자녀의 영웅은 누구입니까?
  ⇒

• 당신 자녀가 좋아하는 유명인이(가수, 배우, 체육인 등) 있다면 누구입니까?
  ⇒

• 당신 자녀의 강점은 무엇입니까?
  ⇒ 잘 하는 것은(gift of doing)?

  ⇒ 존재 자체로서의 강점은 (gift of being)?

• 당신 자녀가 배우고 싶어 하는 것은?
  ⇒

• 당신 자녀가 가르칠 수 있는 것은?
  ⇒

• 당신 자녀의 꿈은 무엇입니까?
  ⇒

• 당신은 자녀로부터 무엇을 배웠나요?
  ⇒

• 다른 사람들은 당신 자녀의 어떤 부분을 좋아하나요?
  ⇒

• 당신 자녀가 지금까지 이룬 것은 무엇입니까?
  ⇒

• 당신의 자녀에게 어떤 다른 가능성을 찾아 보고 싶으십니까?
  ⇒

• 어떤 직업이나 일이 당신 자녀의 흥미와 성격에 잘 맞을까요?
  ⇒

워크시트 6
종교 / 영성

종교나 영적인 세계를 가진 분들은 이 워크시트를 이용해서 장애 자녀에게 좋은 영적인 삶을 줄 수 있는 것이 무엇인지 생각해 볼 수 있을 것입니다. 신앙 공동체는 관계나 네트워크를 구축하는 데 좋은 출발점이 됩니다. 어떤 형태로 영성을 훈련하든지 간에 인간의 영성은 양육될 필요가 있습니다.

우리는 이 워크시트가 다음과 같은 질문에 답을 줄 수 있기를 바랍니다. "내 자녀가 지금껏 가져온 믿음이 우리가 이 세상을 떠난 후에도 지켜질 수 있도록 누구에게 무엇을 부탁할 것인가?"

• 당신 가족의 신앙 혹은 가치관에 대해 서술해 보세요
→

• 당신 자녀에게 신앙 혹은 영성이 중요합니까?
→

• 예배 장소에 가는 것이 당신 자녀에게 중요한가요?
→

• 당신의 자녀는 얼마나 자주 예배 장소에 가나요?
→

• 당신의 자녀가 예배 장소에 가는 데 도움이 필요하나요? 어떤 도움이 필요하나요?
→

• 예배 장소가 어디인가요?
→

• 예배 장소의 누구에게 연락하는 것이 좋은가요? 이름과 연락처는?
→

• 자녀가 신앙적인 측면에서 관계를 맺고자 하는 다른 기관이 있나요?
→

• 자녀가 이것을 하는데 도움이 필요하나요?

  ➡

• 이 기관의 누구에게 연락하는 것이 좋은가요? 이름과 연락처는?

  ➡

• 자녀의 신앙과 관련해서 어떤 특별한 음식 규정이 있나요? 있다면 설명해 주세요.

  ➡

• 자녀에게 중요하다고 할 수 있는 일상적인 종교적 습관이 있나요? 예를 들면 식사 기도 등

  ➡

• 이런 것들을 할 수 있게 하려면 어떤 도움이 필요한가요?

  ➡

• 신앙을 위해 자녀가 집에 두거나 가지고 다니거나 부착해야 할 성상이나 그림이 있나요?

  ➡

• 기념해야 할 특별한 날이나 축제가 있나요?

  ➡

• 어떻게 준비해야 하나요?

  ➡

• 자녀의 신앙과 관련하여 이것들 이외에 특기할 만한 것이 더 있나요?

  ➡

• 예배 장소에서 의사소통을 보다 쉽게 하기 위해 필요한 것이 있나요?

  ➡

• 예배 장소의 다른 사람들이 자녀를 받아들여 주나요?

  ➡

• 자녀가 예배에 참석하기 어려운 물리적인 장벽이 있나요?

  ➡

• 자녀가 사망했을 때 장례식을 어떤 형태로 치루어 달라고 지시를 해 놓을 필요가 있나요? 있다면 적어 주세요.

  ➡

자녀에게 맞는 집을 장만하십시오

집은 삶의 근원입니다.
집은 우리가 살아가는 여정 가운데,
우리의 꿈과 용기와 관계가
싹 트고, 자라고, 꽃을 피우는
정원입니다.
기쁠 때나 슬플 때나
집 같은 곳은 없습니다.

아더 머디(ARTHER MURDY), 전 PLAN 회장

브롬리 가족 이야기
샤논의 또 다른 꿈, 자기 집 갖기

마이클은 태어나면서부터 독립을 원했다. 아장아장 걸을 때도 우리에게 뭔가 의지하기보다는 직접 하는 것을 좋아했다. 학교에 입학하면서는 스포츠 팀에 들어가 운동을 시작했으며, 스스로 친구를 사귀고, 더 독립적이 되어갔다.

마침내 마이클은 얼마 전 독립해서 아주 잘 지내고 있다. BCIT에서 4년 프로그램을 마치고, 직장을 잡아 돈도 벌고 저축도 하고, 아마 언젠가는 자기 집을 장만할 것이다.

하지만 샤논은 완전히 우리에게 의존하고 있고 앞으로도 영원히 그럴 것이다. 18세가 되어서도 우리에게서 벗어나지 못했으며 독립이라는 것은 꿈도 꾸지 못한다. 샤논은 언제쯤 집을 떠나 독립적으로 사는 것이 좋을까? 아마도 이런 어려운 결정을 내리는 것도 샤논이 아니라 샤논을 가장 사랑하는 우리에게 달려있을 것이다.

그리 오래지 않아 샤논은 우리 집을 떠나 독립적으로 살아야 할 것이다. 하지만 어디로 간단 말인가?

우리는 아들이 독립하는 것을 계획하면서 동시에 샤논에 대한 계획도 함께 했다. 물론 마이클은 스스로 결정했지만, 샤논의 경우는 우리가 그 시기를 결정해야 할 것이다.

우리는 샤논이 혼자 살게 되면, 영구적으로 살 곳을 찾았으면 한다. 그리고 누가 샤논을 돌봐줄지, 어디서 살지, 거기서 얼마나 오래 살지 등은 샤논이 결정하기 원한다.

돌보미들은 들어오고 나가고 하겠지만, 샤논이 영구적으로 살 수 있는 집이 있으면 일관성과 친숙함이라는 두 가지는 바뀌지 않을 것이다. 이것이 우리 마음을 평안하게 해 줄 것 같다.

샤논에게 안전감을 주려면 집을 사 주어야 할 텐데, 이 집에는 샤논을 돌봐 줄 돌보미뿐만 아니라 샤논과 함께 살 수도 있는 룸메이트를 위한 공간도 필요할 것이다.

샤논에게 좋은 삶을 만들어 준다는 것은 곧 좋은 계획을 마련하는 것이다. 우리는 샤논이 집을 나가기 전에 미리 계획을 세워야 했고 그것을 실행에 옮겼다.

재무 설계사와 저축과 투자를 어떻게 해야할지 상의하였고, RDSP을 개설해서 샤논이 나이가 들어 목돈이 필요할 경우를 대비했다.

우리는 샤논이 어디서 살 것인지 다양한 시나리오를 검토했고, 자금을 어떻게 마련할 것인지도 고민했다.

우리는 25년 전에 우리 집을 장만했다. 이 집을 팔면 우리는 작은 콘도 두 개를 살 수 있을 것이다. 하나는 우리를 위한 것이고 다른 하나는 샤논의 독립을 위한 것이다.

우리는 샤논이 아는 사람도 많고 익숙한 지역에서 살기를 원한다. 우리는 지금 언덕이 많은 도시에서 살고 있는데 새로운 집을 찾는다면 그곳은 언덕이 별로 없는 다운타운 근처가 좋을 것이다. 그래야 샤논이 쉽게 외출을 할 수 있고, 자원봉사도 하고 이웃을 방문하기도 쉬울 것이다.

또한 근처에 샤논이 좋아하는 활동이 가능해야 한다. 예를 들어, 아이들이 뛰어 노는 공원이나, 극장, 커피샵 등.

샤논의 의사결정 능력은 매우 제한적이다. 따라서 대부분의 결정은 샤논이 좋아하는 것이 무엇인지 가장 잘 아는 우리가 해야 할 것이다.

집안을 꾸미는 것과 관련해서는, 집 분위기가 젊고 생기 있게 하기 위해 샤논과 샤논의 오랜 친구들을 끌어들이는 것이 좋겠다. 그래야 샤논이 좋아하는 것보다 우리가 좋아하는 것을 선택하려고 할 때 그들이 샤논을 대신해서 의견을 제시해 줄 것이기 때문이다.

단계 3

자녀에게 맞는 집을 장만하십시오

자기 집을 갖는다는 것. 이것은 개인적으로도 사회 전체적으로도 커다란 부분을 차지하고 있는 보편적인 인간의 꿈입니다. 집은 자신의 안식처로서 그리고 손님을 대접하는 처소로서 무형의 가치를 지니고 있습니다. 긴 하루가 끝나 현관문을 열고 숨을 내 쉴 때, "아~ 집이구나" 하는 그런 느낌의 집.

저의 졸작, 『좋은 삶 *A Good Life*』에서 저는 집의 본질이 나무나 못, 벽돌이나 석회 반죽으로 이루어진 건물이 아니라고 한 바 있습니다. 집은 땀과 웃음, 상처와 눈물, 얼룩덜룩한 흔적, 거미줄, 꽃, 쾅 하고 문 닫히는 소리, 실패, 약속, 입맞춤, 지문 같은 것들이 어우러진 곳입니다. 집은 우리가 있는 모습 그대로 지낼 수 있고, 우리가 성장하며, 우리가 속한 곳입니다. 집은 어떤 프로그램이나 서비스가 아닙니다. 소유를 했든 임대를 했든 집은 우리의 피난처이자 안식처가 되어야 합니다.

> 자기 자신을 발견했을 때야 비로서 우리는 안전할 수 있다.
>
> 대프니 오드직
> (DAPHNE ODJIG)
> 캐나다 원주민 아티스트

"집"이라는 단어는 산스크리트어(Sanskrit)에서 유래된 것으로 누울 수 있는 안전한 장소를 의미합니다. 문턱을 기준으로 안과 밖의 분리를 의미하는 거죠. 장애를 가진 자녀에게 우리가 마련해 주고 싶어하는 집이 바로 이런 곳 아닐까요? 계속해서 살 수 있고 안전이 보장되는 곳, 사생활이 보장되고 자녀의 특성이 반영된 곳이어야 겠죠.

주택을 집으로 만들기

어느 나라에서건 부모라면 누구나 자녀에게 안전하고 쾌적한 주거 환경을 마련해 주고 싶어 합니다. 그러나 주택이 있다고 해서 저절로 우리가 얘기하는 집이 되는 것은 아닙니다. 세심한 배려와 보살핌이 필요합니다. 이를 위해서는 집이 자녀에게 어떤 의미가 있는가를 이해해야 합니다. 자녀가 어떤 환경에 익숙해 있는가? 자녀에게 익숙한 환경을 어떻게 만들어 줄 수 있겠는가? 어떻게 하면 자녀가 편하게 생활할 수 있도록 집의 환경을 조성하겠는가? 워크시트 7과 워크시트 8은 이런 질문들에 대한 답을 찾는데 도움이 될 것입니다.

우리 자녀들 중에는 자기 집을 소유하고 싶어하는 자녀가 있을 것입니다. 이들은 자기 집에서 살기 원하고, 자기가 잘 알고 좋아하는 사람들과 살기 원할 것입니다. 어떤 자녀들은 도우미가 거의 필요 없지만, 어떤 자녀들은 도우미가 꼭 필요합니다.

일단 이와 같이 집에 대한 개념이 명확해지면, 다음은 자녀에게 맞는 주거 형태 및 추가로 무엇이 더 필요한지 조사합니다. 참고로 이 장 뒤에 소개된 재키(Jackie) 이야기를 보면 RDSP를 활용하여 집을 장만하는 방법을 설명합니다. 건물이건 주택이건, 아파트건 혹은 방이건 우리가 사는 곳이 바로 우리의 집이긴 합니다. 그것을 소유했느냐 임대했느냐는 중요하지 않습니다. 우리가 집을 마련한다고 얘기할 때 중요한 것은 다음과 같은 것입니다.

- 주거 환경에 대한 결정권을 갖는 것
- 자녀의 특성이 반영되도록 하는 것
- 자녀와 함께 살 사람을 자녀 스스로 결정하도록 하는 것

제가 아는 어떤 분은 자녀가 그룹홈에 살고 있는 것을 꽤 만족해 하십니다. 우리도 같은 생각이고요. 그 분이 자녀를 방문해 보면 그 곳에는 항상 웃음꽃이 핀다고 합니다. 그렇습니다. 웃음은 바로 집을 표현하는 언어 중 하나입니다.

자녀가 어디에 살든지 그들에게 선택권이 있어야 합니다. 자녀들의 선택이 받아들여지고 그들의 인격과 개성이 빛을 발할 수 있는 곳이어야 합니다.

우리는 대부분 자녀에게 집을 사줄 만한 형편이 못됩니다. 이미 있는 주택 융자금도 다 못 갚고 있으니까요. 그러나 집을 소유하지 않고도 장기적으로 주거의 안정성을 보장해 주는 여러 대안들이 있습니다. 예를 들어, 주택 조합이나 토지 신탁 등은 주택 소유와 별반 다르지 않습니다.

장애 자녀가 없는 일반 가정에서 함께 사는 주거 공유도 대안이 될 수 있습니다. 만일 이런 대안들이 적합하지 않으면 임대를 고려해 볼 수 있습니다.

임대-특히 소유형 임대-는 자신만의 공간에서 살면서 생활 환경에 대한 통제권도 가질 수 있는 장점이 있습니다. 또한 임대는 자녀에게 여러 형태의 주거 환경을 경험해 볼 수 있는 기회를 제공합니다. 특히 처음으로 부모 곁을 떠나 독립적으로 살아보고자 할 때 의미가 있을 것입니다.

그룹홈에서 직원들의 도움을 받으며 사는 사람들도 개인 집과 같은 환경을 만들어 살 수 있습니다. 물론 쉽지는 않습니다. 하지만 가능합니다. 물론 자녀를 돌봐주는 모든 서비스 제공 기관이 위에서 언급한 주택과 집의 차이를 제대로 인식하고 있지는 않습니다. 따라서 제대로 된 기관을 찾아야만 합니다. 필요하다면 권리를 주장해야 합니다. 때로는 현재 자녀에게 서비스를 제공하는 기관과의 관계를 재설정해야 할 수도 있습니다.

이러한 대안들이 지금은 과거에 비해 수월해 졌습니다. 마이크로보드(microboards)의 등장과 개별화 계획 및 개별 펀딩에 관심이 많아지는 것을 볼 수 있습니다. 이는 장애인들을 그룹으로 묶어서 서비스하기 보다는 장애인 개개인이 원하는 것과 그에 따른 맞춤형 지원을 하는 것이 더 바람직하다는 것을 보여주는 것입니다.

현 주거 대안들의 한계

정부는 장애인을 위한 주거 지원에 매년 수백만 달러를 지출하고 있습니다. 물론 이것은 좋은 일입니다. 하지만 장애인의 권리를 옹호하는 사람들과 부모들에게 중요한 쟁점은 자녀들의 주거 환경 선택이 정부 대행 기관이나 서비스 제공 기관에 달려있지 않다는 것을 분명히 하는 것입니다. 최근 앞서 나가는 기관들은 그룹홈 생활 환경을 개인 집과 같은 환경으로 만들기 위해 열정을 가지고 적극적으로 대처합니다. 그러나 가족들은 여전히 걱정이 많습니다. 직원이나, 책임자, 그 기관의 지도부가 바뀌면 어떻게 하나? 만일 그 기관이 받는 기금이 삭감되면 어떻게 하나? 등

등을 걱정하는 것입니다.

이것은 그룹홈이나 준자립 생활, 그리고 다른 주거 대안들이 잘못되었다는 것이 아닙니다. 다만 이들 대안들에 한계가 있다는 것입니다. 가족들을 만나 대화하다 보면 장애인을 위한 주거 지원 서비스와 관련하여 다음과 같은 사항들을 염려합니다.

- 자녀가 어디서 살 것인지에 대한 결정권이 없다
- 개인의 필요보다 다른 룸메이트들의 필요들이 먼저 고려된다
- 자녀와 함께 살 사람을 제3자가 결정한다
- 집의 분위기가 그 곳에서 사는 사람들보다는 그 곳에서 일하는 사람들에 의해 형성된다
- 어떤 그룹홈은 가족들이나 친구들이 관여하는 것을 좋아하지 않는다
- 주거 안정이 보장되지 않는다
- 자녀를 진심으로 돌봐 주고 이해해 주는 직원들이나 책임자들이 교체될까 염려된다. 이들이 바뀌면 자녀의 삶에 큰 영향을 주기 때문이다.

이런 염려들이 결국은 가족들로 하여금 좀더 유연하고 안정적이며 더 많은 통제권을 가질 수 있는 주거 대안들을 찾게 하는 것입니다.

아론
꿈을 꿀 수 있다면 그렇게 살 수 있다

최근에 우리는 작은 축하 파티를 했다. 아론이 자기 집으로 독립해서 들어간 지 5주년이 되는 날이다. 가족들과 친구들, 그리고 오늘의 주빈 아론과 함께 우리는 평소처럼 저녁과 디저트를 먹었다.

시작은 아론의 삼촌이 여러 사람과 공동으로 60년 된 집이 딸린 9 에이커 농장을 구매한 때로 거슬러 올라간다. 농장은 우리 집에서 그리 멀지 않았고, 아론과 돌보미들의 사생활을 침해할 정도로 가까이 있지도 않았다. 원래 계획은 포도를 심어 파트너들에게 소득을 만들어 주자는 것이었다.

자세한 얘기는 생략하고 어쨌든 우리는 이 꿈의 농장을 소유하게 되었다. 처음부터 아론은 파트너로 참여하였고 이 집이 자기 집이 되리라는 것을 알았다.

Giving in Action Grant의 지원으로 집을 개조할 수 있었다. 아론 방에 화장실을 추가하였고, 가파른 층계에 난간을 만들고, 공용 방을 하나 더 만들어 모든 사람이 큰 공간을 사용할 수 있도록 했다. 그리고 아론의 안전을 위해 마당에 울타리를 쳤다.

아론은 매일 이 곳을 방문했다. 우리는 아론이 언제부터 그곳에서 사는 것이 좋을지에 대해 많은 얘기를 나누었다. 이 변화가 아론을 비롯한 모든 관련된 사람들에게 가능한 어렵지 않도록 하기 위해 고민도 많이 하였다.

우리 집에서 그 집을 볼 수 있었기 때문에 우리는 아론에게 종종 "아론, 네가 살 새 집이 어디 있지?"라고 물었다. 그러면 아론은 창문 쪽으로 가서 그 집이 있는 길을 가리켰다.

우리는 아론과 함께 살 30세 미만의 부부를 찾는다는 얘기를 다른 가족들과 네트워크 멤버들을 통해 알렸다. 딸 아이 리사의 친구들이 아론과 함께 살 파트너로 정해졌다. 이들은 Easter Seals라는 기관에서 캠프 카운슬러로 일한 경험이 있었다.

이사를 위해 사전에 해야 할 일은 매우 많았는데 정작 이사는 그리 어렵지 않았다. 아론은 바로 적응을 했고, 젊은 친구들이 사는 집이면 늘 그런 것처럼 많은 사교 생활에 아주 신나 했다. 이들은 각자 한 접시씩 음식을 해오는 포트락 파티, 게임 나이트, 무비 나이트와 같은 이벤트를 집에서 치루었다.

우리가 가족 파티를 위해 아론을 데리러 가면 모든 것이 다 잘 되고 있다는 것을 알았다. 아론은 함께 사는 친구들로부터 키스와 가벼운 포옹을 받기 위해 몸을 기울였다. 우리는 아론이 어릴 때 뇌물을 줘야만 받을 수 있었던 것인데!

우리가 아론을 다시 집으로 데려다 줄 때면, 집 앞에서 한참 동안 수다를 떨고 나서야 작별을 한다. 아론은 문을 열고 내 어깨에 가볍게 손을 얹고 나서, 아주 분명하게 "안녕"이라고 말하고 옆구리를 쿡 찔렀다.

우리는 사람들이 우리의 도움을 필요로 할 때

언제든지 도움을 받을 수 있다는 느낌을 가질 수 있도록 최선을 다 했다. 아론과 함께 사는 부부도 어떻게 해야할지 모르거나 도움이 필요할 때 언제든지 우리에게 연락한다.

결국에는 우리도 텅 빈 둥지에 적응하게 되었지만, 사실 이 변화는 아론보다 우리가 더 힘들었다. 지금도 간혹 우리끼리 집을 떠날 일이 생길 때 그 부부들에게 이야기 하는 것을 깜빡할 때가 있다. 이것은 아론이 안전한 사람들과 함께 있다는 것을 의미하는 것이다. 소셜 미디어 역시 우리 모두를 항상 연결시키는 좋은 수단이다.

아론은 자기 집에서 재미있는 사람들과 다양한 기회를 가지며 살아가는 행복한 청년이다. 여기에 지난 5년간 우리가 얻은 귀중한 경험을 함께 나누고 싶다.

- 혼자서는 할 수 없습니다. 사람들도 돕는 것을 좋아합니다. 필요할 때 도움을 요청하세요.
- Vela Micorboard, CLBC, PLAN, 그리고 여러분의 꿈을 지지하는 다른 에이전시들과 좋은 관계를 유지하십시오.
- 다른 사람들에게 무엇이 가능한지 보여 주기

위해 Family Support Institute에 있는 가족들에게 우리의 이야기를 나누었습니다.

- 꿈을 꿀 수 있다면 이룰 수 있습니다. 물론 쉽다는 뜻은 아닙니다. 다만, 아론이 지나온 길(PATH: 미래 계획을 새우는 한 방법을 일컫는 말이기도 함, 역자 주)을 돌이켜 보면 모든 꿈이 이루어진 것이 놀라울 따름입니다.
- 여러분이 이룬 성공을 다른 사람과 나누십시오. 사람들은 함께 축하해 주고 싶어 합니다. 음식을 함께 나눈다면 금상첨화고요!
- 누군가를 고용할 때는 여러분의 직감을 믿으십시오. 그리고 항상 의사소통이 가능하도록 모든 수단을 열어 두십시오.
- 마지막으로, 하지만 무엇보다도 중요한 것은 우리의 자녀를 결코 과소평가 하지 말자는 것입니다! 우리 부모들은 조금이라도 위험하다 생각되면 시도도 하지 않습니다. 하지만 자녀에게 귀를 기울이면 어떤 형태로든 자녀들은 자기가 필요한 것을 말합니다.

로리 페인터

자가 소유

집을 소유한다는 것은 우리에게 있어 꿈을 실현하는 것입니다. 설사 많은 주택 융자를 은행에서 받는 한이 있더라도 말입니다. 자가 소유는 또한 좋은 투자 수단이기도 하고 인플레이션에 대한 대비책이기도 합니다.

우리는 대부분 집을 소유하고 싶어합니다. 하지만 최근까지도 이런 꿈이 장애인에게는 해당되지 않았습니다. 과거에는 장애인들뿐만 아니라 그들의 가족들도 이런 꿈을 꾸지 못했습니다. 그러다 장애 자녀들이 점차 자립할 정도의 여력이 생기고 안정된 미래 설계에 대한 관심이 높아지면서 장애인의 주택 소유는 의미 있는 대안이 되기 시작했습니다. 사실 자가 소유는 많은 부모들이 가능성을 타진해 보고 있고, 금융 기관들도 지원하고 있으며, 정부도 환영하는 대안입니다.

장애 자녀의 소유이든, 부모나 다른 가족과 공동 소유이든, 자녀 이름의 신탁 소유이든 간에, 어떤 형태로든 집을 소유하고 있다면 자녀는 이제 어디서 살 것인지, 누구와 함께 살 것인지, 누구를 고용할 것인지 등을 선택할 수 있는 결정권을 가지게 됩니다. 제가 아는 한 어머님은 자녀 이름으로 집을 장만한 후에 이렇게 말하더군요. "같이 사는 사람이 바뀔 수도 있고 지원되는 서비스도 바뀔 수 있지만 변치 않는 사실이 있어요. 그건 바로 제가 없어도 그 주택은 −아니 집이라고 얘기 해야겠죠− 내 딸을 위해 항상 거기 존재할 것이라는 겁니다."

집을 소유한다는 것은…
- 본인이 어디에 살 지 결정한다는 것
- 안정적 거주권
- 자산 형성의 기회
- 개인 사생활 보장
- 장소성* (a sense of place)
- 선택
- 손님을 초대할 능력
- 안정감
- 안전과 편안함

---

* 개인이 장소를 경험하면서 특정 의미를 갖게 되는 장소적 특성
(역자 주)

션

든든한 반석

션은 복합 장애 때문에 수년 동안 아동 병원에서 지내야만 했다. 그리고 18세가 되면서 병원 규칙에 따라 다른 병원을 찾아야만 했다.

가장 쉬운 방법은 그저 다른 병원으로 옮기는 것이었다. 아마 대부분의 병원에서 션은 그저 "두 시간마다 뒤집어 주어야 하는 기관절개 인공호흡기를 가진 사지마비 환자"로 취급될 것이다.

하지만 가족들은 더 좋은 방안을 찾고자 했다. 그들이 찾은 해결책은 션의 필요에 맞게 개조된 보조금 지원형 영구 임대 아파트였다. 침실을 넓히고 벽장은 옮겼다. 문도 넓히고 바닥은 나무로 깔았다. 욕실은 샤워 카트가 있는 샤워실로 만들었고, 샤워할 때 션을 들어 올릴 수 있는 시설을 설치했다. 조명과 음향은 션이 원하는 것을 반영하여 디자인 하였다. 션에게는 이번이 처음 이사하는 것이기 때문에 정부에서 주택 개조 비용을 100% 지원하였다. 션을 도와 줄 돌보미도 에이전시를 통해서 구했다.

첫날부터 션은 자신의 새 집에 대해 흥분을 감추지 못했고, 그 집에서 산다는 것에 매우 기뻐했다.

이 집이 션에게 이상적인 해결책이라는 것은 단지 물리적인 공간만을 의미하는 것은 아니다. 이 집은 션의 친구들이 와서 함께 시간을 보낼 수 있는 친밀한 공간이고, 션을 돕는 사람들에게도 션의 필요와 바람을 채워줄 수 있는 공간이었다.

션의 의사결정을 돕는 사람들도 션의 몸짓과 션이 느끼는 방식에 보조를 맞출 수 있었다. 예를 들면, 션이 좋아한다는 표현은 머리를 앞으로 숙이고, 얼굴에 함박웃음을 지으며, 의자에 앉아 편해 보이는 모습이었다.

션이 이 집을 소유한 것은 아니었다. 하지만 션이 원하면 그 집에서 평생 살 수도 있다. 그 건물은 매도되지 않을 것이며, 임대료도 인상되지 않을 것이다.

모든 엄마가 그렇듯이 션의 엄마도 처음에는 겁을 냈지만 지금은 션의 새로운 인생에 매우 만족해 한다. "같은 돌보미들을 매일 만나면서 개인적으로 친해 지게 되죠. 션은 동네도 돌아다녀요…. 션에게는 너무 중요하죠. 도시, 즉 삶을 볼 수 있다는 것이죠. 여기서 션은 많이 좋아졌어요. 너무나 행복해 하고 말도 많아졌구요. 사람들과 개인적으로 만나면서 션 안에 있던 내면의 것들이 나오는 것 같아요."

벌써 12년이 지났고, 션은 만족하고 행복해 한다. 어떤 일이 어떻게 진행되는지 알기 때문에 편안해 한다: 익숙하고 규칙적인 일상, 잘 아는 사람들과 돌보미들은 션에게 든든한 반석이 되어 준다. 션은 인생을 즐기고 주변의 환경을 즐길 수 있게 된 것이다.

자가 소유의 중요한 요소들

장애 자녀가 소유하는 집을 마련해 주는 것은 그리 쉬운 일이 아닙니다. 재정적인 부분과 법적인 부분, 건강 및 안전과 관련된 문제, 사회적 지원 등 여러가지 고려할 사항이 많습니다. 그 중에서도 특히 중요한 사항들을 말씀드리면 다음과 같습니다.

구매 자금 조달

금전적으로 여유가 없다면 이 부분이 가장 큰 고민일 것입니다. 하지만, 캐나다에는 RDSP(Registered Disability Savings Plan: 장애 적금)라는 정부 지원 제도가 있습니다. RDSP라는 장애 적금을 통해 가족들은 향후 장애 자녀의 집을 구매할 수 있습니다. RDSP는 개인의 불입액에 매칭 펀드의 형태로 지원되는 CDSG(Canada Disability Savings Grant: 캐나다 장애 저축 보조금), CDSB(Canada Disability Savings Bond: 캐나다 장애 저축 채권), 그리고 복리가 합쳐져 자녀의 RDSP 계좌 자금을 크게 불려줄 것입니다. RDSP에 대한 자세한 내용은 단계 5에서 다루게 될 것입니다.

이 외에도 가족들이 활용할 수 있는 자금 조달 방법은 다음과 같습니다

- 가족 주택의 담보 설정을 변경하여 필요한 자금을 조달한다
- 주택을 구매하기 위해 다른 부모들과 파트너쉽을 맺는다
- 역모기지론(reverse mortgage)을 얻는다
- 시 당국으로부터 토지 용도 승인을 받고 그 대가로 저렴한 가격의 주택을 개발해 주는 지역 개발업체와 협력한다
- 유산의 일부를 할당하여 주택구매 용도로만 사용할 수 있는 주택 신탁을 만든다
- 생명 보험에 가입하여 보험금을 주택 구매 자금 조달에 사용하도록 한다
- 생명보험에 가입하여 보험금을 주택 신탁 개설에 사용하도록 한다. 이때 융자금 상환을 위해 방을 임대할 수 있도록 한다

주택 개조 비용 지원

CMHC(Canada Mortgage and Housing Corporation: 캐나다 모기지 주택 공사)는 장애인들의 편리를 위해 그들의 주거지를 개조할 수 있도록 융자금을 지원하는 RRAP-D(Residential Rehabilitation Assistance for Persons with Disabilities: 장애인 주택개조 융자 지원)를 운영하고 있습니다. 지원 금액은 법에 명기된 의무 개조 비용과 거주 지역에 따라 결정됩니다. 현재 최대 융자액은 $16,000 - $24,000 입니다. 융자금의 일부는 소득 수준에 따라 상환이 면제되기도 합니다. 좀 더 외진 지역은 더 많은 융자금이 지원될 수 있습니다.

주택 소유 대안

- 자녀 단독 소유
- 자녀가 다른 사람(배우자 혹은 형제자매)과 공동 소유
- 부모와 자녀가 공동 소유
- 두 가정 이상이 공동 소유
- 자녀가 일정 지분을 소유하는 영구임대 주택 조합(Housing Co-op)*에 가입하여 주택 조합에서 사는 방법
- 소유형 임대(Rents to Own)**
- 자녀가 코하우징(Co-Housing)*** 개발에 참여할 수 있도록 부모가 자금을 조달해 주는 방법. 모든 자금(각 개인의 주거 공간과 공용 공간) 조달은 코하우징 개발에 참여하는 소유자들이 부담.
- 자녀 이름으로 된 신탁이 주택을 소유하는 방법 (두 명 이상의 장애인이 속해 있을 경우는 공동 신탁). 신탁은 다음과 같은 두 가지 방법으로 설립이 가능함.
  - 신탁 개설자가 살아 있는 동안

---

* 영구임대 주택 조합(Housing Co-op)이란 개인이 소유권을 갖는 것이 아니라 일정 지분의 주식을 매입함으로써 본인이 원하는 한 영구적으로 임대 권한을 갖는 방법을 말함. 연방 정부 및 주 정부는 이러한 비영리 주택 조합에 자금을 지원하고 있다. (역자 주)

** 소유형 임대(Rent to Own)란 임대 기간을 정해 두고 임대료의 일부를 적립해 향후 주택을 구매할 때 적립금을 사용해 주택 구매 비용으로 활용할 수 있도록 하는 방법 (역자 주)

*** 코하우징(Co-Housing)이란 개인의 주거 공간과 사생활을 보장하면서 공용 공간을 공유하며 살아가는 협동식 주거 형태를 말한다. (역자 주)

– 신탁 개설자가 사망 후 유산 상속이 될 때

공동 소유권의 형태

두 명 이상 혹은 가족이 공동으로 주택을 소유하는 경우, 다음과 같은 법적 소유권 형태 중 하나를 선택해야 합니다.

- 합유(合有) 재산권(Joint Tenancy); 혹은
- 공유(共有) 재산권(Tenancy in Common)

주택의 형태

다음과 같이 어떤 형태든 가능합니다.

- 단독 주택
- 콘도미니엄* 혹은 연립 주택
- 영구 임대 주택 조합
- 코하우징
- 아파트
- 이동식 주택
- 빈 공간 활용 주택(Infill Housing) (예를 들어, 차고를 작은 주택 공간으로 개조)
- 기존 주택의 개조

합유 재산권(Joint Tenancy)

두 사람 또는 그 이상의 사람이 공동으로 소유권을 가지고 있다가 소유권자 중 한 사람이 사망할 경우 생존해 있는 소유권자에게 자동적으로 전체 재산권이 이전되는 소유권 형태를 말합니다.

공유 재산권 (Tenancy in Common)

두 사람 또는 그 이상의 사람이 공동으로 소유권을 가지고 있지만, 공동 소유주 각각의 지분을 분배해 놓고 공동 소유주 중의 한 명이 사망하면 사망자의 소유 지분이 생존해 있는 공동 소유권자에게 자동으로 이전되는 것이 아니라 유언이나 유산 상속법에 따라 양도되는 형태를 말합니다.

---

* 캐나다에서 콘도미니엄이란 각 개인이 각자의 주거 공간에 대한 소유권은 갖되 공용 토지에 대한 소유권은 모든 주거자들이 공동으로 소유하고 있는 집단 주거 형태 (역자 주)

• 자녀의 필요에 따라 디자인된 목적형 주거 공간; 예를 들면, 공동으로 사용하는 부엌, 식당 및 휴게실 등

주택 유지비용

주택을 구매할 경우 다음과 같은 주택 유지 비용이 필요할 것입니다.

주택 융자금 상환

• 정부의 소득 보조금으로 충분히 상환할 수 있겠는가? 만일 충분하지 않다면:
• 생전 신탁(Living Trust) 혹은 가족 보유자금 혹은 RDSP와 같은 자금으로 상환할 수 있겠는가?
• 부모가 사망한 이후 자녀이름으로 된 신탁으로 융자금을 상환할 수 있겠는가?

유지 보수비, 주택 보험료, 재산세 등

• 이런 비용들을 부모가 직접 부담할 것인가 아니면 생전 신탁을 만들어 지불할 것인가?
• 부모가 사망한 이후에 이런 비용 지불을 위해 신탁을 개설할 것인가?

참고 신탁 개설을 위해서는 변호사와 상의하는 것이 매우 중요합니다. 특히 정부 보조금 자격이 상실되지 않도록 매우 주의하여야 합니다. BC 주 장애 보조금은 주거 비용을 포함하고 있는데 이 주거비용에는 위에서 언급한 유지비용이 포함됩니다. 이런 내용들을 잘 숙지해서 상환계획을 세울 필요가 있습니다.

사소한 주택 유지 비용들

단기간일 경우는 부모나 가족이 직접 이런 비용들을 처리할 수 있지만, 장기적으로는 부동산 관리업체에 맡기는 것도 고려해 보십시오. 신탁 관리인에게 요청할 수도 있습니다. 만일 자녀가 콘도나 주택 조합에 산다

면 주택 유지보수비가 이미 계약서에 포함되어 있을 것입니다.

돌보미에 대한 재원 마련

만일 장애자녀를 돌봐 주는 돌보미 비용을 개인적으로 지불할 만한 상황이 안되면 정부와 협의할 필요가 있습니다. 정부는 장애인들이 자기가 소유한 집에서 살아갈 수 있도록 지원하는 것에 관심이 많습니다. 왜냐하면 정부가 주택 비용을 부담하지 않으므로 결국 정부 입장에서 보면 많은 비용이 절약되기 때문입니다. 정부와 협의할 때 이런 내용을 활용하십시오. 즉, 우리가 주택 비용을 부담했으니 돌보미에 대한 비용은 정부가 부담하는 것이 맞지 않냐고 주장할 수 있는 것입니다.

자녀에게 맞는 돌보미 고용

모든 돌보미들이 자녀가 소유한 집에서 일하는 것을 편안해 하지는 않을 것입니다. 그들은 자녀의 집을 자신의 직장으로 생각할 것입니다. 따라서 자녀에게 중요한 사항들을 문서로 작성해서 준비해 두는 것이 좋습니다. 에이전시를 통해서 돌보미를 고용할 경우는 그 기관의 운영 원칙들을 잘 살펴 보십시오. 그 기관의 책임자와 인터뷰도 하시고 그들이 운영하는 프로그램을 직접 방문해 보십시오. 그 기관에서 서비스를 받는 사람들이나 가족들을 만나 의견을 들어 보십시오.

그리고 자녀에게 중요한 가치를 돌보미가 잘 충족시켜 주지 못할 경우 그만 두게 하는 것을 두려워 하지 마십시오.

자녀와 잘 맞는 룸메이트 찾기

이 문제는 무슨 특별한 방법이 있지 않습니다. 자녀가 어떤 사람과는 쉽게 어울릴 수도 있고 어떤 사람과는 그렇지 않을 수 있습니다. 시도해 보기 전에는 알 수 없을 것입니다. 현재 자신이 소유한 집에서 살고 있는 사람들 중에는 그 전에 임대 형태로 살아 본 사람들이 많이 있습니다. 즉, 임대로 살다가 적당한 때가 되었을 때 누군가에게 함께 살자고 초대한 것입니다. 이런 방식으로 해 보면 자녀에게 필요한 것이 무엇인지 감을 잡을 수 있습니다. 또 자녀가 어떤 룸메이트와 살면 좋을지도 알 수 있을 것입니다.

주택 건축 및 개조에 대한 조언

이 부분에 대해서는 여러분이 지역내 건축업자를 더 잘 아실 터이니 직접 알아보시는 것이 좋겠습니다. 그리고 장애인들이 생활하기 편리한 건물 디자인에 대한 정보는 지역내 장애정보센터에서 얻을 수 있습니다. 새로 집을 지으려 하거나 개조하려는 분들은 경험이 있는 다른 부모들을 만나 조언을 받는 것도 좋을 것입니다.

미래를 바라보며

시대가 변하고 있습니다. 많은 장애인들이 과거에는 할 수 없었던 선택과 통제를 이제는 할 수 있게 되었습니다. 이 장에서 논의된 내용들을 잘 살펴보면, 자녀가 자기 집을 소유한다는 것이 그들의 미래 삶에 매우 실질적이고 구체적인 요소가 된다는 것을 알 수 있습니다.

가족들도 이제 바로 자신들이 이 문제를 해결할 당사자라고 생각합니다. 세금 감면 및 신탁 개설 등을 통해 점점 더 많은 가족들이 장애 자녀의 내집 마련을 위해 투자하고 정부와 협력하려 합니다.

이 단계, 즉 자녀에게 맞는 집을 마련하라는 단계는 이 책의 다른 단계들과 관련이 있습니다. 개인 네트워크가 없으면 우리 자녀들은 집을 소유하고 있다 하더라도 자기 집에서 외롭게 생활하게 될 것입니다. 또한 유언장 및 신탁(단계 5 참조)에는 집을 구매하라든가, 임대하라든가, 혹은 주택 유지보수를 어떻게 하라든가 등을 명기해 놓아야 할 것입니다.

또한, 다음 장, "자녀의 의사 존중"에서는 자녀의 의사결정을 어떻게 지원할 것인가를 설명할 것입니다. 즉, 어떻게 하면 자녀들이 사는 집에서 부당한 대우를 받지 않도록 보호하고, 자녀들의 선택을 반영하고, 자녀에게 마련된 주거 상황을 감시하는지 알려 드릴 것입니다.

그렉

슈퍼맨 정착하다

그렉이 그 주택을 진짜 집이라 부를 수 있기까지 많은 실패와 아픔이 있었다.

수년 동안 그렉과 그의 가족은 그룹홈과 기관들 때문에 많은 한계와 절망과 싸워야 했다. 그렉의 형 스콧은 "이건 마치 가족사진에서 가족이 빠진 것 같은 느낌이에요."라고 말했다. "게다가 그렉도 그 사진에서 빠진 거나 다름없어요."

이제 그렉의 삶이 전보다 훨씬 좋아졌기 때문에 그렉의 가족은 다른 가족들에게도 희망을 전하고 싶어한다.

그렉은 "부적절한 행동"과 어려운 상황에 처했을 때 대처하는 능력이 부족한 것 때문에 어려움을 겪어왔다. 그렉의 친구이며 대변자이기도 한 샤론 디산토는 "만일 그렉이 사는 집에서 뭔가 문제가 생겼다면 그것은 그렉의 문제가 아닙니다. 그것은 그렉을 돕는 시스템이 잘못되었다는 것이죠."라고 말한다.

오래동안 그렉은 그에게 잘 맞지 않는 정신과 치료를 받아왔는데 그것은 정신건강에 대한 측면을 고려하지 않고 단순히 발달장애인을 위한 서비스를 제공했기 때문이었다.

그렉은 지금 "주거 서비스"와 "주간 프로그램"을 주관하는 에이전시와는 다른 개인 클리닉팀을 통해 치료를 받는다. 집도 그렉을 돕는 돌보미만 있는 일인용 주택에서 살고 있다. 그렉의 돌보미는 그렉을 잘 알고, 그렉 역시 그들을 신뢰한다.

무엇보다 중요한 것은 그렉의 새로운 돌보미는 그렉의 재능을 알아본다는 것이다. 샤론은 몇 년전 그렉의 치료팀이 그렉에게는 아무 재능이 없다고 한 회의에 대해 말했다. "내가 거기 있었다면 난 아마 소리를 지르고 고함을 쳤을 거예요. 생각해 보세요. 나를 도와줘야 하는 사람들이 나는 아무 재능이 없다고 하다니요."

그렉의 가족은 그렉이 괜찮았을 때 그가 어떤 사람이었는지 얘기해 주었다. 그렉에게 어려웠던 시기가 지나고 이제 형 스콧은 웃으면서 얘기한다. "지금은 우리가 함께 시간도 보내요. 그렉은 이제 조카들에게 말도 하고 내가 잘 지내는지 묻기도 하죠. 옛날의 그렉이 돌아온 겁니다."

스콧과 샤론은 그렇게 힘든 과거를 겪고 이겨낸 사람은 바로 그렉이라고 말한다. "우리도 돕기는 했죠. 하지만 이 고통을 이겨낸 사람은 그렉이에요."

그렉의 힘든 여정을 회상하며 스콧은 미소를 지었다. "그거 알아요? 그렉은 항상 자기가 슈퍼맨이라고 우리에게 주장했죠… 제 생각에 그렉은 그걸 증명한 거 같아요."

에린 홀랜드

주택 문제 해결 사례들

주택 문제와 관련해서는 각 개인이나 가족이 처한 상황들이 서로 다르고 사안들이 매우 복잡하기 때문에 여기서는 단지 몇가지 가능한 사례들을 소개하는 것으로 마무리하고자 합니다.

❖사례1. 어려서 시작하기: 재키

배경

재키는 마지막 댄스 클래스, 합창단과 함께 몬트리올에 갔던 일, 같은 반 친구들과 밴구버 수족관에서 하루 밤을 지낸 일 등에 대해 이야기하는 것을 좋아합니다. 4학년, 바로 호기심과 배움의 시기죠.

하지만, 그녀의 부모 던과 쟈스비는 걱정이 있습니다. 그들의 대화에는 항상 재키에 대한 안전과 행복에 대한 염려가 배어 있습니다. "당연이 그렇게 해야죠. 재키에게 자신의 꿈을 추구할 만큼 충분한 돈이 마련되는 것이 중요합니다"라고 쟈스비가 말합니다. 이들은 재키가 자신의 미래를 결정해야 할 때 RDSP가 그것을 가능하게 하는 수단이 되리라 판단한 것입니다. 이를 통해 재키가 가고 싶은 곳을 가고, 하고 싶은 것을 하고, 자신의 행복을 선택할 수 있기를 바라는 것입니다.

던과 쟈스비는 RDSP에 대해 의논을 한 후 향후 20년간 매달 $150을 적립하기로 했습니다. 재키의 할아버지와 할머니도 재키를 돕기 위해 재키의 RDSP계좌에 $25,000을 불입하였습니다.

재키가 39세가 되면 그녀의 RDSP는 약 $362,000이 될 것입니다. 만일 그 때 재키가 이 자금으로 종신 연금을 구입하면 매년 $18,000 정도를 받게 됩니다.

또 다른 대안으로 재키가 주택을 구매하는데 이 자금을 사용할 수도 있습니다. 즉, 재키가 39세가 되었을 때 주택 구매를 위한 초기 자금으로 $200,000을 인출하고 나머지 금액으로 연금을 구입하면 평생 매년 약 $8,000 정도를 받게 될 것입니다.

RDSP 요약:

- 가족 과세 소득: $78,130 이상
- 연 불입액: 월 $150 (연 $1,800)
- 9세부터 28세까지 가족 불입액: $61,000 (조부모로부터 불입된 $25,000 포함)
- 정부 지원금액: $45,000
- 정부 채권 금액: $10,000
- 투자 성향: 중간 위험도
- RDSP인출 가능 연령: 39세
- RDSP지불이 시작되는 시점(39세) 금액 추정: $362,000

대안 A: 주택을 구매하지 않을 경우
- 연금 구입: 매년 약 $18,000 수령

대안 B: 39세에 주택을 구매할 경우
- 주택 구매 자금 $200,000 인출
- 남은 금액으로 연금 구입: 매년 약 $8,000 수령

❖시례2. 패트리샤, 아파트 거주

배경

패트리샤는 혼자 사는 38세 여성입니다. 그녀는 친구와 3년간 임대 아파트에서 함께 살다가 영구임대 주택조합으로 이사하여 최근 2년간 거주하였습니다.

패트리샤의 할머니는 상당한 유산을 패트리샤를 위한 재량신탁에 남겨 놓았습니다. 패트리샤의 아버지는 그 신탁의 관리인입니다. 패트리샤가 영구임대 주택조합에서 나오기로 결정하면서 패트리샤와 아버지는 그녀 소유의 아파트를 찾아 보기로 하였습니다. 그들은 커다란 쇼핑 센터가 가까이 있고, 버스 정거장과 전철역이 주변에 있는 방 한 개짜리 아파트를 찾았습니다.

자금 조달

아파트 가격은 $225,000이었습니다. 패트리샤의 아버지는 $21,000을 부담하였습니다. 재량신탁에서 $135,500을 무이자 2차 담보로 지불하고, 패트리샤가 $68,500을 대출 받았습니다.

특징

- 패트리샤는 자신의 이름으로 된 아파트를 소유하게 되었습니다
- 그녀의 아버지는 그 아파트의 10% 소유권만 있기 때문에 그녀가 주 소유자가 됩니다. 주택 소유주로서 그녀는 주택 소유주 보조금 (Homeowner's grant)*을 받을 수 있습니다. 또한 그 아파트가 패트리샤의 주 거주지이기 때문에 향후 매도 시에 이득이 발생하더라도 자본이득으로 간주되지 않습니다.
- 패트리샤의 아버지가 그 아파트의 10% 소유권이 있기 때문에 누군가가 패트리샤를 꼬드겨 집을 매도하거나 집을 개조하는 것을 방지할 수 있습니다.
- 아파트 매도 시 패트리샤의 아버지는 자신의 자금을 돌려 받게 되고, 2차 담보 금액 $135,500도 다시 패트리샤의 재량신탁으로 환원될 것입니다.
- 패트리샤가 대출받은 $68,500에 대한 월상환금액은 패트리샤가 받는 BC 정부 장애보조금액 중 주거보조금액과 동일합니다.

---

* 장애인을 위한 주택 소유주 보조금(Home Owner Grant for Persons With Disabilities): 장애인 혹은 장애인과 함께 사는 배우자 및 가족을 대상으로 재산세를 매년 최대 $845~$1,045까지 감면해 주는 제도 (역자 주)

❖사례3. 토마스, 가족과 함께 살던 집에서 계속 살기

배경

토마스는 현재 부모와 함께 사는 48세 남성입니다. 부모님들은 자신들이 죽고 난 이후에도 토마스가 그 집에서 살기 원합니다. 부모가 모두 사망하면 그 집은 토마스가 계속 거주할 수 있도록 토마스를 위한 신탁에 속하게 해 놓았습니다. 즉, 부모님들은 토마스를 위해 두 개의 신탁(주서 신탁과 가족 신탁)을 개실해 놓고 마이크로보드를 구성해 놓았습니다.(마이크로보드에 대한 정보는 '참고 자료' 참조)

자금 조달

부모님들은 유산상속계획에 모든 가구를 포함하여 집이 토마스를 위한 재량 신탁에 들어 가도록 준비해 두었습니다. 그리고 이 신탁을 '주거 신탁'이라 이름을 붙였습니다. 또한 주택의 사소한 수리를 위해 이 신탁에 약간의 자금도 마련해 놓았습니다.

별도의 재량 신탁을 만들어 그 집의 유지 보수와 재산세, 비상금, 그리고 토마스의 삶의 질을 유지하기 위한 자금을 준비해 두었습니다. 그리고 이 신탁을 '가족 신탁'이라 이름을 붙였습니다. CLBC에는 토마스의 일상 생활을 지원할 지원금을 신청할 것입니다.(CLBC에 대한 정보는 '참고 자료' 참조)

특징

• 토마스는 본인이 가장 익숙한 환경에서 계속 살게 될 것입니다.

• 마이크로보드가 만들어 졌습니다. 이 마이크로보드는 3명(가족 구성원, 공동 신탁관리인, 그리고 네트워크 멤버)으로 구성이 되고 이들이 CLBC와 접촉할 수 있는 권한을 갖게 됩니다. 마이크로보드는 CLBC지원금 사용을 위해 서비스 제공자와 계약을 하고 이들이 제공하는 서비스가 토마스에게 적합힌지 감시합니다.

• 토마스와 잘 맞는 두 세명의 사람들이 함께 살면서 토마스를 돌봐 줍니다. 그 대가로 이들은 임대료를 내지 않고 그 집에서 살 수 있습니다.

• 그 집을 매도해야 할 상황이 되었을 때 신탁관리인이 매도할 수 있으며 토마스를 위해 유사한 환경의 집을 구매할 수 있다는 조항을 유언장에 만들어 놓습니다. 매도 차익이 생기면 가족 신탁에 넣도록 합니다.

• 신탁이 재산을 소유하게 되면, 주택 소유주 지원금이나 보조금은 받지 못할 것입니다.

❖ 사례4. 서린더, 가족 집 근처 콘도에 살기

배경

고팔과 댈은 28세 아들, 서린더를 위해 방 2개 짜리 콘도를 구입하였습니다. 이 콘도는 가족들이 살고 있는 집에서 약 세 블록 정도 떨어져 있습니다.

자금 조달

- 콘도 구입 비용: $170,000
- 부모 부담금: $140,000
- 서린더가 지불해야 하는 대출 상환금은 20년간 매월 약 $300

특징

- 주택 소유주는 부모와 서린더 공동 소유입니다. 재정 보호를 위해 서린더는 부모에게 영구 위임장을 주었습니다.
- 부모가 사망하면 주택 소유권은 서린더에게 넘어 갑니다. 그리고 서린더의 누나 부부가 위임장을 갖게 될 것입니다.
- 두개 방 중 하나는 서린더의 룸메이트에게 임대를 줄 것입니다
- 가족 대표, 서비스 제공 기관, 서린더 룸메이트의 가족으로 구성된 팀이 해당 콘도의 유지 보수 및 운영을 감독할 것입니다

진짜 집 같아요

아내와 나는 "코하우징"이라고 부르는 형태의 커뮤니티에 살고 있다. 코하우징은 함께 거주할 사람들이 디자인에도 참여하고 운영도 함께하는 협동 주거 형태를 말한다. 코하우징은 함께 거주할 사람들을 정할 때 그들만의 방식을 가지고 정한다.

그 중 하나가 주택을 건축하기 전에 커뮤니티로서 함께 공유할 공동의 가치를 만드는 것이다. 우리의 경우는 31가정이 모여 다양성을 가장 중요한 가치로 세웠다. 내가 생각하기에, 다양성에 대한 헌신과 상부상조하자는 약속이 우리 회원 중 한 명을 돕는 데 중요한 역할을 하였다.

소피는 최근에 고등학교를 졸업한 청년으로 독립적인 삶을 무척 원했다. 하지만 여러 가지 이유로 그녀의 부모는 소피의 생각을 쉽게 실행에 옮길 수 없었다.

우리 코하우징 커뮤니티는 그 때 막 건축을 시작했는데 마침 소피 가족의 집이 그리 멀지 않은 곳에 있었다.

다양성과 상부상조라는 가치는 소피와 그 가족에게 매우 절실하고 중요한 것이었다. 그들은 결국 이 커뮤니티에 있는 집을 샀고 소피는 거기서 9년을 살았다.

수년 동안 소피는 우리 커뮤니티의 든든한 멤버가 되었고 실제 기여도 많이 하였다. 물론 소피도 친구들과 이웃들로부터 많은 도움을 받았다. 그녀의 부모는 아주 가까운 거리에 살았고, 그들 역시 우리 커뮤니티의 활발한 멤버이다.

소피는 숫자와 컴퓨터를 잘 다루어서 행정 일과 커뮤니티의 청구서 처리를 도와주었다. 또한 우리 커뮤니티에서 연결을 해 줘 지역 학교에서 사무직 일을 하며 연금까지 불입하고 있다. 게다가 캐나디언 타이어에서 파트타임 일도 하고 있다.

무엇보다 중요한 것은 소피가 우리 커뮤니티의 소중한 멤버라는 것이고, 다른 가족들과 친밀한 관계를 유지하고 있다는 것이다. 여러 면에서 소피는 독립적인 삶이라는 목표를 달성했다.

소피가 여기서 많이 성장했다는 것은 의문의 여지가 없다. 하지만 우리 역시 성장했다. 살아가다 보면 우리는 어떤 형태든 장애를 경험하게 된다. 하지만, 목적을 가지고 함께 사는 커뮤니티는 서로가 도와가며 더 능력 있는 사람으로 성장하는 것 같다

소피와 인터뷰

RC 코하우징에 어떻게 오게 됐나요?

제가 스무 살이 되었을 때, 저는 독립하고 싶었어요. 그렇다고 그룹홈에서 살고 싶지는 않았구요. 부모님은 아파트에서 혼자 사는 것을 반대하셨죠. 그러던 중 집에서 그리 멀지 않은 곳에 코하우징을 짓는다는 얘기를 들었어요. 부모님은 거기에 있는 집을 사 주셨고 거기서 저는 9년을 살게 된 거죠.

이 커뮤니티에서 받은 첫 인상은 어땠나요?

사람들은 매우 친절했고 제게 인사를 걸어 주었어요. 한 모임에서 힐러리를 만났는데 지금은 아주 친한 친구가 되었죠.

소피는 친구를 쉽게 사귀는 편인가요?

아니요. 저는 낯을 많이 가려요. 하지만 고등학교 때보다는 덜 하죠. 캐나디언 타이어에서 일한 경험이 사람들과 대화하는 데 도움이 많이 됐어요.

9년을 살아 보니 이제 소속감이 생겼겠죠?

그럼요. 이제 여기가 집 같아요.

커뮤니티에서 어떤 일을 하나요?

필요한 물품을 산 회원들이 청구한 금액에 대해 수표를 발행해서 지급하죠. 재정위원회에서 서명한 수표를 처리하기도 하구요.

개리 켄트

인생은...

인생은 쉽지 않아요 하지만 그럴 수 있어요

인생은 기적이에요

우리는 때로 우울하지만 거기에 오래 머물지 않아요

우리가 기분이 좋으면 다른 사람도 기운이 나죠

믿음을 갖는 것은 좋은 것이죠

인생은 도전과 경이로 가득 차 있어요

기쁘고 소중한 순간들이 너무 많아요

무엇이든 할 수 있어요

가족과 친구들과 함께라면

인생은 실수하는 것

인생은 위험으로 가득 차 있지요

때로 우리는 슬프지만 때로는

우리가 살아 있음에 기쁘고

우리가 슬픔과 기쁨을 느낄 수 있어 기뻐요

그래서 나는 바꾸기로 결심했죠

슬퍼하기 보다는 행복하기로

태양을 바라볼 때

나는 인생이 빛과 함께 시작되었다는 것을 기억해요

제니 베이커 (JENNY BAKER)

워크시트 7
집

다음은 자녀와 함께 나누면 좋을 질문들입니다. 자녀와 의논할 때 여러 소품들을 사용하는 등 재미있게 해 보세요. 자녀에게 그림을 그리도록 한다거나 잡지에서 그림을 잘라 붙여 보라고 하세요.

- 현재 사는 환경을 말씀해 주세요
  ➡

- 과거 주거 환경에 대해 말씀해 주세요: 당신의 자녀가 좋아 했나요 싫어 했나요?
  ➡

- 당신 자녀를 위해 생각하고 계시는 향후 주거 환경에 대해 말씀해 주세요
  ➡

(다음 질문들은 자녀에게 묻는 형식으로 하였습니다. 자녀가 답하기 어렵다면 부모가 자녀 입장에서 답해 보세요.)

- 어떤 종류의 집에서 살기 원하니?
  ➡

- 혼자 살고 싶니, 아니면 누구와 같이 살고 싶니?
  ➡

- 네 집에서 살 때 누가 너를 도와 주었으면 좋겠니?
  ➡

- 그 사람이 어떤 것을 도와 주었으면 좋겠니?
  ➡

- 어느 지역에서 살았으면 좋겠니? (지역)
  ➡

• 왜 거기서 살고 싶어?
➡

• 주변에 어떤 것이 있었으면 좋겠니? (공원, 교회, 레크리에이션 센터, 버스 정거장, 쇼핑몰 등)
➡

• 집에서 어떤 방이 제일 좋아?
➡

• 좋아하는 의자가 있어? 갖고 싶어? 어떤 방에 놓는 것이 좋을까?
➡

• 네가 좋아하는 것을 어디에 놓으면 좋을까?
➡

• 네가 따로 살면 어떤 가구가 필요할까?
➡

• 네가 따로 살면 집에 있는 가구 중에 어떤 것을 가지고 가고 싶어?
➡

• 애완 동물 키우고 싶니? 어떤 종류의 애완동물?
➡

• 정원을 갖고 싶니?
➡

• 요리 좋아하니? 그럼 큰 부엌이 있으면 좋겠니?
➡

• 조용한 방이 있으면 좋겠니?
➡

• 어느 방에서 음악을 들었으면 좋겠니?
➡

• 설거지 하는 거 좋아?

⇒

• 집 청소 하는 거 좋아?

⇒

• 잔디 깎는 거 좋아?

⇒

• 집안 인테리어는 어떻게 하면 좋겠니?

⇒ 거실

⇒ 침실

⇒ 집 입구

• 집 바깥 색은 어떤 색으로 칠할까?

⇒

• 친구나 손님이 오면 어떻게 환영할까?

⇒

• 일과 끝나고 집에 오면 가장 먼저 하고 싶은 것이 뭐야?

⇒

워크시트 8

언제 주택이 집이 되는가?

다음은 어떤 주거 서비스가 집과 같은 수준인지 판단하는 데 도움이 될 간략한 지침과 질문들입니다.

누구의 주택인가?

그 집의 구조와 톤을 결정하는 주도권이 그 집에 살고 있는 사람들에게 있는가, 아니면 서비스를 제공하기 위해 고용된 직원들에 맞게 설계된 것인가?

예를 들어, 그림이나 개인의 기념품들이 집 전체에 퍼져 있는가 아니면 개인의 침실에 국한되어 있는가? 직원들이 그 집에 있는 컴퓨터를 마치 사무실에서 일하는 것처럼 사용하는가?

당신의 집과 당신의 생활을 비교 잣대로 삼으십시오. "흠, 그래도 지난 번 보다는 낫네."라고 체념하지 마세요. 다음과 같이 자문하십시오. "내가 지금 누리고 있는 것만큼 좋은가?" "나라면 이것을 원하겠는가?"

주변을 살펴 보라

필요하지 않은 곳에 잠금 장치가 있는가? 즉, 냉장고, 옷장 등.

필요한 곳에 잠금 장치가 있는가? 즉, 욕실, 침실, 서류 캐비넷, 의약품 캐비넷 등.

그 곳에 사는 사람들이 그 또래 다른 사람들이 가지고 있는 것 만큼 양과 종류 면에서 소유물과 개인 용품을 가지고 있는가?

느낌이 어떤가?

방들이 아늑한가? 소파는 어떤가? 의자는? 거기서 휴식을 취할 수 있겠는가? 그 곳이 집 같은가?

잠깐 귀를 기울여 보라

주변에 평안과 고요를 느낄 만한 곳이 있는가? 거기 사는 사람들끼리 대화가 있는가?

냄새

스토브 위에서 집에서 만드는 저녁 냄새가 나는가? 오븐 위에 디저트 냄새는? 아니면 보호 시설의 세제 냄새나 악취가 나는가?

맛

음식의 맛을 즐길 만한가? 아니면 겨우 참을 만한가?

물어 보라

규칙이 무엇인가? 너무 많은가 혹은 제약이 심한가? 이해할 만한가? 누가 그런 규칙들을 만드는가?

추론해 보라

거기에 사는 사람들이 약간의 도움과 프로그램, 필요한 감시가 있지만 집을 경험하는가? 아니면 집과 같은 느낌은 거의 없고 보호시설의 프로그램 같은 것을 경험하는가?

분석해 보라

예산의 제약, 프로그램의 관례, 직원의 필요 등의 이유로 대충 하는 것이 있는가? 어떤 식으로 이런 행위들이 집 같은 분위기를 훼손 시키는가?

스스로에게 자문해 보라

내일 문을 연다면, 이 곳에 들어오라고 하겠는가?

자녀의 의사를
존중하십시오

말을 할 수 없다고 해서
할 말이 없는 것은 아니다.

커스틴 매인(KIRSTEEN MAIN)
밴쿠버 시인, 중증 뇌성마비 장애인

브롬리 가족 이야기

모든 것을 말해 주는… 미소

샤논은 모든 면에서 도움이 필요하다. 걸을 수도 없고 말도 하지 못한다. 의사소통도 매우 어렵다. 샤논을 돕기 위해서 우리는 우리의 느낌에 의존할 수 밖에 없다. 뜨거운지, 차가운지, 배고픈지 등등.

물건을 잡을 수도 없고, 원하는 것을 가리키지도 못한다. 이 말은 샤논의 일상 생활에서 우리가 "습득된" 추측을 많이 사용한다는 것이다. 그래서 우리는 샤논이 과거에 무엇에 행복해 했었는지 생각한다.

샤논이 뭔가를 즐기고 있을 때면 그녀는 환한 미소를 짓는다. 12학년때 학급에서 가장 멋진 미소를 가진 학생으로 뽑힐 정도였으니까. 하지만 샤논이 행복하지 않을 때는, 보면 금방 알 수 있다. 눈썹은 올라가고 아래 입술은 내려와 있다.

샤논의 성인기를 준비하는 것은 지난한 과정이다. 그 중에서 가장 많은 고민을 하게 하는 것은 샤논의 인생에 관여하게 될 사람을 선정하는 것이다. 모든 일이 순조롭게 되도록 도와 줄 사람, 중요한 의사 결정을 도와 줄 사람 등.

고등학교 졸업 후 샤논에 대한 계획을 세울 때 남편과 나는 고등학교 때 샤논이 좋아했던 것을 계속해서 할 수 있는 생활방식을 선택했다. 대학을 다니고 자원봉사를 하는 것이다. 물론, 이 결정이 샤논에게 올바른 것이었는지는 시간이 지나봐야 알겠지만….

단계 4

자녀의 의사를 존중하십시오

나를 당신의 고객으로
보지 마세요. 나도 당신과
같은 시민입니다.
나를 당신의 이웃으로
봐 주세요. 그리고 내가
알고 싶어하는 것을
배우도록 도와 주세요.
노만 컨크
(NORMAN KUNC)
장애인 권리 옹호가

장애 자녀가 있는 부모들에게 있어 자녀의 안전을 고려한다는 것은 참 역설적입니다. 한편으로는 자녀들이 차별이나 부당한 대우, 학대, 무관심, 마음의 상처로부터 안전하게 보호되기를 원합니다. 하지만 다른 한편으로는 그들이 자신의 삶을 즐기고, 새로운 것들을 시도해 보고, 그들의 선택이 존중되는 그런 행복한 삶을 살기 원합니다. 자녀들이 스스로 역경을 헤쳐 나갈 수 있도록 가르치고 싶어 합니다. 우리가 그랬던 것처럼 우리 자녀들도 실수를 통해 배우기를 원합니다. 우리는 사람들이 자녀들의 의사결정 능력을 인정하고 그들이 올바른 의사 결정을 내릴 수 있도록 도와주기 원합니다. 이러한 자기 결정 능력이 바로 그들의 삶을 의미 있게 해 주기 때문입니다.

일반적으로 자녀들이 어렸을 때는 부모들이 대신해서 중요한 의사결정을 해 줍니다. 그러나 자녀들이 사춘기에 접어들면, 자신들의 미래에 영향을 미치게 될 사안에 대해서는 자녀들이 의사결정에 참여할 수 있도록 길을 열어 놓아야 합니다. 장애 자녀들의 경우도 마찬가지입니다. 그들이 청소년기에서 성인기로 접어들게 되면, 올바른 의사 결정 관례들을 잘 알아보고 필요한 것을 준비해 놓는 것이 중요합니다. 이것이 자녀의 안전망을 보다 튼튼하게 해주는 가닥이 되기 때문입니다.

자녀들을 안전하게 보호하면서 동시에 그들의 선택권을 존중해 주어야 한다는 것, 이것은 가족들에게 참 어려운 문제입니다. 실수가 없어야 합니다. 균형을 잡기가 매우 어려운 과제입니다. 가족들도 매우 힘들어 합니다. 서비스 제공 기관도 마찬가지고 정부도 마찬가지입니다.

후견인 선택

미성년자의 후견인 설정에 관한 정보는 126쪽 '19세 미만 자녀의 후견인 설정' 참고.

다행히, BC주는 성인이 된 장애 자녀들이 시민으로서 가질 수 있는 의사결정 권한을 없애지 않고 올바르고 안전한 의사결정을 할 수 있도록 지원해 주는 법적 방안을 마련하였습니다.

이 단계에서는 성인 후견인 제도 중 하나인 대리권 동의(Representation Agreements)에 대해 설명할 것입니다. 자녀가 미성년일 경우는 대리권 동의가 필요 없습니다. 미성년자의 후견인 설정에 관한 정보는 이 장의 뒤에 있는 '19세 미만 자녀의 후견인 설정'을 참고하십시오.

선택으로 시작됩니다

행복한 삶은 자녀의 선택을 존중하는 것에서부터 시작합니다. 자녀의 취향, 선호, 그리고 가치 등을 인정하는 것입니다. 또한 자녀가 분별력이 있고 선택할 수 있는 능력이 있음을 인정하는 것입니다. 우리는 장애자녀들이 원하는 것과 원하지 않는 것을 명확하게 표현한다는 것을 잘 알고 있습니다. 또한 그들이 자신의 부족함을 잘 알아 의사결정을 할 때 매우 조심스럽다는 것도 잘 알고 있습니다. 여러 사안에 대해 자신들의 관점과 의견이 있음도 잘 알고 있습니다. 그러나 안타깝게도 모든 사람들이 다 이런 장애 자녀의 능력을 이해하고 받아들이는 것 같지는 않습니다.

선택은 근육과 같다. 사용하지 않으면 퇴화된다.

장애 자녀들이 의견도 없고 의사 결정도 못한다고 가정하는 것은 또 다른 장애의 벽입니다. 이는 자녀들의 바람을 무시하게 되고 크고 작은 의사결정에서 그들을 배제하게 됩니다.

우리가 아는 이런 사실을 다른 사람들도 알았으면 합니다. 바로 우리 자녀도 자신의 의사를 표현하고 전달할 수 있다는 사실 말입니다. 그들이 우리 자녀와 함께 있으면서 좀 더 인내심을 갖고 자녀에게 귀를 기울이고 세심하게 살펴 보기를 원합니다. 그리고 필요하다면 우리 장애 자녀의 독특하고 비언어적인 의사소통 방식을 배우기 바랍니다. 우리 자녀가 하는 모든 행동은 어떤 형태의 의사소통입니다. 우리는 이런 행동들이 무슨 의미인지 알아내려고 노력하는 사람들이 우리 자녀와 함께 있기를 바라는 것입니다.

이런 분들은 조심해야 합니다. 즉, 자녀들의 의사 표현 방식을 배우려

하지 않는 사람들, 너무 바빠서 신경을 못 쓴다는 사람들, 자녀의 의사를 아예 무시하는 사람들입니다. 더 심각한 경우는 자신들만이 자녀의 필요를 가장 잘 안다고 생각하는 사람들입니다.

자녀들의 의사결정 능력을 인정하고 나면, 자연스럽게 우리의 관심은 그들의 의사결정을 어떻게 하면 도울 수 있을까로 바뀌게 됩니다. 즉 어떤 경우는 자녀들을 대변하고 또 어떤 경우는 의사결정을 대신할 수도 있는 것입니다. 우리는 은행에 자녀와 공동 계좌를 만들 때 혹은 병원에 함께 갈 때 비공식적으로 이런 일들을 합니다. BC주에서는 이런 형태의 의사결정 지원을 공식적으로 인정하고 있는 데 그것이 바로 대리권 동의서입니다.

우리는 자녀의 의사결정 권한을 누군가에게 주는 것 보다는 그들의 의사결정 능력을 키워줘야 한다고 생각합니다. 자녀의 의사결정 능력은 다음과 같은 방법으로 키워 줄 수 있습니다.

- 자녀가 이미 가지고 있는 의사 결정 능력을 존중해 줍니다
- 자신의 독특한 의사 결정 목소리를 낼 수 있도록 도와 줍니다
- 의미 있는 선택 대안들을 제시해 줍니다
- 대안들을 이해하고 추려낼 수 있도록 도와 줍니다
- 그들이 실제로 의사결정을 할 수 있도록 도와 줍니다.

실제로 장애인들은 그들의 삶 속에서 어떤 선택이 제시되는 경우가 거의 없습니다. 그러다 보니 수동적이 되고 그저 하라는 대로 따라가게 됩니다. 하지만 반대로, 우리 자녀들이 자신들의 의사결정 능력을 존중해 주는 사람들과 함께 있게 되면, 그들은 스스로를 옹호할 수 있는 환경이 되는 것입니다. 이렇게 하면 자녀가 당하게 될 부당한 대우, 무시, 학대 등의 위험을 줄여 줄 수 있습니다. 우리 자녀들이 스스로 자신의 의견을 얘기할 수 있을 때 우리 자녀들은 더 안전해 질 수 있습니다.

팀(Tim)의 경우를 예로 들어 보겠습니다. 우리가 처음 팀을 만났을 때 팀에 관한 모든 의사결정은 그를 돌봐주는 분이 대신 하였습니다. 팀이

자녀에게 선택하도록 하는 것이 너무 위험합니까?
얼마나 큰 위험을 감수할 준비가 되어 있습니까?
선택으로 균형된 안전을 유지할 수 있습니까?
누구를 신뢰합니까?

어떤 옷을 입어야 하는지, 그날그날 무엇을 해야 하는지, 저녁 식사를 언제 할지까지 그들이 결정하였습니다. 심지어 어떤 경우는 팀을 돌봐주는 분의 일정에 따라 결정되기도 하였습니다. 팀의 의견을 묻는 경우는 거의 없었습니다. 예를 들어, 팀은 컨트리 음악을 좋아했지만 팀을 돌봐주는 분은 그렇지 않았고 그러다 보니 팀은 컨트리 음악 방송을 들을 기회조차 갖지 못했습니다.

시간이 지나면서 팀은 점점 자신의 삶 뒤로 움츠러들었고 결국 그는 마치 존재하지 않는 사람처럼 지내게 되었습니다. 다행히 팀과 그의 가족이 PLAN에 가입하게 되었고, 팀의 개인 네트워크가 만들어지면서 팀과 그를 돌봐 주는 분들과의 관계도 점차 개선되었습니다. 나중에는 팀의 의사소통 방식을 이해하고 그것을 배우기 원하는 분들을 중심으로 새로운 돌보미들이 채용되었습니다.

> 진보는 언제나 대담한 아이디어로 시작된다.

변화는 늘 일어납니다

자녀들이 앞으로 어떻게 적응해 나갈지, 어떤 중요한 의사결정이 필요할지 예측하기는 힘듭니다. 물론 우리 자녀들이 특별히 보호되어져야 하는 영역들이 있긴 하지만, 그 어떤 것도 확실한 것은 없습니다. 통제할 수 없는 것을 통제하려고 애쓰기보다는 자녀들이 스스로 의사결정을 할 수

장애 자녀를 위한 의사 결정 지원이란 다음을 의미합니다.

- 장애 자녀가 능동적으로 참여합니다.
- 장애 자녀의 의견을 구하고 고려합니다.
- 배려심 있고, 지식도 있고, 신뢰할 만한 사람들이 장애 자녀의 주위에서 의사결정을 도와 주고 그들의 결정을 효과적으로 전달해 주는 역할을 합니다.
- 직원이나 서비스 기관의 필요가 아니라 장애 자녀의 필요가 가장 우선됩니다.
- 가장 초점을 두는 것은 장애 자녀의 능력과 바람입니다.
- 장애 자녀에게 가능한 모든 선택과 대안들을 고려합니다.
- 장애 자녀의 취향, 선호, 동기, 그리고 식별 능력을 특히 신중하게 고려합니다.
- 장애 자녀가 겪게 되는 위험, 실패, 그리고 실수들을 배움의 기회로 인식합니다.
- 언어적이든 비언어적이든 모든 의사소통 방법이 유효하다고 인식합니다.

있도록 도와줄 사람들을 찾아서 자녀 주위에 있게 하는 것이 비상 시 대비책으로 더 바람직합니다.

관계는 의사결정 지원의 초석입니다

사람들과 관계를 맺고 개인 네트워크를 가지는 것에는 또 다른 유익이 있습니다. 그것은 바로 관계와 네트워크가 올바른 의사결정을 하게 하고 우리 자녀들을 보다 안전하게 지켜준다는 것입니다.

그러므로 가장 먼저 해야 할 일은 자녀의 친구들과 주변 분들을 하나의 네트워크로 연결하는 것입니다. 네트워크 멤버들은 자녀가 받는 서비스나 프로그램을 감시하고 그 질이 유지되도록 요구할 것입니다.

네드워크 멤버들은 징애 자녀의 재무, 건깅 및 개인의 신변 관리에 관한 의사결정 지원 이상의 역할도 할 수 있습니다. 어떤 네트워크 멤버는 자녀의 대리권 동의서에 대리인으로 참여할 수도 있습니다. 또 어떤 경우는 대리권 동의서를 만드는 과정에서 자녀의 개인 네트워크가 만들어질 수도 있습니다.

대리권 동의: 의사결정 지원

대리권 동의는 성년이 된 장애인에게 법원에 가지 않고도 혹은 법적으로 무능력자라고 선언하지 않고도 의사결정 지원을 가능하게 해 주는 제도입니다. 이것은 장애 자녀에게 매우 훌륭하고 실질적인 저비용 대안입니다.

중요한 것은 대리권 동의가 부모들을 위한 것이 아니라 장애 자녀를 위한 제도임을 명심해야 합니다. 물론 자녀가 대리권 동의를 만들 때 다른 사람이 도와줄 수는 있습니다. 하지만 대리권 동의는 자녀가 자신의 업무를 처리하는 데 도움이 되어 줄 대리인을 선택하고 그 대리인에게 권한을 양도하는 법적 수단입니다. 만일 여러분이 자기 자신을 위한 대리권 동의를 원하면 여러분 명의로 대리권 동의를 만들어야 합니다.

대리권 동의에는 표준형(섹션 7)과 확장형(섹션 9) 두 가지 형태가 있습니다. 표준형은 일상적인 재무, 건강, 개인 신변에 대한 사항을 다루고 있는데, 자녀에게 필요한 대부분의 의사 결정 사항이 포함되어 있습니다. 확장형 대리권 동의에 대해서는 뒤에서 설명하겠습니다.

대리권 동의법(Representation Agreement Act)은 언어적이든 비언어적이든 모든 형태의 의사소통 수단을 인정하며 자녀가 대리권 동의를 만들 능력이 있다고 가정합니다. 이것은 표준형 대리권 동의를 만들 수 있는 능력과 관련해서 어떤 특정한 요건이 없다는 것을 의미합니다. 그러나 은행이나 병원, 혹은 장애인의 특성을 잘 모르는 누군가가 대리권 동의를 만들 수 있다는 자녀의 능력에 대하여 이의를 제기할 가능성은 있습니다.

행복한 삶이란 장애 자녀의 선택을 존중하는 것도 포함한다.

자녀가 대리권 동의를 만드는 것을 도와줄 때는 투명하고 빈틈이 없도록 주의해야 합니다. 예를 들어, 자녀가 좋아하는 것과 싫어하는 것을 어떻게 의사소통하는지 서술해 놓을 필요도 있습니다.

만일 누군가가 이의를 제기했을 때는 다음과 같은 두가지 방법으로 능력을 검증합니다.

- 당사자와 대리인 사이에 신뢰 관계 형성 여부
- 당사자가 자신의 선택과 선호를 설명할 수 있고 승인과 거부를 표현할 수 있다는 증거

표준형 대리권 동의는 다음과 같은 사항을 다룹니다.

- 개인 신변: 식사, 운동, 주거 환경, 영적 혹은 종교적인 전통을 유지하는 것, 주거 지원 서비스, 애완동물 돌보기
- 일상적인 재무 업무: 은행, 보조금/지원금 신청 및 처리, 자동차 보험 및 매매, 대출 및 보험 관리, 소득세 처리, 투자 관련 업무 등등

- 주요 건강 관련 업무: 수술, 전신 마취, 신장 투석, 항암화학치료
- 기타 건강 관련 업무: 건강 검진, 예방 주사, 약 복용

표준형 대리권 동의는 변호사에게 의뢰하여 만들 수도 있지만, 반드시 변호사나 공증인을 통해서 만들어야 하는 것은 아닙니다.

Nidus Personal Planning Centre는 자녀의 대리권 동의서를 만들 수 있는 자가 등록 세트를 제공받아 직접 등록할 수 있도록 지원하고 있습니다.

대리권 동의의 유익

대리권 동의의 장점은 바로 융통성입니다. 즉, 자녀의 상황에 맞게 재단할 수 있다는 것입니다. 또한 대리권 동의는 성인이면 누구나 만들 수 있습니다.

대리권 동의는 장애의 유형이나 정도, 그리고 의사소통 능력 여부와 상관없이 만들 수 있습니다.

대리권 동의는,

다른 사람들과 소통을 바란다면 영혼을 내어 놓아야 한다. 그들이 영혼을 느낄 때 비로소 관심 받는다고 느낄 것이다.

마가렛 소머빌
(MARGARET SOMERVILLE)
맥길대 법학 교수

- 장애 자녀들의 목소리를 받아들이고, 그들의 생각, 가치, 믿음을 전면에 세우고 중심에 있게 합니다.
- 그들의 능력에 초점을 맞춥니다.
- 장애 자녀의 능력을 고려하여 '능력 검증(test of capability)'을 합니다. 반면에 영구 위임장(Enduring Power of Attorney) 같은 경우 서류에 서명하려면 당사자가 해당 업무의 성격을 이해할 수 있어야 하고 누군가에게 업무를 대신할 권한을 주었을 때 어떤 결과가 초래되는지 이해할 수 있을 정도의 능력 검증을 통과해야 합니다.
- 무언가를 "안다는 것"에는 여러 방식이 있다는 것을 인정합니다. 예를 들어 사회적 능력은 다른 사람과 관계를 맺고 신뢰를 주고 받는 능력입니다. 대리권 동의는 이러한 요소들을 인정합니다. 즉, 대리권 동의는 기존의 전통적인 지적 능력에 더하여 신뢰 관계를 중요한 능력 검증 요인으로 포함합니다.

- 친구, 가족 구성원, 그리고 개인 네트워크 멤버들에게도 권한을 줍니다. 많은 사람들이 자녀가 19세가 되면 부모가 더 이상 법적 후견인이 될 수 없다는 것을 알지 못합니다. 대리권 동의는 가족, 특히 부모에게 그 권한을 주는 것입니다.
- 자녀의 안전과 안정 문제를 논의할 수 있는 기회를 제공합니다.
- 기존에 느슨하게 있던 관계를 정형화하고, 개인 네트워크를 만드는 계기를 만들어 줍니다.
- 자녀를 위해 일하는 돌보미들, 전문가들, 정부 관계자들, 친구들, 가족 구성원들 그리고 자녀가 서로 함께 협력할 수 있는 수단이 됩니다.
- 마지막으로 대리권 동의는 부모들에게 마음의 평안을 가져다 줍니다.

대리권 동의에 관한 기본 사실들

- 19세 이상이면 누구나 대리권 동의를 만들 수 있습니다. 자신의 업무를 스스로 관리할 능력이 없어도, 계약서에 서명할 수 있는 능력이 없어도 대리권 동의는 만들 수 있습니다.*
- 대리권 동의는 자녀들이 자신의 의사 결정 권한을 유지하면서 그들의 업무를 다른 사람이 대신 관리할 수 있는 권한을 주는 것입니다.**
- 누구든 대리권 동의에 서명할 수 있는 능력이 있다는 것을 전제합니다.
- 언어적이든 비언어적이든 모든 형태의 의사소통 형태를 인정합니다.
- 대리권 동의를 만든 사람이 착취되거나 사기 당하는 것을 방지하기 위하여 몇가지 안전 장치가 있습니다.

---

* 대리권 동의와 달리 위임장(Power of Attorney)과 영구 위임장(Enduring Power of Attorney)은 이것들을 만들 당시 위임자가 판단 능력이 있어야 함. (역자 주)
** 대리권 동의와 달리 성인 후견인(Adult Guardianship) 제도는 당사자의 의사 결정 권한이 없어짐. (역자주)

- 모든 동의서에는 증인이 있어야 합니다.
- 일상적인 재무 관련 업무에 대해 감시자가 선임되어야 합니다. 또한 재무 관련 업무는 최소한 두 명의 대리인이 공동으로 행사합니다
- 대리인은 반드시 대리권 동의법(Representation Agreement Act)에 명시된 대리인 의무를 수행한다는 서류에 서명을 해야 합니다.
- 대리인의 행위에 대해 이의 제기가 가능합니다.
- 문제가 있을 경우 공공 후견인 및 신탁관리소에서 해당 사항을 조사할 권한이 있습니다.

Nidus Personal Planning Resource Centre and Registry

Nidus Personal Planning Resource Centre and Registry는 대리권 동의(Representation Agreement) 및 그 외 다른 개인 설계 수단과 관련된 정보와 지원을 제공해 주는 비영리 자선 단체입니다.

Nidus는 의사결정 지원을 위한 대리권 동의 관련 Self-help Kit를 제공합니다. Nidus는 또한 개인 설계 서류를 등록하는 등록소를 운영합니다. Nidus에 대한 자세한 정보는 www.nidus.ca를 참조하세요.

섹션 9: 확장형 대리권 동의

확장형 대리권 동의는 모든 형태의 건강 및 개인 신변에 대한 의사결정을 대신할 수 있습니다.

많은 변호사들이 법적, 재무적 사안에 대해서는 영구 위임장을 그리고 건강 및 개인 신변 관리에 대한 사안은 표준형 대리권 동의를 권합니다. 확장형 대리권 동의나 영구 위임장에 서명할 수 있는 능력 검증은 표준형 대리권 동의 보다 높은 수준을 요구합니다.

법적 대안들에 대한 요약

- 표준형(섹션 7) 대리권 동의: 일상적인 재무 업무 및 법적 사안, 크고 작은 건강 관련 및 개인 신변 관리 사안들을 포함합니다.
- 확장형(섹션 9) 대리권 동의: 생명 유지 장치 사용 거절 등을 포함하여 표준형보다 더 넓은 범위의 건강 및 개인 신변 사안들을 다룹니다.
- 영구 위임장: 부동산 거래 등 가장 큰 범위의 재무 및 법적 사안을 다룹니다. 하지만 건강이나 개인 신변 관련 사안은 다루지 않습니다.
- 임시 대리 의사결정자(Temporary Substitute Decision-Maker): 대리권 동의나 커미티(Committeeship)가 없는 경우 건강 관련 사안에 대한 동의가 필요할 때 사용됩니다
- 유산 및 개인 커미티(Committee of the estate and of the person): 법적, 재무적 사안과 건강 및 개인 신변에 대한 의사결정을 대신할 수 있는 권한을 갖습니다.

법정 후견인을 정해야 할까요?

전통적인 법정 후견인 제도는 법원에서 무능력자로 판정된 성인을 대신해서 다른 사람에게 의사결정 및 업무 처리 권한을 부여하는 것입니다. 이 후견인을 커미티(Committee, 마지막 음절에 강세를 두어 Kaw-Mit_ TEE라고 읽습니다)라고 부릅니다. 법적으로 임명된 커미티는 당사자를

대신해서 재무, 의료, 법률 관련 의사결정을 할 수 있는 권한을 부여 받습니다. 여기에는 두 가지 형태의 커미티가 있습니다.

- 유산 커미티: 재무적, 법적 의사결정 권한을 갖습니다
- 개인 커미티: 건강 및 개인 신변에 관한 의사결정 권한을 갖습니다.

대리권 동의는 위와 같은 형태의 후견인 제도에 대한 대안으로 개발된 것입니다.

커미티 제도에는 다음과 같은 몇가지 우려 사항이 있습니다.
- 대부분의 후견인 명령은 날이 무딘 칼과 같습니다. 어떤 성인들은 모든 영역이 아닌 일부 영역에 대해서만 의사 결정 도움이 필요한데 후견인 명령이 거기에 맞게 나오지 않습니다. 재무 및 개인 신변에 대한 모든 의사결정 권한이 사라지게 되어 있습니다. 당사자는 더 이상 의사 결정에 관여할 수 없습니다. 법적인 관점에서 보면 이들은 아무런 의사결정 능력이 없는 사람이 되는 것입니다.
- 후견인 명령을 받기 위해 들어가는 비용이 높고, 일방적이고, 시간이 많이 소요됩니다.
- 후견인 제도는 공동 의사결정 혹은 의사결정 지원을 허용하지 않습니다. 당사자가 직접 하든가 후견인에게 전적으로 권한을 주든가 양자 택일만 가능합니다.
- 지적 장애 혹은 외견상 드러나는 장애를 가진 사람들은 보통 무능력하다고 간주되기 때문에 이들이 의사결정 능력이 있음을 증명하기가 매우 어렵습니다.
- 커미티 지명을 하려면 공공 후견인 및 신탁관리인 사무소(Office of the Public Guardian and Trustee, OPGT)를 통해야 합니다. OPGT는 보통 해당 성인의 재무 기록을 매년 검토하기 때문에 상황이 복잡하고 많은 서류 작업을 요합니다.

장애를 가진 사람들은 거의 대부분 이런 형태의 후견인 제도를 필요로 하지 않습니다. 과거에 몇몇 부모님들이 정부나 서비스 제공 기관과 협의할 때 도움이 될 거라 생각하고 자녀들의 커미티가 되겠다고 법원에 신청을 했습니다. 그러나 고비용에 좌절감만 갖게 되었고, 대부분의 경우 자녀들의 상황에 맞도록 할 수가 없었습니다.

대리권 동의는 장애자녀를 무능력자로 판정하지 않고도 그들을 보호할 수 있도록 하기 위해 만들어진 효율적인 대안입니다. 믿을 수 있는 친구나 가족 구성원들에게 합당한 지위를 주는 것입니다. 전통적인 법정 후견인 제도나 커미티 제도는 마지막 수단으로 고려해야 합니다.

의사결정 유형

장애 자녀의 삶에 영향을 미칠 수 있는 의사 결정 영역은 다음과 같이 3가지로 나눌 수 있습니다.

    1.건강/의료 관련 의사 결정
    2.재무 관련 의사 결정
    3.개인 신변 관련 의사 결정

개인 네트워크와 대리권 동의는 서로에게 매우 중요합니다. 많은 비(非) 법적 대안과 함께 개인 네트워크와 대리권 동의는 장애 자녀의 삶을 보호하고 삶의 질을 높이는 의사결정을 가능하게 합니다.

건강/의료 관련 의사 결정

이 부분은 위급 상황과 비위급 상황에서의 의사결정, 두 가지로 나눌 수 있습니다.

장애 자녀를 가진 가족들은 자녀가 위급 상황이 되었을 때, 특히 의사들이 법적 동의를 받을 수 없을 때, 치료를 받을 수 있도록 대비해 놓기를 원합니다. 이 부분은 걱정하지 마십시오. B.C. 주에 있는 의사나 병원들은 환자의 동의 여부와 관계없이 필요할 경우 응급 치료를 할 수 있습니다.

위급 상황이 아닌 경우는 상황에 따라 다릅니다. 장애를 가진 성인들은 자신들의 가정의와 보통 오랜 관계를 맺고 있습니다. 가정의들은 이들의 능력과 의사소통 방식을 알고 있기 때문에 그들의 동의 능력이 문제가 되지 않습니다. 시간을 두고 장애인들이 원하는 것을 표현할 수 있도록 기회를 줍니다. 또 어떤 경우는 성인 장애인들에게 의료 서비스를 제공할 때 주로 부모나 가까운 친척들과 상의합니다. 이들 역시 가족들과 오랫동안 신뢰관계를 형성해 왔기 때문입니다. 이런 상황이라면 의사결정 지원 체계가 이미 작동하고 있는 것입니다. 그렇다면 자녀가 대리권 동의를 만들도록 도와 이런 관계들을 문서화하고 공식화하는 것이 좋습니다.

만일 대리권 동의나 커미티도 없는 상태에서 자녀가 무능력자로 판정되면 의사나 의료 서비스 제공자 혹은 병원은 의료 서비스와 관련해서 동의를 해 줄 누군가를 찾아야만 합니다.

법률에 보면 임시 대리 의사결정자(Temporary Substitute Decision-Maker, TSDM)를 결정하는 조항이 있습니다. 의료 종사자는 TSDM 명단에서 다음과 같은 순서로 동의할 사람을 선택합니다.

- 배우자(사실혼 파트너, 동성 파트너 포함)
- 성인 자녀
- 부모
- 형제 자매
- 출생 혹은 입양에 따른 친척

임시 대리 의사결정자는 19세 이상이어야 하고, 유능력자이며, 당사자를 알고 있어야 합니다. 이들은 과거 12개월 동안 당사자와 접촉이 있어야 하고 분쟁이 없어야 합니다. 이 명단은 주로 가족으로 되어 있습니다. 만일 자격이 되는 가족 구성원이 없다면 공공 후견인 및 신탁관리인 사무소가 임시 대리의사결정자를 선택할 수 있는 권한이 있습니다.

만일 의료 관련 의사결정을 도와줄 연고 가족이 없거나 다른 누군가가 이런 의사결정을 대신 해주기 원한다면 대리권 동의를 만드는 것이 가장 좋은 대안입니다.

재무 관련 의사결정

자녀의 자산을 보호하고, 사기, 부주의, 충동 구매 등을 예방하고, 올바른 재무적 의사결정을 가능하게 하는 다양한 법적, 비(非)법적 대안들이 있습니다.

그 첫번째가 바로 표준형 대리권 동의입니다. 일반적인 재무 관련 의사결정 대안들을 다시 한번 살펴 보십시오. 상황에 따라 영구 위임장이 유용할 수도 있습니다.

영구 위임장은 자신을 대신해서 재무적 의사결정을 할 수 있는 권한을 다른 사람에게 주는 문서입니다. 이런 권한을 다른 사람에게 주었다고 해서 당사자의 권한이 사라지는 것은 아닙니다. 영구 위임장은 당사자가 원하면 언제든 취소할 수 있습니다.

하지만 확장형(섹션 9) 대리권 동의와 영구 위임장은 법적으로 높은 능력 검증 기준을 가지고 있어 장애 자녀가 통과하지 못할 수도 있습니다.

또 다른 대안으로 신탁이 있는데 신탁은 자녀의 재무 자산을 보호함과 동시에 신탁 자금이 자녀들의 이익을 위해서 사용되도록 보장하는 것입니다. 단계 5에서 이 부분에 대해 자세히 설명할 것입니다. 신탁 자금을 관리할 신탁 관리인은 아무 때나 선임할 수 있습니다.

과거에는 많은 가족들이 장애를 가진 성인 자녀의 자산을 보호하고, 관리하고, 투자하기 위한 대안으로 커미티를 고려하였습니다. 그러나 이 것은 다음과 같은 약점이 있습니다.

- 커미티 권한을 받으려면 법원에 신청해야 하므로 시간과 비용이 많이 소요됩니다.
- 자금 지출 및 관리 보고에도 많은 시간과 비용이 소요됩니다.
- 자산의 보호 및 투자와 관련된 지침이 효과적인 자금 관리를 하기에는 너무 보수적입니다.

자녀의 자산을 안전하게 보호하기 위해 가족들이 취할 수 있는 또 다른 방법으로 다음과 같은 것들이 있습니다.

- 자녀와 함께 공동 계좌를 개설하는 것
- 공동 명의로 재산을 구입하는 것(단계 3 '패트리샤 이야기' 참조)

개인 신변 관련 의사결정

이 부분은 그야말로 규정하기 힘든 영역입니다. 왜냐하면 결정권이 주로 우리 통제권 밖에 있기 때문입니다. 우리 자녀들은 일생 동안 주로 보수를 받고 일하는 돌보미, 서비스 제공기관 혹은 교육 기관 등을 상대하며 살아갑니다. 그러다 보니 결국 이들이 장애 자녀의 일상적인 삶과 관련하여 의사 결정을 하게 됩니다.

우리는 향후 정부의 지원 정책이 어떻게 바뀔지도 모르고, 또 그에 따라 프로그램이나 서비스의 질이 어떻게 영향을 받을지 알 수 없습니다. 만일 규제와 정책을 통해 서비스 제공기관에 어떤 기준이 정해진다면 좋겠죠. 그리고 인증 제도와 공식 평가 제도도 의미가 있을 것입니다. 그러나 그것으로 충분치 않습니다. 왜냐하면 이러한 것들은 전체적인 것에 초점이 맞추어져 있지 각 자녀의 개별적이고 특수한 상황을 반영하지 못하기 때문입니다.

결국 장애 자녀를 제대로 보호하고 양육하기 위해서 부모들은 이들을 감시할 수밖에 없습니다. 그리고 부모들은 평생 동안 이들 서비스 제공기관을 상대해야 합니다. 따라서 이들과 좋은 관계를 유지하는 것이 중요합니다. 그러기 위해서는 많은 노력과 시간이 들어갑니다. 문제가 생기면 뭔가 조치를 취해야 합니다. 어떤 부모들은 관련 기관의 이사진에 합류하거나 직접 비영리단체를 만들기도 합니다.

선택

다음과 같은 질문들을 자문해 보면서 자녀들이 올바른 의사 결정을 할 수 있도록 지원해 주기 바랍니다.

- 내 자녀는 현재 어떤 선택 대안들을 가지고 있는가?
- 내 자녀는 의사결정과 관련하여 어떤 경험이 있는가?

- 내 자녀는 어떤 의사결정을 스스로 할 수 있는가?
- 내 자녀는 어떤 의사결정에 도움이 필요한가?
- 내 자녀의 의사결정에 도움을 주기 위해 어떤 준비가 필요한가?
- 내 자녀는 대리권 동의를 통해 어떤 혜택을 볼 수 있는가?

법적 대안 요약

영구 위임장(Enduring Power of Attorney): 건강과 개인 신변에 대한 의사결정은 해당이 안되고 재정적 사안에 대한 의사결정 위임

개인 신변 지침(Personal Directive): 재정적 사안은 해당이 안되고 건강 및 개인 신변에 대한 의사결정 지침

의사결정지원 권한(Supported Decision-Making Authorization): 개인 신변에 대한 의사결정을 도와줄 사람 지정

공동 의사결정자 명령(Co-Decision-Making Order): 성인이 개인 신변에 대한 의사결정을 할 때 지정된 공동의사결정자와 함께 의사결정을 하도록 명시한 공식적인 법원의 지시 명령

특정 의사결정자(Specific Decision-Maker): 건강 문제와 관련하여 시급한 의사결정이 필요할 때 해당 성인을 대신하여 일회에 한해 의사결정을 할 수 있도록 의료진에 의해 지명된 사람 (단, 개인 신변 지침이나 후견인 명령이 존재하지 않을 경우에 한함)

대리 의사결정자(Substitute Decision-Maker): 개인 신변 지침이나 후견인 명령이 없을 때 건강과 관련한 의사결정을 할 수 있는 대리인

임시 후견 혹은 신탁관리 명령(Temporary Guardianship and/or Trusteeship Order): 위급한 사망의 위험이나 심각한 손해 혹은 재정적 손실에 처해 있는 무능력 성인을 대신해서 의사결정을 할 수 있는 사람을 지정하는 임시적인 법원의 명령

후견 혹은 신탁관리 명령(Guardianship and/or Trusteeship Order): 건강 및 개인 신변에 관해서는 후견 의사결정을 그리고 재정에 관해서는 신탁관리 의사결정을 할 수 있는 권한을 부여하는 공식적인 법원의 명령

결론: 올바른 의사결정을 위한 비결

자녀들을 안전하게 지키면서 동시에 그들의 선택을 존중하는 일에 특정한 해답은 없습니다. 과잉 보호로 방향이 기울면 쓸쓸한 삶이 기다리고 있습니다. 완전한 자율로 방향이 기울어지면 학대나 착취를 당할 위험이 도사리고 있습니다. 결국 비결은 균형입니다. 그리고 수시로 점검하는 것입니다.

이를 위한 최선의 방법은 좋은 사람들을 찾고 필요한 자원을 모으는 것입니다. 결국 개인 네트워크야말로 – 대리권 동의, 자금에 대한 통제권 확보, 그리고 지속적인 권리 옹호 등과 함께 어우러져 – 우리가 아는 가장 훌륭한 안전망입니다.

깊이 생각해 보기

내가 아래에 소개하는 가상적인 이야기를 썼을 때는 아직 장 도미니끄 보비의 자전적 소설 '잠수종과 나비 (Diving-Bell and the Butterfly)'를 알지 못했다. 그의 이야기는 이제 영화로 알려져 유명해졌다.

45세의 나이에 프랑스의 잡지 편집장 보비는 심각한 뇌졸중으로 전신마비가 된다. 그는 자신을 "병 속에 든 영혼" 같다고 표현한다. 보비는 오로지 성한 한쪽 눈꺼풀만을 이용해 그의 친구에게 어떤 글자에서 멈추어야 하는지 신호를 보내 한 글자 한 글자 자기 이야기를 쓴다. 그럼에도 보비의 삶은 밝고, 생생하고, 매우 흥미롭다.

이와 비슷한 상황에 처해 진다면 여러분은 어떻게 하겠는가?

어느 화창한 토요일 아침, 가게로 향한다. 조심스럽게 운전은 하지만 생각은 다른 데 있다. 마치 자동 조종 장치처럼. 갑자기 앞에서 오던 차가 중앙선을 침범해 당신을 향해 온다. 찰나의 순간에 당신의 삶은 바뀐다. 충돌이 있고 당신은 의식을 잃는다.

병원에서 깨어난다. 고통이 점점 심해진다. 손도 발도 움직일 수 없다. 곧 이어 말도 할 수 없다는 것을 알게 된다. 의사와 간호사가 당신 주위를 왔다 갔다 한다. 많은 질문을 던진다. 당신의 혈액형을 알고 싶어한다. 하지만 당신은 대답할 수 없다. 한편으로 당신도 충격에서 벗어나지 못했지만, 그들도 당신의 얼굴 표정을 보지 않는다. 당신은 달리 의사소통을 할 방법이 없다. 그들은 무엇이 필요한지 설명하고 있는 중이다.

아무도 당신의 눈에 서린 두려움을 알아채지 못한다. 알지도 못하는 의학 용어만 난무한다. 무섭고 외롭다.

아내는 어디에 있는가? 그들이 아내에게 연락을 취해 보았을까? 갑자기 당신은 들것에 실려 복도를 지나 엘리베이터로 달려 가고 또 다른 복도를 지나 수술실로 들어간다. 완전히 마취되기 전에 당신이 한 마지막 생각은 ….

누구를 생각하겠는가? 배우자, 자녀, 부모, 형제, 자매, 친구? 아니면 당신의 변호사, 자동차 정비사, 치과의사?

다행이 죽진 않았다.

그 병원은 매우 사람이 많아 겨우 2인실에 들어갈 수 있었다. 드디어 그들이 당신의 아내와 연락이 닿았다. 아내는 당신이 수술실에서 돌아 온지 몇 시간이 지나 도착했다. 그녀는 즉시 당신의 두려움을 알아차린다.

당신은 피투성이다. 혈관주사 바늘로 인해 팔은 온통 부어 올랐고 멍이 들어 있다. 아내는 간호사를 부른다. 그들이 즉시 처리해 준다. 그들은 협조적이고 친절하다. 그들은 당신이 그렇게 빨리 깨어날 줄 몰랐던 것이다. 다른 일로 정신이 없었다.

혈관주사 바늘이 다시 잘 끼워졌고, 따뜻한 스폰지로 잘 닦아준다. 마침내 당신은 잠이 든다. 아내가 옆에 있음으로 편안해 하며. 이제 당신은 혼자가 아니다. 아내와 친구들이 옆에 있으니 안전함을 느끼고 필요한 것도 해소된다. 당신이 불편한 것이 있으면 그들은 바로 알아차린다. 그들은 당신이 잘 견딜 수 있도록 사소한 것까지 신경 써 준다.

간혹 주사 바늘을 꽂을 핏줄을 찾지 못해 계속해서 바늘을 찔러대는 신참 인턴을 상대해야만 한다. 당신은 불평할 수도 없다. 당신의 팔은 그 인턴에게는 실습 대상이 된다. 근무를 마치고 찾아온 친구가 시퍼렇게 멍이 든 당신의 팔을 발견한다.

친구는 곧바로 아내에게 전화를 건다. 아내는 담당 간호사에게 얘기를 하고 당신의 차트에 기록된다. 그들은 앞으로 이런 일이 절대 발생하지 않도록 주의하겠다고 약속한다. 그리고 그런 일은 발생하지 않는다.

당신이 병원에 있는 동안 무엇이 당신의 안전을 지켜 주는가? 병원의 규칙과 규정인가? 전문적으로 훈련 받은 의료진인가? 간호사인가? 의사인가? 아니면 가족과 친구들인가?

가족과 친구들은 익명이라는 가면을 쓰고 있지 않다. 그들로 인해 당신은 비로소 인간 대접을 받는다. 중요한 것은 돈을 받고 일하는 전문 의료진이 아니다. 당신이 필요한 모든 의료적 치료보다 더 중요한 것은 바로 당신 자신이다. 이것을 절대 혼동하면 안된다. 서비스의 대상이 아닌 진정한 인간으로 대접받은 것은 바로 관계에 달려 있다.

이것이 장애인의 경우와 무엇이 다른가? 절대 다르지 않다. 그런데 우리는 너무도 자주 장애인의 안전과 그들의 선택이 돈을 받고 일하는 전문가들에게 달려있다고 생각하는 경향이 있다.

프로그램, 전문적 지원, 규칙, 규정은 모두 한계가 있다. 이런 유료 서비스는 기분 좋은 옛날 방식의 인간적 접촉, 따뜻함, 사랑을 보완하는 것이지 대체하는 것이 아니다.

앨 에트만스키

19세 미만의 미성년자에 대한 후견인 선정에 관하여

자녀가 19세 미만인데 부모가 갑작스럽게 사망하게 되면 그 자녀를 누가 돌봐야 할지 의논할 수가 없습니다. 불행히도 이런 일들이 일어나면, 남겨진 자녀나 친지, 친구들은 어찌할 바를 몰라 합니다. 이런 경우 법원이 관여하게 되고 판사는 보호관리 명령을 내리게 됩니다. 조부모나 대부모 혹은 너무도 당연하다고 생각되어지는 주위 사람들에게 그 책임이 자동적으로 주어질 것이라고 생각한다면 그것은 오산입니다. 캐나다 부모 중 40 퍼센트 이상이 미성년 자녀에 대한 법정 후견인을 지명하지 않는다고 합니다.

참고. 흔히 생각하는 것과는 달리, 자녀가 성인이라면 유언장에 후견인을 지정할 수 없습니다. 보다 자세한 사항은 '단계5'를 참고하세요.

따라서 자녀가 미성년자일 경우 유언장에 후견인 조항을 반드시 삽입해야 합니다. 부모들이 갖는 가장 어려운 결정은 누구를 미성년 자녀의 후견인으로 지정할 것인가 하는 것입니다. 감정적으로 참 어려운 결정이지만 다음과 같이 후견인 선정에 대한 몇가지 제안을 드리고자 합니다.

- 자녀 양육에 대한 가치관, 자녀에 대한 소망, 그리고 종교적, 재정적, 문화적 사안들에 대해 본인의 생각을 적으십시오.
- 자녀 양육 방식이 가장 유사한 사람을 고르십시오. 자녀의 숙모나 숙부가 보통 믿을만한 선택이고 그 다음이 가족의 친구가 될 것입니다. 지정된 사람의 판단을 신뢰하는 것이 매우 중요합니다.
- 조부모와 연세가 비슷한 분을 선정하기 보다는 부모의 나이와 비슷한 사람을 고르십시오. 조부모가 좋기는 하지만 자녀가 10대가 되면 관리하기가 힘들어지기 때문입니다.
- 후견인이 된다는 것은 정서적인 책임뿐만 아니라 재정적인 책임까지 수반하는 것입니다. 이런 점을 감안해서 어떤 부모들은 후견인을 수혜자로 하는 생명보험을 드는 경우도 있습니다.
- 장애 자녀가 있는 다른 부모도 추천할 만합니다. 서로 비슷한 점이 많기 때문에 어떤 부모들은 서로 후견인이 되기도 합니다.

워크시트 9
대리권 동의 준비

이 워크시트는 자녀의 의사결정 지원을 위한 것입니다. 이 워크시트를 완성하고 나면 자녀의 대리권 동의를 만드는 데 도움이 될 것입니다. 표준형 대리권 동의를 작성하거나 등록하는 데 도움이 필요하시면 PLAN이나 Nidus Resource Centre에 연락하십시오.

이 워크시트는 법적 조언을 위한 것이 아닙니다. 대리권 동의는 **'대리권 동의법'**에 따라 작성되어야 하는 법적 계약입니다. 대리권 동의에서 임명된 대리인과 모니터는 해당 성인으로부터 책임과 의무를 받아들이는 것입니다. 따라서 이들은 자신들의 의무와 책임을 이해하는 것이 중요합니다.

점검표

의료 관련 의사 결정

☐ 예 ☐ 아니오 　　　내 자녀의 의사와 의료 관련 동의 문제를 상의 했다.

☐ 예 ☐ 아니오 　　　의사가 내 자녀의 치료와 관련하여 내 자녀의 동의를 받아 들인다.

☐ 예 ☐ 아니오 　　　의사가 내 자녀를 대신해서 내가 동의하는 것을 받아 들인다.

재정 관련 의사 결정

☐ 예 ☐ 아니오 　　　나는 소득 신탁을 개설했다.

☐ 예 ☐ 아니오 　　　나는 재량 신탁을 개설했다.

☐ 예 ☐ 아니오 　　　내 자녀는 RDSP를 가지고 있다.

☐ 예 ☐ 아니오 　　　내 자녀는 은행 계좌가 있다.

　　　　　　　　　　은행에서 인출은 다음과 같은 방법으로 보호되어 있다:

☐ 예 ☐ 아니오 　　　인출에 대한 공동 서명.

☐ 예 ☐ 아니오 　　　은행 직원들이 내 자녀를 잘 안다.

☐ 예 ☐ 아니오 　　　은행 계좌에 잔고가 최소한으로 잘 운영된다.

☐ 예 ☐ 아니오 　　　보호 장치가 필요 없다.

개인 신변 관련 의사결정

☐ 예 ☐ 아니오　　내 자녀는 옹호자가 있다.

☐ 예 ☐ 아니오　　내 자녀가 받는 서비스는 독립적인 에이전시에 의해 잘 감시되고 있다.

☐ 예 ☐ 아니오　　주거 지원은 다른 서비스와 분리되어 있다.

☐ 예 ☐ 아니오　　서비스 직원들이 가족의 참여를 이해하고 지원한다.

☐ 예 ☐ 아니오　　서비스 직원들이 배우자, 친구, 네트워크 멤버들을 이해하고 환영해
　　　　　　　　　준다.

☐ 예 ☐ 아니오　　서비스 직원들이 자녀에게 선택 대안을 제시하고 자녀가 선택한 것을
　　　　　　　　　존중해야 함을 잘 알고있다.

☐ 예 ☐ 아니오　　가족과 친구들이 주기적으로 자녀가 받는 서비스와 프로그램을
　　　　　　　　　검토하면서 필요한 것을 지원해 준다 (**참고**. 이것은 서비스 제공자가
　　　　　　　　　개발한 서비스 계획과는 다른 것이다.)

☐ 예 ☐ 아니오　　네트워크 멤버들이 자녀의 신변 수발 문제에 대해 잘 알고 있다.

정보

일반 정보

- 내 자녀가 신뢰하는 사람은 누구인가?

  →

- 내 자녀의 의사 결정을 도와 줄 수 있는 사람은 누구인가?

  →

- 내 자녀의 의사 소통 방식을 잘 이해하는 사람은 누구인가?

  →

의료 관련 결정

- 내 자녀의 의사는 누구인가?

  →

- 내 자녀가 의료 관련 의사 결정을 하는데 어떤 도움이 필요한가?

  →

- 내 자녀가 의료 관련 의사 결정을 할 때 누구의 도움을 받아 들이겠는가?

  →

- 내 자녀가 이해할 수 있는 의료 관련 사항은 어떤 것이 있는가?

  →

- 내 자녀가 적정한 의료 치료를 받을 수 있도록 하기 위해 어떤 공식적인 절차를 마련해 놓아야 하는가?

  →

재정적 의사 결정

- 내 자녀의 신탁 관리인:
  →

- 내 자녀의 재정 조언자:
  →

- 내 자녀가 가지고 있는 은행 계좌:
  →

- 서명 권리가 있는 사람:
  →

- 내 자녀의 재정 관련 의사 결정을 도와 줄 수 있는 사람은?
  →

- 나는 다음 사람들에게 내 자녀를 위해 개설한 신탁을 모니터해 달라고 부탁했다
  →

개인 신변 의사 결정

- 내 자녀의 대변자 혹은 옹호자:
  →

- 서비스를 감시하는 독립된 에이전시:
  →

- 내 자녀의 라이프 스타일이나 개인적인 의사 결정 사안을 도와 줄 사람은?
  →

재정적 안정을
준비하십시오

유언장, 신탁, RDSP

자녀를 갖게 되면 죽음을 깨닫게 된다;
손자를 갖게 되면 불멸의 느낌을 갖게 된다.

아드리엔느 클락슨 (ADRIENNE CLARKSON)

캐나다 정치인, 전 캐나다 총독

브롬리 가족 이야기
세 명을 위한 저축

샤논도 사회에 기여하는 삶을 살도록 하기 위해 우리는 가족 전체가 여러 기관에서 자원봉사를 하였다. 아들과 나는 Vancouver Adaptive Snow Sports라는 기관에서 훈련을 받고 스키 강사로 봉사했다. 남편 랍은 PLAN의 회장을 역임하였고, 지금까지 Canadian Angelman Syndrome Society의 회장을 맡고 있다.

우리는 샤논이 야구와 청소년 프로그램에 참여하도록 했으며 2~3년에 한번씩 우리 가족 모두가 함께 즐길 수 있는 가족 활동을 하였다. 샤논이 자기의 삶을 충분히 즐길 수 있도록 하려면 사실 정말 일이 많다. 게다가 비용도 만만치 않다. RDSP와 신탁만으로는 부족하다. 그래서 우리는 유언장과 생명보험을 그때 그때 맞게 갱신한다.

샤논이 재정적으로 안정된 미래를 살아가려면 그에 맞는 방법을 찾아야 한다. 그렇다, 우리는 그녀의 미래를 위해서 저축을 해야 한다. 하지만 동시에 그녀의 자산을 관리해 줄 적절한 사람도 찾아야 한다.

재정적 안정은 더 할 나위없이 중요하다. RDSP는 샤논의 미래를 위해 우리 가족이 적극적으로 선택한 저축 수단 중 하나다.

우리는 아들에게 바라는 것과 똑같은 것을 딸에게도 바란다. 심한 장애를 가졌다고 해서, 스스로 양치질을 못한다고 해서, 스스로 옷을 못 입는다고 해서, 그저 침대에 누워 있어야만 할 이유는 없다. 지역사회에 기여하며, 친구를 사귀고, 그녀의 삶을 즐기기 바란다.

문제는 우리의 경우 두 명이 아닌 세 명의 은퇴를 대비해 저축해야 한다. 보통 자신 것만 준비하는데도 기를 쓰고 저축해야 하는데, 우리는 샤논이 평생 살 수 있을 만큼의 금액을 추가로 저축해야 한다.

RDSP로 인해 이제 다른 가족들도 샤논이 평생 재정적 필요가 있다는 것을 알았고, 실제로 직접 샤논의 RDSP에 불입도 해 주었다.

때로 사람들이 샤논을 돕기 원하는데 어떻게 도와야 하는지 모르는 경우도 있다. 샤논의 RDSP에 불입해 주는 것도 친구들이 샤논의 미래에 동참하는 하나의 방법이다.

단계 5

재정적 안정을 준비하십시오
: 유언장, 신탁, RDSP

PLAN 무료 장거리 전화:
1–844–311–PLAN
(1–844–311–7526)

이 단계에서는 현재만이 아니라 미래까지 자녀의 재정적 안정을 어떻게 준비하고 달성할 것인가를 설명합니다. 물론 BC 장애 보조금이나 다른 지원 정책들이 있는 것도 잊지 말아야 하지만, 우리가 아직 할 수 있을 때 여러가지 방식으로 자녀를 도울 수 있습니다.

참고. BC 장애 보조금(disability assistance)은 장애 자녀들이 BC주 정부로부터 받는 재정 보조금입니다. "장애 혜택(disability benefits)"이리고도 하고 과거에는 "GAIN"이라는 표현을 쓰기도 했습니다. 이것은 BC 고용 및 지원(BC Employment and Assistance) 프로그램의 일환으로 제공되는 것이며 의료 및 치과 치료 등 추가 혜택도 있습니다. 연락처 정보는 '참고자료' 난을 참고하십시오.

우리는 미래에 대해 많은 걱정을 하며 살아갑니다. 위급상황 혹은 예기치 못한 상황에 대비할 수 있는 충분한 자금을 마련하기 원합니다. 하지만 장애인들은 최저 생계 수준 혹은 그 이하인 경우가 많습니다. 우리는 우리 자녀들이 그렇게 겨우겨우 사는 것을 원치 않습니다. 그저 살아 있다는 것만으로는 충분하지 않습니다. 좋은 삶, 행복한 삶을 살기 원합니다.

우리 대부분은 그리 부유하지 않습니다. 자녀가 살아가는 데 필요한

단계 5 주요 내용

본 장에서는 장애 자녀의 재정적 안정을 위한 주요 수단을 설명합니다.
- 유언장 및 유산상속계획
- 재량 신탁 (Henson 신탁이라고도 함)
- 장애 적금 (Registered Disability Savings Plan)

이 장에서 소개되는 내용들은 미래 재정적 준비에 도움은 되겠지만 법적 조언은 아닙니다.

모든 비용을 충당할 만큼 풍족한 유산을 남겨주지는 못합니다. 얼마 전까지만 해도 이 문제를 해결할 방법이 없었습니다. 장애 자녀가 정부 지원금을 받고 있는 상황에서 자녀의 소득을 보충해 주면 정부 지원금이 그만큼 깎이기 때문에 정부 지원금 이외에 자녀의 소득을 보충해 줄 수 있는 방법이 거의 없었습니다.

다행이 이런 상황이 변하고 있습니다. 특히 BC주 정부는 가족이 장애 자녀에게 주는 재정적 지원과 저축을 장려하고 있습니다. 지원금 차감이나 저해 조항들이 없어지고 있습니다. 예를 들어, RDSP로부터 받은 금액은 정부 지원금에 영향을 미치지 않습니다.(RDSP에 대한 자세한 논의는 본 장의 제2절에서 설명됩니다. RDSP에 대한 최신 정보는 www.rdsp.com이나 www.rdspresource.ca 를 참고하시거나 PLAN의 수신자부담 전화 1-844-311-PLAN(1-844-311-7526))으로 해 주십시오.

이런 변화들은 곧 가족과 정부가 새로운 동반 관계로 나아가고 있다는 것을 의미합니다. 즉, 장애 자녀의 삶이 가족과 정부 공동의 책임이라는 인식을 기반으로 하는 것이며, 가족들이 장애 자녀의 안전과 복지를 위해 최선을 다하고 있음을 인정하는 것입니다.

이 장은 다음과 같이 두 절로 나누어져 있습니다.

제1절 **유언장, 재량 신탁, 유산상속 계획**
제2절 **RDSP**

이 두 절에서는
- 유언장 작성과 유산상속계획에 필요한 정보를 제공하며
- 신탁, 특히 재량 신탁의 중요성을 설명하고
- RDSP에 대한 소개와 더불어
- 정부 혜택과 RDSP, 그리고 재량 신탁 간의 관계를 설명하고
- 장애 자녀의 재정적 안정을 위해 무엇을 해야하는지 소개합니다.

사실 앞에서 설명한 내용들을 충분히 숙지했다면 장애 자녀의 재정적

만일 내게 백만 달러가 있다면, 흠… 네게 명화를 몇 개 사 줄텐데:
피카소 작품이나 아트 카펑클 말야.
배어네이키드 레이디스 (BARENAKED LADIES)
캐나다 락 밴드, 노래 가사

안정을 준비하는 것이 그리 복잡하지는 않습니다. 다분히 기술적인 내용들입니다. 워크시트 10을 작성해 보신 후 변호사, 회계사, 유산상속계획 전문가, 자산운용 전문가들의 도움을 받으면 재정 계획을 완성할 수 있습니다.

하지만 이런 내용을 알았다고 해서 우리가 결정해야 할 문제들이 없어지는 것은 아닙니다. 물론 우리는 제대로 된 전문가들을 선택해야 합니다. 그러나 제대로 된 계획을 만들려면 그들 역시 우리가 가진 비전, 계획, 구체적인 방안 없이는 불가능합니다.

혼자라고 생각하지 마십시오. 필요한 것이 있다면 PLAN을 활용하십시오. PLAN의 조언들은 과거 25년간 수천 명의 개인들과 가족들의 경험을 체로 거르 듯 면밀하게 검토해서 얻어진 것입니다. 자산이 없거니 소득이 적은 분들도 자녀에게 뭔가 남겨줄 수 있습니다.

여기서 전해드리는 지혜를 따라 자녀의 미래를 잘 준비하시면,

- 시간과 돈을 절약하고
- 자녀에게 맞는 길을 선택할 수 있으며
- 유언장 작성이 용이해 지며
- 마음의 평안을 갖게 될 것입니다.

마침내 이 모든 것이 완료되었을 때 여러분은 커다란 성취감과 함께 안도감을 느끼게 될 것입니다.

제 1 절
유언장, 신탁, 유산 상속 계획

법률 용어로 겁먹지 마십시오. 모든 전문 분야에는 그들만의 용어가 있습니다. 이 절에서 보게 될 주요 단어나 구절들에 대한 간략한 설명을 이 장의 마지막 페이지에 '낯선 용어 설명'라는 이름으로 요약해 놓았습니다. 도움이 필요하시면 PLAN의 무료 장거리 직통 전화 1-844-311-PLAN (1-844-311-7526)로 연락 하십시오.

완벽하지 않은 유언장을 찬양하며

여러분은 수없이 많은 사람들이 유언장 없이 사망한다는 사실을 아시나요? 설사 유언장이 있다해도 효력이 없는 유언장인 경우도 허다합니다. 캐나다에서 1,000명의 성인을 대상으로 한 여론 조사에서 응답자의 31%가 배우자와 생명보험에 대해 얘기해 본 적이 없으며, 59%는 생명보험에 대해 생각해 본 적이 없다고 응답하였습니다! 물론 여러분은 이런 부류에 속한 분들이 아닐 것입니다. 그렇다고 해서 완벽한 답을 가지고 있지도 않을 것입니다. 좀 더 준비할 것이 있을 것입니다. 이 장을 읽고 난 후에도 아마⋯ 완벽하지는 못할 것입니다.

실망스러우시겠지만, 이 장이 완벽한 유언장을 만들도록 돕지는 못합니다. 하지만 어떤 책도 혹은 어떤 사람도 그렇게 못합니다. 그러니 많은 사람들이 저지르는 똑같은 실수를 저지르지 마십시오. 절대 일어나지 않을 것을 기다리지 마십시오.

자, 이제 지금이 바로 "완벽하지 않은" 유언장을 만들 때입니다. 이것이야말로 여러분이 가족에게 줄 수 있는 가장 커다란 선물이 될 것입니다. 우리는 이에 대해 아주 강한 확신이 있어 다음 책의 제목을 "불완전을 찬양하며"라고 붙이려고 합니다.

도대체 완벽이라는 것이 뭔가요? 도대체 어떻게 우리가 완벽하다, 완벽하게 일을 처리할 수 있다는 말도 안되는 환상을 갖게 된 것입니까? 완벽한 식사 혹은 완벽한 하루? 글쎄요 그럴 수도 있겠죠. 하지만 완벽한 몸매, 완벽한 외모, 완벽한 집에 살면서 완벽한 직업을 갖는다는 것? 과연 가능할까요? 완벽이라는 것은 우리에게 쓸데없는 압박감을 주고 우리가 절대 달성할 수 없는 것에 대해 죄책감만 안겨주는 환상입니다. 절대적인 완벽은 인간의 영역을 넘어선 신적 영역에 속하는 것입니다. 누구도 이런 기준에 도달할 수는 없습니다. 그래도 우리는 여전히 삶에 최선을 다합니다.

유언장도 이런 방식으로 접근해야 합니다. 하루라도 빨리 서두르십시오! 불완전한 유언장을 만드는 것은 우리가 할 수 있는 최소한의 일이 아니라 최선의 일입니다.

> 용기의 참 정의는 하기
> 두려운 것을 하는 것이다.
> 조지나 비니 클라크
> (GEORGINA BINNIE CLARK)
> 캐나다, 작가

유언장과 유산상속계획 시작하기

유언장을 작성하기 전에, 세부 사항들을 명확히 할 필요가 있습니다. 각 가정의 상황은 모두 다릅니다. 우리가 사망하고 나면 어쩔 수 없이 가족에게 모두 맡겨야 합니다. 그러니 지금 당장 가족과 상의하는 것이 좋습니다. 만일 생각하고 계시는 유언장 집행인이 변호사 만나는 것을 꺼려 한다거나 투자 경험이 없는 사람이라면 지금이 바로 맞는 사람을 찾을 때입니다.

주위에 얘기해 볼 만한 사람들이 많이 있을 것입니다: 즉, 친척, 친구, 네트워크 멤버들, 비슷한 환경에 처해 있는 다른 가족 등등.

비슷한 상황에 처해 있는 다른 가족들과 대화를 나누어 보면 도움이 많이 될 것입니다. 대화할 때 솔직하게 털어 놓을수록 목표가 분명해 집니다. 또 그래야 변호사, 회계사, 유산 상속 계획 전문가들과의 관계가 좋아지고 효율적이 됩니다. 유산 상속 계획, 세금 계획, 혹은 자산 관리 전략 등에 대한 조언이 필요하면 "전문가에게 묻는 질문"을 참조하세요.

8가지 중요한 목적

유언장과 유산상속계획을 마련하는 목적은 다음과 같습니다.

1. 채무, 세금 및 기타 부채를 갚기 위해
2. 배우자에게 별도의 소득을 제공하기 위해
3. 자신이 원하는 대로 유산을 배분하기 위해
4. 가족에게 돌아 갈 유산의 크기를 최대로 하기 위해
5. 장애가 있는 자녀에게 재정적 안정을 주기 위해 (RDSP와 재량 신탁이 가장 기본적인 수단임)
6. 19세 미만 자녀인 경우 후견인 지정을 위해
7. 유산 상속의 지연, 가족간 불화, 불필요한 세금, 비싼 법적 비용, 유언장 검증 비용(probate fees), 정부의 관여를 피하기 위해
8. 유산의 일부를 자선단체나 관심이 있는 곳에 기부하기 위해

잭 콜린스(JACK COLLINS) – PLAN의 공동 창업자이며 이 책의 공동저자 – 는 안정적 미래를 준비하는 법적, 재정적 사안에 대해 정통한 분입니다. 잭은 은퇴 이후 많은 시간을 유언장 및 유산상속계획과 관련된 내용을 조사하는데 할애하였으며, 이런 내용들이 정부 지원과 어떻게 조화를 이룰 수 있는지 연구하였습니다. 비록 그가 전문 자격증은 없었지만 변호사나 재정 및 유산상속계획 전문가들은 그에게 많은 조언을 구했습니다.

장애 가족들로부터 그는 전폭적인 신뢰를 받았습니다. 알아듣기 쉬운 용어로 강의하고 허튼 얘기를 하지 않는 그의 스타일을 좋아했습니다. 그들이 잭을 신뢰한 또 다른 이유는 잭 역시 장애 가족이었기 때문입니다. 애석하게도 잭은 이 책을 제작하는 중에 돌아가셨습니다. PLAN 가족들은 그를 잊지 않고 있습니다. 아래 내용은 잭이 가졌던 방대한 전문 지식과 수천 명의 가족들에게 적용된 사례 가운데서 몇 가지 간추린 팁입니다.

• 가능한 빨리 유언장을 만드십시오. 저는 유언장 없이 부모가 돌아가셨을 때 어떤 일이 일어나는지 수없이 보아왔습니다.

• 2년에 한번씩 유언장을 재검토하시고 뭔가 변화가 생겼을 때 유언장을 변경하십시오. 유언장을 수정하는 것(codicils)은 그리 비싸지 않습니다.

• 생명보험은 목돈의 신탁 자산을 마련하기 좋은 방법입니다. 적은 액수의 보험료로 보험에 가입할 수 있습니다. 부모가 사망하면 보험지급금은 과세대상이 되지 않으며 유산 검증도 거치지 않고 장애 자녀의 재량 신탁으로 불입될 수 있습니다.

• 부모보다 오래 살 가능성이 많은 어린 사람들로 유언장 집행인과 신탁관리인을 선정하시고 만약을 대비해 대리인을 정해 두십시오.

• 누군가 사망하면 그 해가 바로 그 사람의 소득이 가장 많은 해가 됩니다. 왜냐하면 대부분의 투자가 사망 당일에 판매된 것으로 간주되고 RRSP와 RRIF도 소득에 포함되기 때문입니다. 세금 계획이나 유산 계획 – 자선단체에 기부하는 것까지 포함해서 – 을 미리 세워두는 것이 세금을 줄이는 데 도움을 줄 것입니다.

• 대부분의 부모들은 소득이나 신탁 자산이 모두 장애 자녀에게 돌아가기를 원할 것입니다. 이렇게 하기 위해서는 신탁 문서에 "불편부당의 원칙(even handed rule)"을 명시적으로 배제시켜 놓을 필요가 있습니다. 그러면 신탁관리인들이 다른 유산 수혜자들의 권리를 고려하지 않아도 되기 때문입니다. 신탁 문서 안에 이런 조항이 삽입되어 있으면 신탁관리인들은 소득이나 자산을 덜 지출하려고 할 것입니다. 이 부분에 대해서는 변호사와 상의하는 것이 좋습니다.

• 조부모들도 종종 장애를 가진 손자 손녀의 미래를 위해 뭔가 도울 방법을 찾습니다. 그분들께 자녀를 위한 재량 신탁을 개설하거나 RDSP에 불입하는 것을 제안해 보십시오.

참고. 장애를 가진 손자, 손녀를 위해 조부모가 신탁(재량 신탁이든 비재량 신탁이든)을 개설한 것이 오히려 BC 장애 보조금 혜택을 없애는 결과를 초래할 수도 있습니다. 이런 상황이 생기지 않도록 신탁 개설 전에 변호사 및 다른 부모들과 충분히 상의하는 것이 좋습니다.

유언장, 신탁, 유산상속에 대한 기본적인 질문들

위에서 언급한 8가지 목적에 개인적인 목적을 추가하여 그에 대한 답이 어느 정도 준비가 되었다면 이제 기술적인 문제를 해결할 차례입니다. 다음은 이와 관련한 질문과 답변입니다.

참고. 법적 용어에 대한 상세한 설명은 이 장의 뒤에 소개된 "낯선 용어 설명"을 참고하세요.

유언장이란?

유언장은 본인이 사망했을 때 유산을 어떻게 처리하라고 알려 주는 법적 문서입니다. 즉, 유산을 받을 상속인들이 따라야 할 지침을 제시하고 유산 처리 책임자를 지명함으로써 상속 처리를 수월하게 해 줍니다.

유산상속 계획이란?

유산상속 계획은 매우 폭 넓은 의미를 가진 용어로 다음과 같은 내용을 포함하고 있습니다:

- 유언장을 준비해 놓는 것
- 대리권 동의 섹션 7 혹은 섹션 9를 준비해 놓는 것
- 위임장(Powers of Attorney), 생의 말기 치료에 대한 개인적 지시나 명령을 준비해 놓는 것
- 유언장 집행인(executor) 및 유산 신탁 관리인(trustee)을 지명하고, 유언장 공증 비용(Probate Fees)을 최소화하는 방법을 준비해 놓는 것
- 필요한 유산 금액을 계산하고, 그 필요에 맞도록 생명보험금액을 준비해 놓는 것
- 사망 시 소득세를 경감할 수 있는 방안을 찾는 것
- 본인을 위한 신탁이나 장애자녀를 위한 신탁에 대해 자문을 받는 것

기본적인 고려 사항들

유언장을 작성하고 유산상속 계획을 세우는 과정에서 다음과 같은 사항을 고려할 필요가 있습니다.

- 유언장의 지시 사항을 제대로 집행할 유언장 집행인을 지명하는 일
- 유산을 가족(배우자 및 자녀), 자선단체 및 다른 곳에 배분하는 일
- 장애 자녀를 위한 신탁, 주로 재량 신탁을 개설하고 해당 신탁을 관리할 신탁 관리인 혹은 공동 신탁 관리인들을 지명하는 일
- 자녀가 19세 미만일 경우 미성년 자녀에 대한 후견인을 지명하는 일

유언장 없이 사망하면 어떻게 되나요?

유언장 없이 사망하게 되면 BC주 법에 따라 유산이 배분됩니다. BC주의 유산 행정법(Estate Administration Act)*에 따르면 법원은 행정관을 지명하고 법에서 규정한 방식에 따라 유산을 배분합니다. 이는 유산 배분에 대해 다른 어느 누구도 관여할 수 없다는 의미입니다. 이렇게 되면 장애 자녀에게 여러분이 원하는 형태로 유산을 상속할 수 없게 됩니다. 공공 후견인과 공공 신탁관리인은 자녀가 19세가 될 때까지 유산을 보관하고 있다가 자녀가 19세가 되었을 때 유산을 한꺼번에 전달합니다. 이 경우 장애 자녀는 BC 정부보조금 수령 자격을 상실하게 될 수도 있습니다.

유언장 없이 사망했는데 자녀가 19세 미만이고 부모가 없다면 정부가 해당 자녀들의 후견인이 됩니다.

유언장 없이 사망하면 유산이 어떻게 배분되는지 전혀 통제할 수 없다.

유언장 없이 사망할 경우 유산은 어떻게 배분되나요?

유언장 없이 사망하게 되면 유산 행정법에 따라 다음과 같이 배분됩니다.**

---

* 2009년 9월 24일 유산 행정법(Estate Administration Act)은 유언장, 유산 및 상속법 (Wills, Estates and Succession Act , WESA)라는 법령으로 대체되었음 (역자 주)

** 2015년 8월 5일 현재 유언장, 유산 및 상속법 (Wills, Estates and Succession Act , WESA)에 따르면, 배우자가 한 명이고 자녀가 동일 부모의 자녀라면, 유산의 처음 $300,000이 먼저 배우자에게 배분됩니다. 그리고 나서 나머지 유산의 반이 다시 배우자에게 배분되고 나머지 반이 자녀들에게 균등 배분됩니다. 또한 배우자는 거주하던 주택을 먼저 구매할 권한이 있습니다. (역자 주)

- 우선 배우자에게 $65,000과 가구, 그리고 배우자가 사망할 때까지 그 집에서 거주할 권한이 주어집니다
- 그리고 나서 남은 유산의 1/3이 배우자에게 배분되고, 나머지 2/3는 자녀들에게 균등 배분됩니다.
- 다른 친족들이 유산을 처리하려면 법원에 가서 허락을 받아야 합니다.

참고. 자녀가 미성년자인 경우는 그 자녀를 위해 신탁을 개설해 놓지 않으면 유언장이 있건 없건 공공 후견인 및 신탁관리인이 유산 관리인이 됩니다.

유언장 변경법(Wills Variation Act)*은 어떤 의미가 있나요?

이 법은 유산이 배우자와 자녀들에게 공정하게 분배되어야 한다는 것을 명시하고 있습니다. 이 법에서 배우자란 성별과 관계없이 혼인과 유사한 관계로 최소 2년간 동거한 개인을 의미합니다. 만일 배우자나 자녀들이 유산이 적절하게 배분되지 않았다고 느낀다면, 법원에 유언장 변경을 요청할 수 있습니다. 유언장 변경 요청은 유언장 검증 시작 후 6개월 이내에 해야만 합니다.

공공 신탁관리인은 누구인가요?

공공 후견인 및 신탁관리인은 19세 미만 미성년 자녀들이나 부양이 필요한 성인들의 이익을 보호할 책임이 있습니다. 유언장 집행인은 자녀가 19세 미만이거나 지적 장애를 가진 경우 공공 후견인 및 신탁관리인에게 유언장 사본을 보내야만 합니다. 공공 후견인 및 신탁관리인은 유언장을 받고 19세 미만 자녀들, 지적 장애가 있는 배우자나 성인 자녀에게 유산이 적정하게 배분됐는지 검토합니다. 만일 유산이 적절하게 배분되지 않았다면 공공 후견인 및 신탁관리인은 유언장에 이의를 제기할 것입니다.

---

* 유언장 변경법(Wills Variation Act) 역시 2009년9월24일유언장, 유산 및 상속법 (Wills, Estates and Succession Act , WESA)라는 법령으로 대체되었음 (역자 주)

BC 장애 보조금

BC 고용 및 지원(BC Employment and Assistance)은 장애인들에게 의료, 치과, 안과, 의약품비 등의 지원과 재정적 지원(BC 장애 보조금)을 제공하는 BC주 정부 프로그램입니다. 지원을 받기 위해서는 장애인(Persons with Disability designation, PWD) 자격 검증과 자산 및 소득 검증을 통과해야 합니다.

BC 장애 보조금 수령 기준을 충족하지는 못하지만, 지속적 복합 장애인(Person with Persistent Multiple Barriers, PMB) 자격으로 소득 보조금을 받을 수도 있습니다. 이 경우 지원 혜택은 더 적습니다.

2015년 현재, 개인이 받는 주거 및 지원을 위한 BC 장애 보조금은 매월 최대 $906.42 *이며, 지속저 복합 장애인(PMB)이 받는 소득 보조금은 매월 최대 $657.92입니다. BC 장애 보조금을 받는 사람들은 연 $45의 비용으로 1년 버스 패스를 받을 수 있습니다. PMB 자격으로 소득 보조금을 받는 사람들은 최소 2년마다 적격 심사를 받습니다.

만 18세가 되었을 때 다음과 같은 조건이 충족되면 BC 장애 보조금을 받게 됩니다

- 장애인 고용 및 지원법(Employment and Assistance for Persons with Disabilities Act)과 해당 규칙(Regulations)에 따라 장애인 (PWD)으로 지정될 경우
- 유동 자산, 즉 금전, 재산, 투자 등을 포함해 개인이 소유하고 있는 자산이 $5,000미만인** 경우

만일 BC 장애 보조금을 받는 개인이 $5,000 이상의 자산을 보유하고 있으면, 자산이 $5,000 미만이 될 때까지 보조금 지원이 중단될 것입니다.

참고. RDSP는 자산으로 간주되지 않습니다.

---

* 2016년 9월1일부터 PWD 월 수령액이 매월 $77 인상되어 $983이 됩니다. 다만, 버스 패스 혜택을 받는 경우는 $52이 차감됩니다. (역자 주)
** 2015년12월1일부터 PWD자산 한도가 기존 $5,000에서 $100,000로 상향 조정되었음 (역자 주)

당장 결정할 필요가 없다.
문제가 있다면
서로 얘기하면 된다.
해롤드 레니쉬
(HAROLD RHENISCH)
캐나다 시인

하지만 어떤 자산은 $5,000 자산 한도에 포함되지 않는 자산이 있는데 이 경우 BC장애 보조금에 영향을 주지 않습니다. 예를 들어, 본인이 거주하는 주택이나 사용하고 있는 자동차가 그런 자산들입니다.

또한 RDSP의 경우는 액수에 제한 없이, 비재량 신탁의 경우는 $200,000까지, 재량 신탁의 경우는 액수에 제한없이 BC 장애 보조금에 영향을 주지 않고 가입 혹은 개설할 수 있습니다.

참고. 비재량 신탁의 경우 $200,000이 한도이긴 하지만, 만일 장애와 관련된 비용이 매우 높을 경우, BC 장애 보조금을 담당하는 장관이 허락한다면 $200,000만불보다 높은 금액으로 한도를 조정할 수 있습니다.

장애인 고용 및 지원법(Employment and Assistance for Persons with Disabilities Act), 규칙, 그리고 관련 정책들은 수시로 바뀝니다. 변경 내용에 대한 정보는 '참고 자료'에 있는 연락처를 참고하시거나 사회복지개혁부(Ministry of Social Development and Social Innovation) 웹사이트 http://www.gov.bc.ca/hsd/를 주기적으로 방문하셔서 점검하시는 것이 좋습니다.

BC 장애 보조금은 소득에 어떤 영향을 받나요?

근로 소득

BC 장애 보조금을 받는 사람들도 일할 수 있고 근로 소득을 벌 수 있습니다. 한 개인인 경우는 월 $800까지 장애 보조금이 차감되지 않고 가져갈 수 있습니다. 두 명의 장애인이 있는 가족의 경우는 합해서 월 $1,600까지 가능합니다.

참고. 2013년 1월부터는 연소득 면제 조항(Annualized Earnings Exemption)이 발효되었습니다. 이것은 월 소득이 일정치 않고 변동이 심한 경우 월 소득을 기준으로 하지 않고 연 소득을 기준으로 BC 장애 보조금 차감 여부를 판단할 수 있는 선택권을 주는 것입니다. 개인인 경우 연 소득 한도는 $9,600이며, 두 명의 장애인이 있는 가족인 경우는 $19,200입니다. 이 프로그램은 단계적으로 모든 BC 장애 보조금을 받는 개인들에게 적용될 것입니다.

비근로 소득

이것은 근로 소득이 아닌 정기 예금, 은행 이자, 임대 소득, RRSP 등 비근로소득을 의미합니다. 비근로 소득은 해당 금액만큼 BC장애 보조금에서 차감됩니다. 만일 한 개인이 $300의 비근로 소득를 벌었다면 다음 달 장애 보조금은 $300 깎여서 받게 될 것입니다.

참고. RDSP에서 오는 소득은 이 조항에서 제외됩니다.

BC 장애 보조금은 유산과 같은 소득에 어떻게 영향을 받나요?

만일 BC 장애 보조금을 받는 사람이 유산이나 생명 보험금, ICBC*로부터 받은 보험금, 혹은 다른 재정적 소득을 받았다면 이런 소득이 $5,000 이하가** 될 때까지 BC 장애 보조금 지급이 중단될 것입니다. 이런 상황에서 BC 장애 보조금을 지속적으로 받기 위해서는 비재량 신탁에 최대 $200,000까지 넣어 두거나, RDSP에 넣어 두거나, 자동차를 구매하거나 장애 자녀가 거주할 주택을 구입하는 방법이 있습니다. BC 장애 보조금 지급 중단의 위험을 최소화 하려면 적절한 때에 조언을 받는 것이 중요합니다.

참고. 비재량 신탁에는 $200,000이라는 한도가 있는 반면에(해당 관청으로부터 특별한 허락이 없는 한), 재량 신탁에는 한도가 없습니다. 이것이 바로 비재량신탁보다는 재량 신탁을 개설하는 것이 좋다고 권하는 이유입니다. 비재량 신탁은 유산이나 재산 처분을 통해 받은 자산의 $200,000까지만 자산으로 인정하지 않고 그 이상은 자산으로 간주됩니다. 신탁은 생존 시에 유효한 생전 신탁을 개설할 수도 있고, 사후에 효력을 발휘하는 사후 신탁을 개설할 수도 있습니다. 다만 소득세 적용 규정

---

* ICBC (Insurance Corporation of BC) BC주 자동차 보험 공사 (역자 주)
** 2015년 12월 1일부터 PWD 자산 한도가 기존 $5,000에서 $100,000로 상향 조정되었음 (역자 주)

이 다르다는 것을 유의하십시오. 재량 신탁에 대한 설명은 다음에 나옵니다.

자녀가 65세가 되면 어떻게 되나요?

장애 자녀가 65세가 되면 주 정부의 장애 보조금이 노령 연금(Old Age Security, OAS)이나 소득보장 보조금(Guaranteed Income Supplement, GIS)과 같은 연방 정부의 노령 혜택으로 바뀝니다. 이 두가지 혜택이 합해지면 아무리 적어도 BC 장애 보조금보다는 많아질 것입니다.

노령 연금(OAS)은 자산으로는 간주되지 않지만 소득으로는 간주됩니다. 다만 소득으로 간주되는 기준치가 높습니다.

GIS는 저소득 노년층을 돕는 프로그램입니다. 이것 역시 자산으로 간주되지는 않지만 소득으로는 간주됩니다. 그리고 소득으로 간주되는 기준치가 낮습니다. 만일 장애 자녀가 아무런 소득이 없다면 GIS를 받게 될 것입니다.

RDSP를 가지고 있는 사람들에게 좋은 소식은 RDSP에서 받는 소득이 GIS에 영향을 미치지 않는다는 것입니다. 즉 RDSP소득은 소득으로 간주되지 않습니다.

이에 대한 정보가 필요하시면 PLAN 무료 핫라인 1-844-311-PLAN (1-844-311-7526)으로 연락주세요.

RDSP와 재량 신탁을 모두 개설할 수 있나요?

예, RDSP와 신탁 모두 개설할 수 있습니다. 각각마다 혜택이 다른데 아마 둘 다 필요할 것입니다. 본 장의 뒤에 비교표가 있으니 참고하십시오. 일반적으로 RDSP는 장기 목돈마련 저축을 위해 마련된 것이며 부모가 살아 있는 동안에도 사용할 수 있습니다. 재량 신탁은 보통 장애 자녀를 위해 남긴 유산을 잘 관리하도록 하기 위해 고안된 것입니다. 유언장을 통해 개설된 재량 신탁은 오직 본인이 사망한 후에 효력이 발생합니다. 본인이 살아 있는 동안에도 유효한 신탁으로 생전 신탁(inter vivos trust)을 만들 수도 있습니다.

왜 재량 신탁을 개설해야 하나요?

신탁을 개설해야 하는 이유는 다음과 같습니다.

- BC 장애 보조금과 같은 정부 혜택을 지속적으로 받기 위해
- 장애 자녀가 살아 있는 동안에는 자녀를 돕고 자녀 사망 후 남은 자산을 다음 세대나 자선 단체에 넘겨주기 위해
- 장애 자녀가 나쁜 동기를 가진 사람들로부터 이용당하지 않도록 하기 위해. 혹은 좋은 의도를 가지고 있더라도 행정 기술이나 판단력이 부족한 사람들로 인해 손해를 보지 않도록 보호하기 위해
- 자산의 재무 관리를 위해
- 세금 혜택을 받도록 하기 위해
- 장애 자녀가 겪게 될지도 모를 결혼 파경이나 채권자들로부터 자산을 보호하기 위해

장애자녀를 위해 어떤 조항을 유언장에 담아 두어야 하나요?

유언장을 통해 장애 자녀를 위한 신탁을 개설할 수 있습니다. 이를 위해서는 장애인 가족들을 대상으로 유언장 및 유산상속계획에 관한 업무를 많이 해 본 경험이 있는 전문 변호사와 상의하는 것이 좋습니다.

장애를 가진 가족들이 주로 사용하는 신탁에는 비재량 신탁(혹은 소득 신탁)과 재량 신탁(혹은 Henson 신탁) 두 가지가 있습니다.

비재량 신탁(NON-DISCRETIONARY TRUSTS)

비재량 신탁은 신탁의 수혜자가 신탁에 맡겨진 자산에 대해 어느 정도 통제권을 갖고 있는 것을 의미합니다. 예를 들면, 수혜자가 신탁에서 자금 지불을 요청할 때 신탁 관리인이 재량권이 없어 요청된 자금을 지불해야만 합니다. 하지만 재량 신탁의 경우는 신탁 관리인이 재량권을 발휘하여 요청된 자금을 거절할 권리가 있습니다.

비재량 신탁 개설 방법에는 두 가지가 있습니다. 하나는 장애인의 친구나 친척이 개설하는 것이고, 또 다른 하나는 장애를 가진 사람이라도 재산을 증여할 능력이 있는 경우 직접 개설하는 것입니다.

누가 신탁을 개설했든 관계 없이 비재량 신탁에 있는 자금 $200,000 까지는 자산으로 간주되지 않기 때문에 BC 장애 보조금에 영향이 없습니다. 하지만 비재량 신탁은 주 정부로부터 심사를 받기 때문에 승인을 받기 위해서는 적절한 설계가 필요합니다. 예를 들면, 법에 명시되어 있지는 않지만, 해당 관청의 정책에 보면 신탁의 수혜자가 단독으로 신탁 관리인이 될 수 없다는 조항이 있습니다.

만일 비재량 신탁에 자금이 $200,000을 초과할 경우는 BC 장애 보조금 자격을 가질 수 없습니다. 다만, 정부 담당부서인 사회 복지개혁부가 해당 신탁의 한도액을 인상해 주거나, 해당 장애인의 장애 관련 비용이 $200,000 이상이라는 것을 입증하면 BC 장애 보조금을 받을 수 있습니다.

재량 신탁

대부분의 장애 가족들은 유언장에 재량 신탁을 개설합니다. 신탁 개설을 위해서는 신탁을 책임지고 관리할 신탁 관리인, 혹은 경우에 따라 공동 신탁 관리인을 선임해야 합니다. 즉, 신탁의 수혜자를 위해 —우리의 경우 장애 자녀 – 신탁에 맡겨진 자금을 어떻게 사용할 것인지 결정할 수 있는 재량권을 신탁 관리인에게 주는 것입니다. 신탁 관리인은 연령에 따라 바뀌는 장애 자녀의 필요를 파악하고 그에 따라 지급액을 조정할 수 있습니다.

재량 신탁은 자녀의 장애보조금에 어떤 영향을 미치나요?

재량 신탁에서 가장 중요한 것은 장애를 가진 신탁 수혜자가 BC 장애 보조금을 계속해서 받을 수 있도록 하는 것입니다. 신탁 관리인은 장애 자녀에게 필요한 것을 사 줍니다. 장애 자녀가 결정권이 있는 것이 아니라 신탁 관리인이 자녀를 위해 신탁자금을 얼마나 쓰고 언제 쓸지 결정하는 것입니다. 그렇기 때문에 재량 신탁에 있는 자산이 장애 자녀의 자산이 아닌 것으로 간주되는 것입니다. 즉, 결정권이 신탁관리인의 재량에 달려 있습니다.

BC장애 보조금 제도에 따르면, 재량 신탁은 자산으로 간주되지 않습니다. 재량 신탁에 넣어 둘 수 있는 자금의 한도도 없습니다. 다만, 다음과 같은 규정에 따라야 비근로 소득으로 간주되지 않습니다.

- 의료 보조 기기, 돌보미 비용, 수혜자의 거주 주택 개조 및 수리 비용, 교육 훈련 비용
- 수혜자의 독립 생활 증진을 위한 비용으로 연 $8,000까지. 독립생활 증진 여부에 대한 판단은 관청 직원이 아닌 수혜자나 신탁관리인이 판단합니다.

하지만, RDSP처럼 이러한 제약 조건들이 모두 사라지기를 바랍니다. 수시로 PLAN에 연락하시거나 사회복지개혁부(Ministry of Social Development and Social Innovation) 웹사이트를 접속하여 최신 정보를 확인해 보십시오.

수혜자가 사망할 경우 남겨진 신탁 자산은 어떻게 되나요?

신탁을 개설할 때는 반드시 수혜자 사망 시 신탁에 남겨진 자산을 어떻게 처분할 것인지 명시해야 합니다. 수혜 대상은 수혜자의 배우자, 자녀, 형제자매, 다른 가족 구성원이 될 수도 있고 자선 단체가 될 수도 있습니다.

신탁 관리인을 선정할 때는 장애 자녀와 이해 관계가 상충되지 않도록 조심해야 합니다. 예를 들어, 신탁의 수혜자가 사망했을 때 남은 신탁 자산의 수혜자가 바로 신탁 관리인 본인일 경우, 그 신탁 관리인은 신탁 자산을 관리하면서 수혜자의 이익을 위할 것인가 자신의 이익을 위할 것인가 사이에서 고민할 수 있습니다. 이 문제를 해결하는 방법 중 하나는 공동 신탁관리인을 선정하는 것입니다. 이 문제에 관해서는 공공 신탁 관리 사무소에서 유언장을 문제삼지 않도록 변호사와 상의하시는 것이 좋습니다.

신탁관리인은 어떤 일을 하나요?

신탁관리인은

- 신탁 자산을 관리합니다. 즉,
  - 신탁 자산의 투자
  - 신탁에 대한 부기
  - 신탁에 대한 소득 신고 등 정부 보고
- 신탁 개설인이 원하는 대로 장애 자녀가 신탁 자금을 받을 수 있도록 관리합니다

신탁관리인을 정하는 것은 미래 설계에서 가장 중요한 결정이다.

개설할 때는 유언장에 신탁관리인의 이름을 넣어야 합니다. 신탁관리인을 선정하는 것은 미래 설계를 하는 과정에서 해야 하는 가장 중요한 결정입니다. 이때 선정한 분이 어쩌면 40년 이상 신탁관리인으로서 책임있는 역할을 해야 할 지도 모르기 때문입니다.

한 명 이상의 신탁관리인을 선정하는 것도 고려해 볼만 합니다. 예를 들어, 두 명의 신탁관리인을 선임할 수도 있습니다. 그리고 신탁관리인들이 역할을 제대로 할 수 없을 때 혹은 서로 합의하지 않을 때를 대비해 그들을 대신할 두 명의 대리인을 정할 수도 있습니다. 부모보다는 젊은 사람을 신탁관리인으로 선정하는 것이 좋습니다. 아무래도 신탁관리인이 자녀가 사는 동안 살아있는 것이 좋으니까요.

어떤 사람을 신탁관리인으로 정해야 좋은가요?

한 명의 신탁관리인은 재무관리 능력이 있는 사람으로 하고 또 다른 공동 신탁관리인은 자녀를 잘 아는 사람으로 하는 것이 좋습니다. 각자의 능력이 다르기도 하고 서로 보완할 수 있기 때문입니다. 한 신탁관리인은 투자 의사결정, 회계 처리, 세금 보고 등을 담당하고 또 다른 신탁관리인은 – 형제자매나 친구 – 신탁 자금을 어떻게 쓰는 것이 수혜자에게 좋은지 조언할 수 있을 것입니다.

신탁관리인 중 하나로 믿을만한 신탁회사를 선정하는 것도 고려해 볼 만합니다. 어떤 가정은 신탁회사와 친척 혹은 친구를 공동 신탁관리인으로 선정하기도 합니다. 신탁회사는 신탁 자산을 전문으로 투자하고 관리

하는 재정관리자에게 관리를 맡깁니다. 그리고 또 다른 신탁관리인인 친척, 친구 혹은 네트워크 멤버는 수혜자인 장애자녀를 위해 신탁 자산이 잘 쓰여지도록 관리하는 역할을 하는 것입니다.

신탁관리인을 선정했다면 그 다음에는 그 분이 사망하거나 이사를 가거나, 혹은 다른 이유로 신탁관리인 역할을 더 이상 할 수 없는 경우를 대비해서 후계인을 지정해야 합니다. 자녀가 잘 알고 좋아하는 사람을 신탁관리인으로 선임하는 것이 가장 좋습니다. 왜냐하면 신탁관리인은 자녀와 아주 오랫동안 관계를 맺고 살아갈 사람이기 때문입니다. 이들이 서로 좋은 관계를 유지하면 양자가 모두 혜택을 보게 될 것입니다.

최소 한 명의 신탁관리인은 장애 자녀와 가까운 곳에서 사는 분을 선정하는 것이 좋습니다. 그래야 자녀의 필요를 잘 파악힐 수 있기 때문입니다.

신탁관리인의 의무는 무엇인가요?

신탁관리인의 의무는 다음과 같습니다.

- 언제 어떻게 신탁 자금을 사용할지 결정한다
- 수혜자에게 혹은 수혜자를 위해서 비용을 지출한다
- 투자를 관리하고 자산을 안전하게 유지한다
- 부동산 유지보수를 담당한다
- 신탁의 세금 신고를 담당한다
- 신탁과 관련한 기록을 담당한다
- 수혜자에게 신탁에 대해 보고한다

참고. 신탁개설인은 신탁관리인에게 어떤 특정한 지출을 하도록 지시할 수도 있습니다. 예를 들어, 장애 자녀의 취미를 위한 비용, 자녀가 배우고 싶어하는 것을 지원하는 비용, 혹은 자녀를 위해 주택을 구입하는 비용 등을 지시할 수 있습니다.

BC주에서 유언장 집행인과 신탁관리인들의 보수는 얼마나 주어야 하나요?

유언장에 혹은 별도의 계약사항(단, 유언장에 이 조항이 언급되어 있

유언장이 있는 곳에,
길이 있다.
(Where there's a Will,
there's a way)

어야 함)으로 유언장 집행인이 얼마의 보수를 받을 지 언급할 수 있습니다. 만일 이에 대한 언급이 없다면, 주 법령에 따라 수수료가 책정됩니다. BC주에서는 유언장 집행인이 상속 유산의 자본과 소득 합계의 5%까지 청구할 수 있으며, 신탁관리인은 총 신탁자산액의 0.4%까지 연 관리비 명목으로 청구할 수 있습니다. 단, 이 수수료는 수혜자 혹은 법원이 승인을 하여야 합니다. 신탁관리인이 청구하는 수수료는 신탁관리인이 사용한 시간, 수고, 기술에 의해 결정됩니다.

참고. 만일 유언장 집행인이 동시에 신탁도 관리한다면 추가적인 보상을 받을 수도 있습니다.

신탁관리인에게 어느 정도의 투자 권한을 주어야 하나요?

신탁관리인이 할 수 있는 투자는 조심해서 하도록 법에 의해 제한이 됩니다. 신탁개설인은 신탁관리인에게 투자 권한을 많이 줄 수도 있고 적게 줄 수도 있습니다. 하지만 반드시 그런 조항들을 유언장에 명시해야 합니다. 이런 부분에 대해서는 변호사와 반드시 상의하십시오.

유언장에 미성년 자녀를 위한 후견인을 지정할 수 있나요?

만일 19세 미만의 자녀들이 있다면 유언장에 후견인을 지정해야 합니다. 또한 지정한 후견인이 역할을 못할 경우를 대비해 대리 후견인도 지정해야 합니다. 하지만 자녀가 성인이 되면 아무리 중한 장애가 있다 해도 후견인을 지정할 수 없습니다. 성인을 위한 후견인은 오직 법원에 의해서만 지정이 될 수 있고 그 후견인들을 '커미티(Committees)'라고 합니다. 하지만 커미티보다는 자녀가 대리권 동의(Representation Agreement)를 만들도록 해서 자녀를 돕는 것이 좋습니다.

누구를 유언장 집행인으로 하는 것이 좋을까요?

유언장 집행인은 유언장에 있는 내용을 집행하는 사람을 말합니다. 대부분의 경우 자신의 배우자를 유언장 집행인으로 지정합니다. 하지만 경우에 따라서는 다른 사람을 혹은 배우자와 공동으로 유언장 집행인을 지정할 수도 있습니다. 또한 지정한 유언장 집행인이 역할을 할 수 없는 경우를 대비해서 대리인을 지정해 두어야 합니다. 유언장 집행인을 유언장에 명시하기 위해서는 사전에 그들과 유언장 집행인 지정에 대해 상의하셔야 합니다.

유언장에 신탁을 개설할 때는 주로 유언장 집행인 및 그 대리인과 신탁의 신탁관리인 및 그 대리인이 같은 경우가 많습니다. 그러나 어떤 경우는, 예를 들어 사업체가 있는 경우, 유언장 집행인과 신탁관리인이 다른 경우도 있습니다. 이런 부분에 대해서도 변호사와 상의하십시오.

어떤 형태의 자산이 유산이 되고 어떤 자산이 유언장과 관계없이 상속되나요?

다른 사람과 합유 재산권(joint tenancy)의 형태로 보유된 자산은 당사자가 사망하면 유언장과 관계없이 바로 남은 사람의 재산이 됩니다. 예를 들어, 배우자와 합유 재산권의 형태로 보유하고 있는 집이나 은행 계좌는 당사자가 사망하면 바로 배우자의 재산이 됩니다.

성인 수혜자가 명시되어 있는 생명 보험도 유언장과 관계없이 해당 수혜자에게 바로 귀속됩니다.

캐나다 은퇴적금(RRSP: Registered Retirement Savings Plan)과 은퇴소득기금(RRIF : Registered Retirement Income Fund) 역시 지정된 수혜자에게 바로 귀속됩니다.

많은 경우 대부분의 자산이 위와 같은 방식으로 보유되어 있어 배우자에게 바로 귀속됩니다. 유언장과 관계없이 상속되는 자산들은 유산 공증비(probate fee)를 지불하지 않습니다.

사망 전에 개설한 생전 신탁에 보유된 자산 역시 유산의 일부가 아닙니다.

자녀나 혹은 다른 사람과 합유 재산권의 형태로 자산을 보유하면 이로운 점도 있지만 불리한 점도 있으니 변호사와 상의하는 것이 좋습니다.

유언장을 통해서 자선 단체에 기부하는 것이 좋을까요?

유산을 받게 되면 지불해야 할 세금이 많습니다. 이것은 어떤 사람이 사망했을 때 RRSP나 RRIF에 있는 기금이 수혜자의 당해 년도 소득으로 잡히기 때문입니다. 다른 재산들도 당사자가 사망한 당해 년도에 판매된 것으로 간주됩니다. 이렇게 발생된 소득이나 자본 이득에 대해 세금이 부과되는 것입니다.

유언장을 통해 등록 자선 단체에 기부를 하면 기부금 영수증을 받게 되고 그것으로 지불해야 하는 소득세를 줄일 수 있습니다.

만일 생전에 어떤 자선 단체를 지원하고 있었다면 유언장을 통해 그 자선단체에 기부하는 것을 생각해 보십시오. 그리고 이 부분에 대해 유산 상속 전문가와 상의하십시오. 대부분의 자선 단체들은 유언장을 통해 기부를 할 경우 어떻게 해야 하는지 알고 있습니다. 또한 생명 보험, 부동산, RRSP, RRIF 뿐만 아니라 다른 방법으로도 자선 단체에 기부할 수 있습니다. 자선 단체를 선택했다면 어떤 방식으로 기부를 하는 것이 좋은지 그들과 상의하십시오.

유언장을 통해 PLAN(Here and Now)에 기부할 수 있나요?

많은 가족들이 PLAN(Here and Now)이 하고 있는 일을 인정해 주시고 PLAN(Here and Now)의 재정적 독립을 위해 유언장을 통해 기부도 하시고 기증도 하십니다.

유산을 통해 지원하기 원하시는 프로그램이 있으시면 PLAN(Here and Now)에 연락하셔서 상의하시기 바랍니다. 익명으로 하시기를 원하신다면 그렇게 하실 수 있습니다.

RRSP와 RRIF도 장애 자녀에게 넘겨 줄 수 있나요?

만일 RRSP와 RRIF에 많은 자산이 있다면 본인이 사망했을 때 장애 자녀에게 혹은 장애가 있는 손자 손녀에게 유산으로 남겨줄 수 있습니다. 만일 장애가 있는 자손에게 이런 자산들을 넘겨주면, 연방정부에서는 해당 수혜자에게 돌아가는 RRSP나 RRIF 금액만큼 소득공제를 해 줍니다. 이 말은 유산 중에서 이러한 자산에는 세금을 부과하지 않는다는 것을 의미합니다.

하지만 여기에는 두 가지 문제가 있습니다. 하나는 자녀의 지적 능력이 점차 떨어진다면 그들이 이 자산을 운영할 능력이 없다는 것이고 또 다른 하나는 자녀의 자산이 늘어 받고 있었던 BC 장애 보조금을 못 받을 수 있다는 것입니다. 만일 이 금액이 $400,000이하라면 $200,000은 비재량 신탁에 넣고 나머지 $200,000은 RDSP에 넣는다면 장애 보조금을 계속 받을 수 있습니다. 하지만 이 경우 소득세 감면은 받지 못할 것입니다.

RRSP와 RRIF는 이제 RDSP로 전환할 수도 있습니다. 2011년 6월부터 사망한 부모나 조부모의 RRSP, RRIF, RPP(Registered Pension Plan, 연금 저축)로부터 받은 자금은 어떤 한도 내에서 장애를 가진 자녀나 손자, 손녀의 RDSP로 전환이 가능합니다.

이러한 방법에 대해서 변호사와 상의하거나 PLAN(Here and Now)에 문의하시기 바랍니다.

유언장 공증(Probate)이 무엇인가요?

유언장 공증은 유언장을 확인하는 법적 과정을 일컫는 용어입니다. 유언장 공증을 위해 유언장을 주 정부 법원에 제출하고 공증 비용을 지불하는 것이 일반적으로 유언장 집행인이 하는 일입니다. 이 과정은 짧게는 몇 주 길게는 몇 달이 걸리기도 합니다. 유언장 집행인이 유언장 검인 증서를 받기 전까지는 유산이 배분될 수 없습니다.

BC 주에서 유언장 공증 비용은 다음과 같습니다.

- $25,000 미만   무료
- $25,000 - $50,000 $1,000 당 $6
- $50,000 초과 $1,000 당 $14

장애인이 직접 신탁을 개설하거나 유언장을 만들 수 있나요?

장애를 가진 개인들도 신탁과 유언장을 만들기도 합니다. 이것은 RDSP를 가진 장애인의 경우 더욱 더 중요합니다. 법은 신탁에 자산을 맡기거나 유언장을 만들기 위해서는 당사자가 장애가 있건 없건 정해진 법적 기준을 통과해야 한다고 규정하고 있습니다. 예를 들어, 유언장을 만들기 위해서 유언장이 무엇이고, 자산과 부채가 무엇이고 그 가치가 얼마인지를 알고 이해할 수 있어야 합니다. 만일 당사자가 이런 법적 검증을 통과하지 못한다면 신탁을 개설하거나 유언장을 만들 수 없습니다.

그러나 개인의 능력은 고정되어 있지 않습니다. 유언장을 만들 법적 능력이 없던 사람이 6개월 후에 그런 능력이 생길 수도 있습니다. 게다가 변호사들도 장애를 가진 사람들의 능력을 판단할 때 각기 다른 기준을 가지고 판단할 수 있습니다. 따라서 변호사를 찾을 때도 장애인들을 잘 이해하고 그들과 일해 본 경험이 있는 변호사를 찾아 상의하는 것이 좋습니다.

BC 장애 보조금을 받는 사람이 보조금 자격을 유지하기 위해서는 비재량 신탁에 $200,000까지 넣어 둘 수 있습니다. 만일 신탁을 개설할 법적 능력이 없어 개설하지 못한다면 변호사나 다른 전문가가 BC 장애 보조금 자격을 유지할 수 있는 방법을 찾을 수 있도록 도와줄 수도 있습니다.

> 전문가들이 지식은 많겠지만, 미래 계획을 제대로 세우기 위해서는 여러분 가정의 비전을 명확히 알아야 합니다

전문가의 도움 받기

미래 설계를 하는 분야에는 다양한 분야의 전문가들이 있습니다. 좋은 전문가를 찾는 것이 쉬운 일은 아닙니다만, 특별히 장애 자녀가 있는 경우는 미래 설계에 전문성이 있고 경험이 있는 변호사, 재정계획 전문가, 회계사, 신탁 회사 등을 찾을 필요가 있습니다. 이들을 통해 유산의 크기를 극대화하고, 비용을 절약하면서, 원하는 것이 적절한 법률 용어로 표현될 수 있도록 도움을 받으십시오. 이들은 철저한 비밀 보장, 꼼꼼한 일 처리, 정직한 판단이라는 원칙을 가지고 여러분을 도와야 할 것입니다.

전문가들에게 할 질문들

유산상속계획, 세금 계획, 혹은 자산관리전략등에 대한 조언을 구할 때 다음과 같은 것을 물으세요.
- 이 분야에 지식과 경험이 있고, 관련 교육을 받으셨나요?
- 얼마나 오랫동안 이 분야에서 일을 하셨나요?
- 비용은 얼마인가요?
- 장애 자녀가 있는 가족들을 위해 일을 한 적이 있나요?

전문가들의 도움을 받을 때는 소비자가 먼저 신중해야 합니다. 그들을 고용하기 전에 수수료가 얼마인지 꼭 확인하십시오. 다른 부모들에게도 조언을 구하고 PLAN(Here and Now)에도 문의하십시오.

상황은 항상 변합니다

유언장을 아무리 완벽하게 준비하고 필요한 조사를 했다 해도, 유언장이 변경이 없거나 완벽할 수는 없습니다. 이 책을 쓰는 동안에, 우리는 캐나다에서 가장 명망 있는 유산 계획 전문가 중 한 분과 만나 상담하였습니다. 상담 중에 그는 자신의 변호사를 만나러 갔습니다. 이 분야에서 35년간 종사했음에도 불구하고 그 역시 자신의 유언장을 수정하고 있었습니다!!!

상황이 변함에 따라 유언장도 수정해야 합니다. 수정 작업은 그리 어렵지도 않고 비용도 크게 들지 않습니다. 하지만 마음의 평안은 말로 할 수 없을 정도입니다.

장애 자녀가 있을 경우 유언장 작성을 위한 팁 8가지

1. 유언장 작성 계획 워크시트를 완성하세요. 본인이 가진 자산에 대한 생각과 여러 가지 의사결정을 하는데 도움이 될 것입니다.
2. 유산을 어떻게 배분할 것인지 결정하세요. 예를 들어, 배우자에게 모두 상속하고 배우자가 사망하면 남은 자녀들에게 동등하게 배분한다든가 등.
3. 유언장 집행인과 대리 집행인을 선정하세요.
4. 장애 자녀를 위해 재량 신탁을 개설할 것인지 결정하세요. 특히 이익 충돌이 생기지 않도록 주의하세요. 이익 충돌을 피하기 위해서
   • 재량 신탁의 관리인을 누구로 할지 결정하시고
   • 장애 자녀가 사망했을 경우 그 신탁의 수혜자가 누가 되는지 결정해 보세요
5. 다음과 같은 자산은 유언장과 관계없이 상속됩니다
   • 수혜자가 지정되어 있는 생명보험
   • 수혜자가 지정되어 있는 RRSP와 RRIF
   • 합유 재산권 (Joint Tenancy) 형태로 되어 있는 자산
6. 19세 미만의 미성년 자녀가 있는 경우는 후견인을 누구로 할지 정하세요
7. 위에서 언급된 사항을 유언장이나 유산상속 처리 경험이 많은 변호사에게 가져가셔서 상의하시고 법적 측면이나 세금 측면에서 필요한 사항을 문의하세요.
8. 유언장 내용에 대해 신탁 관리인과 상의하세요.

이제 편히 잘 수 있어요

18세 생일을 맞기 3일 전에 저스틴에게 심장마비가 일어났다. 그는 오래동안 심장 병동에 있었다. 병원에서는 그의 가슴에 심장 제세동기를 이식하였고, 그것이 제대로 작동할 때까지 여러 번 약물을 투여하였다.

저스틴의 엄마 도나는 최근 17년 동안 근무했던 직장에서 쫓겨났다. 저스틴이 심장마비를 일으켰을 때 도나는 두 개의 파트타임 일을 하고 있었다. 하지만 저스틴이 병원에 있는 첫 달 내내 곁을 지켜야 했기 때문에 하나의 일을 놓을 수 밖에 없었다.

저스틴과 내 아들은 친구 사이다. 둘 다 발달장애를 가지고 있다. 둘이 잘 어울릴 것 같다고 생각한 돌보미가 둘을 소개했다.

둘은 실제로 서로 같이 노는 것을 좋아했다. 근처 팬케이크 하우스에서 만나기도 하고, 수영이나 운동을 하러 체육관에도 같이 다녔다 (물론, 엄청나게 장난도 치고). 그들의 우정도 자라났다.

걱정스럽게 병상을 지키며 밤샘 간호를 하는 시간 동안에 나는 저스틴의 엄마를 좀 더 알게 되었다. 그녀는 남편없이 혼자 저스틴과 그의 동생을 키우며 정말 힘들게 일해 왔다. 그러나 시간이 갈수록 청구서 빚은 늘어갔고 그녀의 근심도 점점 더 쌓여가는 것을 볼 수 있었다.

장애자녀를 가진 다른 부모들처럼 우리도 세상을 헤쳐 나가려 애쓰는 자식에 대해 이야기를 했고 그들의 재능에 대해서도 이야기 했다.

나 역시 최근에 아들로 인해 그 과정을 거쳤기 때문에 저스틴도 주 정부의 장애 보조금(PWD)

을 받을 수 있도록 도와 주었다. 그리고 곧 저스틴도 매달 주 정부에서 보내오는 수표를 받게 되었고, 의료 혜택도 무료로 받을 수 있게 되었다.

얼마 지나지 않아 도나는 임대료를 내지 못하는 상황에 처하게 되었다. 그녀는 그 집에서 쫓겨나 노숙자가 될 지 모른다고 벌벌 떨었다. 그러다 나는 그녀가 장애세액공제(Disability Tax Credit)라는 제도에 대해 전혀 모른다는 사실을 알고 깜짝 놀랐다.

나는 저스틴의 담당 의사가 그의 장애를 증명해 주는 양식을 만들어 주어야 한다고 설명하고, 필요한 다른 양식을 어떻게 작성하는지 도와 주겠다고 했다. 만일 저스틴이 자격이 인정되면 과거 10년간 납부된 세금을 다시 산정하게 될 거라고 알려주었다. 도나가 BC주에서 쭉 살았기 때문에 아마도 $15,000 정도를 돌려 받을 수 있을 거라고 했다. 그녀는 머리를 가로 저으며 그건 복권에 당첨되는 것과 같은 거라고 하였다. 처음에는 내 말을 믿지 않았다. 시간이 좀 걸렸지만 – 아마 6개월 정도 – 마침내 돈이 들어왔다.

6개월 정도 지나 나는 커피숍에서 도나를 만나기로 하고 오는 길에 우편함을 열어보라고 하였다. 그녀는 입이 양쪽 귀에 걸릴 정도로 활짝 웃으면서 들어왔다 – 지갑에서 수표를 꺼내 들고 내게 보여 주듯이 손을 흔들면서.

다음날 그녀는 내게 전화를 걸어 "이제야 밤에 잠을 잘 수 있어요."라고 얘기했다. 은행에 가서 그동안 있던 빚을 다 갚은 것이다 – 저스틴 치아

교정비, 밀린 청구서 등.

그들의 삶이 안정되면서 나는 저스틴의 미래를 위해 RDSP를 개설해서 저축을 하도록 권했다. RDSP를 개설하기 위해 돈을 낼 필요도 없다고 설명했다. 저스틴이 장애세액공제(DTC) 자격만 충족되면 바로 RDSP를 개설할 수 있고, 만일 저소득층이면 정부로부터 20년 동안 매년 $1,000의 채권이 입금될 것이라고 알려 주었다.

그리고 저스틴(그의 가족이나 친구들도)이 일년에 $1,500을 RDSP계좌에 불입하면 정부가 채권 포함 $4,500을 추가로 입금해 주기 때문에 결국 매년 $1,500이 $6,000이 되는 거라고 설명해 주었다. 물론, 보조금과 채권의 최대 지원 한도가 있음도 설명했다.*

지난 주, 저스틴과 도나와 함께 은행에서 만나 저스틴을 위한 RDSP를 개설하였다. 저스틴은 매달 $125씩 불입하기로 하였다. 저스틴도 이 돈은 "누구도 건드릴 수 없는 돈"이라는 것을 이해했다. 그리고 그대로 두면 나중에는 목돈이 될 것이라는 것도. 일년 전만해도 꿈도 꾸지 못했던 재정적 안정이 가능할 것이라는 것도.

수잔 앤쏘니
부모 지원자 버나비 BC

*정부가 지원하는 보조금 최대 한도는 $70,000, 채권 최대 한도는 $20,000로 총 $90,000이다. 20년이 되면 최대 금액을 받게 된다. (보조금 $3,500 + 채권 $1,000 = $4,500 x 20년 = $90,000).

장애 적금(Registered Disability Savings Plan, RDSP)

캐나다는 세계에서 가장 먼저 RDSP를 시작한 나라입니다. 그 결과 캐나다 연방 정부와 BC주 정부의 도움으로 장애 가족들은 이제 장애 자녀의 미래 재정안정을 보다 용이하게 준비할 수 있게 되었습니다.

RDSP는 장애 자녀의 재정적 안정을 보장해 주는 강력한 수단입니다. 누구든 RDSP에 불입을 할 수 있고 불입된 자금은 세금이 이연되면서 불어납니다. 또한 연방정부는 불입액에 맞춰 일정금액을 추가하여 지원합니다. 보다 자세한 내용은 캐나다장애저축보조금(Canada Disability Savings Grant)과 캐나다장애저축채권(Canada Disability Savings Bond)을 참고하십시오. **특히 RDSP는 주정부의 장애 보조금에 영향을 주지 않습니다.**

RDSP는 세금 이연 적금이며 캐나다내 약 500,000명의 장애인들이 대상이 됩니다. RDSP는 캐나다 주요 금융기관에서 개설할 수 있습니다. www.rdsp.com을 방문하셔서 "Where do I get it?"을 클릭하세요.

RDSP에 불입할 수 있는 평생 최대 금액은 $200,000입니다. 이 금액은 연방 정부가 지원하는 보조금이나 채권, 투자 수익은 포함하지 않은 금액입니다.

불입은 누구나 할 수 있습니다: 부모, 조부모, 가족 구성원, 친구, 기관, 재단 등등. 불입액은 세금 감면이 되지 않으며 일단 RDSP에 불입이 되면 RDSP계정의 수혜자 자산이 됩니다.

RDSP에 일정 금액이 불입되면 연방정부는 캐나다 장애저축보조금을

2014년 소득 임계점

2014년 장애 저축 보조금의 소득 임계치는 $87,123이며, 장애저축채권에 대한 소득 임계치는 $25,356과 $43,561입니다. 이 값들은 매년 물가와 연동되어 바뀌게 됩니다. 최신 정보를 원하시면 www.rdsp.com이나 www.disabilitysavings.gc.ca를 참고하세요.

통해 불입액의 최대 3배까지 추가지원을 합니다. 지원 금액은 가족 소득 혹은 수혜자가 18세 이상일 경우 수혜자 소득 수준에 따라 결정됩니다. 연간 소득이 $87,123 이하이면 연간 소득이 $87,123을 초과할 경우보다 더 많이 지원됩니다. 두 경우 모두 기본 불입액(연 $1,500)만큼은 저축 보조금이 추가 지원되며 세금이 이연됩니다.

또한 연간 소득이 $25,356 미만이면 RDSP 수혜자는 캐나다장애저축 채권의 최대 금액을 지원받게 됩니다. 그리고 연간소득이 $25,356부터 $43,561 사이이면 비례적으로 채권을 받게 됩니다. 평생 최대 채권 수령 액은 $20,000입니다.

나중에 수혜자가 RDSP에서 인출을 할 경우는 연방정부 보조금과 채권 수령액, 그리고 그동안 발생한 투자 수익에 대해시 수혜자에게 세금이 부과됩니다. 이 경우 불입한 사람과 세금은 관계 없습니다.

RDSP는 사회복지개혁부(MSDSI)의 고용 및 지원 프로그램에서 관장하는 PWD 장애 보조금 산정 시 자산으로 간주되지 않습니다. 다시 말해, RDSP는 자녀가 받는 장애 보조금이나 다른 혜택에 영향을 미치지 않는다는 것입니다. RDSP 자금은 BC 장애 보조금에 전혀 영향을 주지 않고 어떤 목적으로든 어느 때든 사용할 수 있습니다.

RDSP에서 받는 소득은 GIS(Guaranteed Income Supplement, 보장소득보조)나 OAS(Old Age Security, 노령 연금)와 같은 연방정부 혜택에도 영향을 주지 않습니다. 이것이 매우 중요합니다. 왜냐하면 장애 자녀가

RDSP 보조금을 극대화하는 방법

세금 이연 혜택과 복리 소득 개념이 합쳐진 RDSP는 부모들에게 매우 강력한 재정 계획 수단입니다. 예를 들어, 에리카라고 하는 9살짜리 딸이 있는 가족의 연 소득이 $87,123 미만이라고 합시다. 만일 매년 $1,500씩 20년간 RDSP에 불입을 하면 ($1,500 x 20 = $30,000), 에리카가 40세가 되는 해에 약 $350,000의 저축액이 쌓일 것이고 이것으로 평생 연금을 구입하면 매달 약 $1,500 가량을 연금으로 받게 될 것입니다. RDSP가 어떻게 작동하는 지에 대한 구체적인 사례들이 본 장 끝에 소개되어 있습니다. 또는 www.rdsp.com에서 RDSP 계산기로 직접 본인의 사례를 계산해 보십시오.

65세가 되면 BC 장애 보조금에서 노령 연금과 보장소득보조로 옮겨가기 때문입니다. 현재 RDSP 소득을 제외한 다른 외부 소득의 경우는 50%의 비율로 GIS금액이 차감됩니다.

RDSP소득은 CCTB(Canada Child Tax Benefit, 캐나다 자녀양육수당), 물품세 환급금(Goods and Services Tax Credit), 혹은 실업수당(Employment Insurance)에도 영향을 미치지 않습니다.

연방정부와 주정부가 주는 메시지는 분명합니다. 즉, 장애인들과 그들의 가족을 신뢰하며, 따라서 가족들이 RDSP소득을 어떻게 사용하는지, 어떤 삶을 살아가는지 간섭하지 않겠다는 것입니다.

RDSP의 기본 요소들

장애 자녀가 60세 미만이고 DTC(Disability Tax Credit, 장애세액공제) 자격이 되면 RDSP를 개설할 수 있습니다. DTC 자격은 "중증의 지속적 장애 (severe and prolonged impairment)"가 있어야 합니다.

보다 자세한 내용은 CRA(Canada Revenue Agency, 캐나다 국세청) 웹사이트 www.cra-arc.gc.ca/E/pbg/tf/t2201 에 있는 소득세 양식 T2201을 참고하시거나 1-800-959-2221로 전화를 걸어 문의하십시오. 만일 DTC 신청에 도움이 필요하시면 PLAN의 파트너인 Ability Tax and Trust에 연락하십시오. 연락처에 대한 정보는 '참고자료' 난을 참고하십시오.

RDSP 특징

RDSP의 특징은 다음과 같습니다

- 평생 최대 $200,000까지 장애 자녀의 RDSP계좌에 불입할 수 있습니다
- 보조금과 채권 수령 권리가 최대 10년까지 소급 적용됩니다
- 세금이 이연되는 형태로 성장합니다
- 수혜자는 한 계좌만 가능합니다
- 개인이든 기관이든 불입이 가능합니다. 예를 들어 수혜자, 가족 구성원, 친구, 재단 혹은 서비스 클럽 등

- RDSP에 불입할 수 있는 기간은 장애 자녀가 59세가 되는 해 말까지 가능합니다. 자녀가 60세가 되면 RDSP로부터 인출이 시작되어야 합니다. 그러나 RDSP 계좌 보유자의 재량에 따라 60세 이전이라도 인출할 수 있습니다.(여기서 "보유자(holder)"는 RDSP계좌를 관리하는 사람을 의미합니다)

- 장애 자녀가 RDSP에서 자금을 인출할 경우 정부가 지원한 금액(즉, 보조금과 채권)과 투자 수익은 조세 대상이 됩니다. 하지만 개인이 불입한 금액(친구나 가족들이 불입한 금액을 포함하여)은 세금 부과 대상이 아닙니다.

- RDSP로부터 인출은 언제나 가능합니다. 하지만 정부로부터 받은 보조금과 채권에 대한 깅제 환수를 피하려면 마지막으로 보조금과 채권을 받은 이후 10년이 될 때까지 인출하지 말아야 합니다.(이것을 "10년 규칙 (10-year rule)" 혹은 "비례상환규칙(Proportional Repayment Rule)"이라고 부릅니다)

- 가족 불입액이 정부 지원액보다 많을 경우에 한해서 한도 없이 일시금 인출이 가능합니다

- RDSP는 대부분의 금융기관에서 재무 상담사를 통해 개설이 가능

Endowment 150

Endowment 150은 저소득 장애인의 저축을 장려하기 위한 프로그램입니다. 1회에 한해 자격이 되는 장애인에게 $150의 RDSP 불입금을 지원합니다. Endowment 150은 Vancouver Foundation의 지원을 받아 Giving in Action Society에서 운영합니다. 이 프로그램은 다음과 같은 자격을 갖춘 BC 거주자여야 합니다.

- **성인 장애인의 경우**, 60세 미만이며 2008년 1월 1일 이후 주정부 장애 보조금을 받고 있으며, RDSP계좌에 최소 $25이상의 잔고가 있어야 합니다
- **미성년 장애인의 경우**, 19세 미만이며, RDSP계좌에 최소 $25 이상의 잔고가 있어야 하며, 가구주가 연방정부 아동장애보조금(Child Disability Benefit)을 최대로 받고 있어야 합니다.

자격 조건에 대한 상세한 정보나 신청서를 원하시는 분들은 www.endowment150.ca 을 방문하시거나, info@endowment150.ca로 이메일을 보내시거나, 1-888-707-9777로 전화 주시기 바랍니다.

합니다

- RDSP는 기존 금융기관에서 다른 금융기관으로 옮길 수 있습니다
- RDSP는 대부분의 재무 상품에 투자할 수 있습니다. 예를 들면, T-bills *, GICs **, 채권, 주식, 혹은 뮤츄얼 펀드 등
- 부모 혹은 조부모는 RRSP, RRIF 등 은퇴 저축의 일부 혹은 전부를 그들이 사망했을 때 비과세로 장애 자손의 RDSP로 이전시킬 수 있습니다.

캐나다 장애 저축 보조금
(Canada Disability Savings Grant, CDSG)

캐나다 장애 저축 보조금은 연방정부가 개인 불입액에 비례하여 최대 3배까지, 평생 한도 $70,000까지 지원을 해주는 제도입니다. 매년 보조금 한도는 $3,500입니다. 장애인은 49세가 되는 해의 21월31일까지 보조금을 받을 수 있습니다.

캐나다 장애 저축 보조금의 특징

캐나다 장애 저축 보조금의 특징은 다음과 같습니다.

- 연간 순소득이 $87,123 이하일 경우 보조금은 RDSP 개인 불입액의 처음 $500까지는 3배가 지원됩니다; 예를 들면, $500을 불입하게 되면 $1,500의 보조금이 지원됩니다. 그 다음 불입액 $1,000에 대해서는 불입액의 2배가 지원됩니다. 예를 들어 $1,000을 더 불입하면 $2,000의 보조금이 지원됩니다
- 매년 받을 수 있는 최대 보조금은 $3,500입니다
- 평생 최대 보조금은 $70,000입니다
- 연간 순소득이 $87,123이상일 경우는 처음 $1,000에 대해 1대1로 지원됩니다; 예를 들어 $1,000을 불입하면 $1,000의 보조금이 지원됩니다

---

* 미국 재무성이 발행하는 만기 1년 미만의 국채 (역자 주)

** Guaranteed Income Certificates : 원금 보장 저리 투자 상품 (역자 주)

RDSP는 장애 자녀의
정부 보조금 수령에 영향을
미치지 않는다.

- 장애 자녀가 받을 수 있는 보조금이나 채권 지원금은 자녀가 18세
가 되는 해의 12월 31일까지는 가족의 연간 순소득을 기준으로 산
정됩니다. 장애 자녀가 19세가 되는 해의 1월 1일부터는 장애 자녀
의 순소득을 기준으로 합니다.(배우자나 동거인이 있는 경우 이들
의 순소득을 포함하여)
- 보조금이나 채권을 받은 지 10년 이내에 인출을 할 경우는 과거 10
년간 받은 보조금 혹은 채권의 일부를 환불해야 합니다. 지원금 환
불을 피하기 위해서는 마지막으로 보조금이나 채권을 받은 이후
10년 동안은 어떠한 인출도 하지 말아야 합니다. 예를 들어 장애 자
녀의 RDSP에 20년간 불입을 하고 매년 그에 상응하는 보조금을
받았다면 그 이후 10년간은 인출을 하지 말아야 합니다.
- 만일 자녀를 위해 RDSP를 개설 했는데 장애 저축 보조금과 채권을
받지 않겠다고 선택한 경우는 위에서 언급한 10년 규칙이 적용되
지 않습니다.

캐나다 장애 저축 채권(Canada Disability Savings Bond, CDSB)

캐나다 장애 저축 채권은 RDSP의 수혜자나 그 가족이 저소득일 경우
받게 되는 연방정부 지원금입니다. 이 채권을 받기 위한 개인 불입액은
없습니다.

캐나다 장애 저축 채권의 특징

캐나다 장애 저축 채권의 특징은 다음과 같습니다.

- 캐나다 장애 저축 채권은 성인의 경우 연간 소득이 $25,356 이하이
면 매년 $1,000까지 RDSP계좌로 지원됩니다.
- 성인 혹은 가족 소득이 $25,356에서 $43,561 사이이면 $1,000보다
는 적은 액수의 채권을 받게 됩니다.
- 자녀가 19세 미만일 경우 연간 가족 소득이 $43,561을 초과하게 되
면 채권 지원금이 없습니다.
- 채권은 평생 총 $20,000까지 지원됩니다.

- 수혜자는 보조금과 채권을 모두 합쳐 총 $90,000까지 지원받게 됩니다.
- 수혜자는 49세가 되는 해의 12월 31일까지 채권을 받을 수 있습니다.
- 채권을 받기 위한 개인 불입금은 없습니다.

캐나다 장애 저축 보조금 자격

아래 표는 연간 RDSP불입액과 연간 소득을 기준으로 하여 불입액에 대해 얼마의 보조금이 지원되는지를 보여주는 표입니다.

소득(2013)	RDSP 개인 불입액	보조금 액수	연간 최대 금액	평생 최대 금액
$87,123 이하	처음 $500	매 $1당 $3 지원	$1,500	$70,000
	다음 $1,000	매 $1 당 $2	$2,000	
$87,123 초과	처음 $1,000	매 $1 당 $1	$1,000	$70,000*

*만일 연간 가족 소득이 항상 최대 한계치를 초과한다면 RDSP 평생 최대 지원금이 $70,000이 안될 수도 있습니다

캐나다 장애 저축 채권 자격

아래 표는 RDSP 불입액과 관계없이 저소득 가족 혹은 성인이 채권의 형태로 연방정부로부터 받게 되는 지원금을 보여주는 표입니다.

소득	불입액	연간 채권 지원금	평생 채권 지원금
$25,356 이하	$0	$1,000	$20,000
$25,356~$43,561	$0	소득 수준에 비례하여 일부 금액	$20,000
$43,561 초과 (혹은 세금보고 없을 경우)	$0	$0 - 채권 지원금 없음	$0

RDSP에서 인출하기

인출(혹은 지불이라고도 함), 장애지원지불(Disability Assistance Payments: DAP) 방식, 평생장애 지원 지불(Lifetime Disability Assistance Payments: LDAP) 방식에 대해 알아 두실 필요가 있습니다.

- 계좌보유자가 RDSP 인출 시기를 결정합니다.
- 인출은 어떤 목적이든 관계 없습니다. (연방 정부나 주 정부의 제약조건이 없습니다.)
- 인출은 언제든 (60세 이전이라도) 가능합니다. 그러나 잊지 마십시오. 연방정부로부터 마지막 지원 불입이 있은 후 10년 이내에 인출을 하면 보류액(holdback amount)을 상환해야 합니다.
- 60세가 되면 반드시 인출을 시작해야 합니다.
- 일괄 인출도 가능하고(Disability Assistance Payments: DAP), 매달, 매년 등 정기적으로 인출할 수도 있습니다(Lifetime Disability Assistance Payments: LDAP).
- 정기적 인출을 할 경우, 전액을 평생 연금의 형태로 할 수도 있고 일부만 할 수도 있습니다.
- 만일 연방정부의 불입금이 개인의 불입금보다 많으면 인출 금액에 제약이 따를 수 있습니다. (당해 년도 초 RDSP금액을 83세가 되기까지 남은 연수로 나눈 금액 혹은 불입금의 10%까지만 가능)

보조금과 채권 지원금 소급 적용

캐나다 장애 저축 보조금과 채권은 2008년까지 소급 적용됩니다. RDSP를 개설하게 되면 캐나다 장애 저축 채권 자격은 자동적으로 계산되어 과거 10년간의 지원금이 RDSP계좌로 들어갑니다.(단, RDSP가 시행되기 시작한 2008년까지만)

보조금 자격

연방 정부는 수혜자가 49세가 되는 해의 12월31일 이전에 불입한 금액에 대해 보조금이 지급되고, 마찬가지로 채권도 그 이전까지 신청되었을 때만 지급됩니다. 따라서 이러한 소급적용을 받기 위해서 RDSP 계좌 보유자는 수혜자가 49세가 되는 해의 12월31일 이전에 RDSP 계좌를 개설해야 합니다.

어떤 특정 연도에 소급 적용을 받기 위해서는 다음과 같은 자격이 충족되어야 합니다.

- 당해 연도에 수혜자는 캐나다 거주권자여야 합니다.
- 당해 연도에 수혜자는 DTC(Disability Tax Credit) 자격이 있어야 합니다.(따라서 DTC 자격에 대해서도 소급 적용해 달라고 요청하는 것이 중요합니다)
- 정부가 수혜자의 당해 연도 가족 소득을 파악하여 지원금을 결정할 수 있도록 하기 위해서 과거 2년간 정부에 소득세 신고를 하여야 합니다. 만일 당해 연도에 소득세 신고를 하지 않았을 경우 당해 연도의 보조금 자격은 일대일로 지원되고 채권은 지원되지 않습니다.

예를 들어 보겠습니다. BC 주 켈로나에 사는 팻은 35세가 되는 2011년에 RDSP를 개설하였습니다. 그녀는 2008년부터 DTC자격을 가지고 있었습니다. 그녀는 채권을 신청하였고, 매년 소득세 신고를 하였으며, 2006년 이후부터 그녀의 연간 순소득은 $14,256이었습니다. 이 정보를 기준으로 연방정부는 2008년부터 2011년까지 4년간 채권 지원금을 계산하여 그녀의 RDSP계좌에 $4,000을 입금합니다.

채권 자격

소급 적용된 채권 지원금을 받기 위해서는 채권 지원금 신청을 해야합니다. 신청을 받고 정부는 당해 연도와 과거 10년간 (단, 2008년까지만) 축적된 채권액인 최대 $11,000을 지불할 것입니다.

축적된 보조금을 받기 위해서는 보조금 신청을 위한 불입을 해야 합니다. 불입을 통해 보조금 신청을 받게 되면 정부는 연간 한도 $10,500 내에서 높은 비율 및 오래된 순서부터 시작하여 최근의 낮은 비율 순서대로 보조금 지급을 하게 됩니다.

참고. 소급 적용을 포함하여 지원금을 받기 위해서는 RDSP가 개설되어 있어야 합니다.

다시 예를 들어 보겠습니다. 팻이 RDSP를 개설했을 때 그녀 기족온 $4,000을 불입하였습니다.

년도	3-1 지원 대상액	2-1 지원 대상액
2008	$500	$1,000
2009	$500	$1,000
2010	$500	$1,000
2011	$500	$1,000
총액	$2,000	$4,000

위 표는 과거 4년간 팻의 보조금 지급 기준을 보여 줍니다.

불입액 $4,000에 대한 보조금은 다음과 같이 적용됩니다.

- 3-1: $2,000 x $3 = $6,000 (높은 비율로 오래된 순서로)
- 2-1: $2,000 x $2 = $4,000 (그 다음 비율로 오래된 순서로)

총 $10,000의 보조금이 그녀의 RDSP에 입금될 것입니다. 그리고 아직 2-1 비율로 2010년-2011년 보조금 지원 대상 $2,000에 대한 $4,000의 보조금이 남아 있습니다.

3가지 금액을 다 합치면 가족 불입액 $4,000, 보조금 $10,000, 채권

$4,000로 총 $18,000이 팻의 RDSP계좌에 있는 금액입니다.

RRSP/RRIF의 RDSP로 이전

2010년에 새로운 조항이 생겼는데 그것은 부모나 조부모가 사망했을 경우 그들의 RRSP나 RRIF를, 세금 이연 형태로, 재정적 부양이 필요한 자녀나 손자/손녀의 RDSP로 이전할 수 있다는 것입니다.

일반적으로 '재정적 부양이 필요하다'는 것은 연간 소득이 특정 한도 (2013년의 경우는 $18,735) 이하인 경우에 해당됩니다. 하지만 연간 소득이 이 한도를 초과했다 할지라도 부양이 필요하다는 것을 입증할 수 있으면 '재정적 부양이 필요한 사람'으로 간주될 수 있습니다.

보통 RRSP나 RRIF에 있는 자산은 당사자가 고인이 된 그 해에 소득으로 잡혀 상당한 액수의 세금이 부과되기도 합니다. 만일 이 자산들이 자녀나 손자의 RDSP로 넘어간다면 세금이 이연되기 때문에 상당한 세금 절감 효과가 있게 됩니다.

$200,000까지 RDSP로 이전될 수 있는데 그렇게 되면 총 불입액이 평생 최대 불입한도액인 $200,000을 초과할 수 있습니다. 즉, 이미 어느 정도 불입이 이루어졌다면 RDSP로 이전될 수 있는 금액은 $200,000에서 이미 불입한 금액만큼을 뺀 금액이 됩니다.

이렇게 이전되는 금액은 불입액으로 간주되어 평생 최대 불입한도에는 영향을 미치지만 장애 저축 보조금이 매치되어 지급되지는 않습니다. 이 금액은 또한 개인 불입액이 더 큰지 정부 지원금이 더 큰지를 결정할 때 개인 불입금으로 간주됩니다. 한편 이 금액은 소득세 부과 대상이 되지 않았었기 때문에 향후 인출할 때는 소득세 부과 대상이 됩니다.

RESP를 RDSP로 이전

RESP를 통해 얻은 투자 소득은 RESP 수혜자의 RDSP계좌로 비과세 이전이 가능합니다. RESP 투자 소득을 RDSP로 이전하기 위해서는 수혜자가 RDSP 불입액과 관련한 연령 및 거주지 요건을 충족시켜야 합니다. 또한 다음 조건 중 하나를 반드시 충족시켜야 합니다.

- 수혜자가 중증의 지속적 지적 장애를 가지고 있어 대학 진학이 어려울 것으로 판단되는 경우
- RESP를 최소 10년간 보유해 왔고 수혜자가 최소 21세가 되었으며 대학 진학을 하지 않는 경우
- RESP를 35년 이상 보유해 온 경우

참고. RESP 투자 소득만 RDSP로 이전이 가능합니다. 하지만 이 금액은 장애 저축 보조금이 매치되어 지급되지 않으며, RESP에 지급된 정부 지원금(보조금 및 채권)은 RDSP로 이전할 수 없습니다.

RESP에 불입한 개인 불입금은 수혜자에게 반환됩니다. 이때 수혜자는 반환된 금액을 한꺼번에 혹은 시간을 두고 조금씩 RDSP에 불입할 수 있습니다. 이렇게 불입된 금액은 일반 RDSP 불입액과 똑같이 취급되어 장애 저축 보조금이 매치되어 지급됩니다.

RDSP를 개설하기 전: 금융기관에 물어볼 3가지 질문

RDSP 개설은 금융기관마다 조금씩 다를 수 있습니다. 장애 자녀의 RDSP가 예상치 못한 상황에서도 유연성을 가질 수 있는 지 점검하십시오.

1. 장애보조지급(Disability Assistance Payments: 일괄지급방식)이 가능한가?
2. 어떤 불이익 없이 다른 금융기관으로 RDSP 이전이 가능한가?
3. 어떤 기간 동안 RDSP 불입을 못할 경우 불이익이 있는가?

RDSP에서 최대의 이익을 얻는 방법

- 일찍 가입하십시오
- 정기적으로 불입하십시오
- 캐나다 장애 저축 보조금을 최대로 받으십시오
- 장애 자녀의 RDSP에 누구든 불입할 수 있다는 것을 기억하십시오
- 최상의 시나리오를 만들 수 있도록 PLAN의 RDSP 계산기를 활용하십시오
- 문의사항이 있으시면 PLAN의 무료전화 RDSP 핫라인 1-844-311-PLAN (1-844-311-7526)으로 연락 하십시오.

RDSP에 대한 질문들

자녀가 이미 나이가 많은데 굳이 RDSP를 개설할 필요가 있을까요?

RDSP는 자녀의 나이가 얼마이든 상관없이 많은 이점이 있습니다. 65세가 되면 BC 장애 보조금을 더 이상 받지 못합니다. 대신 GIS(Guaranteed Income Supplement)를 받습니다. GIS는 다른 소득이 있다면 (재량 신탁에서 받는 소득까지 포함해서) 해당 소득금액의 50% 비율로 차감됩니다. 그러나 RDSP로부터 받는 소득은 소득으로 간주되지 않으므로 GIS 수령액에 영향을 주지 않습니다. 게다가 RDSP는 세금이 이연되면서 성장합니다. 반면에 비등록 신탁에 있는 소득은 세금부과 대상이 됩니다.

그러므로 설사 자녀가 나이가 많고 보조금이나 채권 금액이 그리 많지 않다 할지라도 RDSP를 가지고 있는 것이 유리합니다. 다만 RDSP에 불입할 수 있는 시기는 자녀가 59세가 되는 해의 12월31일까지라는 것을 꼭 기억하십시오.

RDSP를 단기 저축 수단으로 이용할 수 있을까요?

그렇습니다. 앞에서 언급한 대로 RDSP는 나이가 들어도 유리합니다. 이미 어느 정도 나이 든 자녀가 지금 당장 RDSP를 인출해서 사용하기 원한다면 보조금이나 채권을 포기해야 합니다. 즉, 자녀가 이미 나이가 들었다면 여러 해에 거쳐서 저축할 수 있는 선택권이 없어집니다. 이런 경우 RDSP를 단기 저축수단으로 이용할 수 있습니다. 자세한 내용은 본 장의 뒤 'RDSP 사례 소개'에 있는 알렉스의 사례를 참조하십시오.

만일 장애 당사자가 사망하면 그들의 RDSP는 어떻게 되나요?

RDSP에 있는 자산은 당사자의 유산이 되며 그의 유언에 따라 배분될 것입니다. 만일 유언장이 없다면 그들의 자산은 주 법에 따라 배분될 것입니다.

만일 어떤 개인이 '10년 보유 기간' 이후에 사망했다면 정부 보조금과 채권 금액을 되돌려 줄 필요가 없습니다. 그러나 '10년 보유 기간' 이전에 사망했다면 정부 보조금과 채권 금액의 일부를 되돌려 주어야 합니다.

만일 DTC(Disability Tax Credit, 장애세액공제) 자격을 상실하게 되면 RDSP는 어떻게 되나요?

만일 RDSP 수혜자의 상태가 좋아져서 해당 연도(즉, 1년 내내)에 더 이상 DTC 자격을 갖지 못하게 되면 RDSP는 다음 해 말에 종료됩니다. 즉, 수혜자가 DTC 자격을 잃게 되면 그 이후부터는 더 이상 불입을 할 수 없으며 정부 보조금과 채권도 더 이상 지급되지 않습니다. 그리고 과거 10년치의 정부 보조금과 채권 금액은 정부로 환원되며 RDSP에 남아 있는 자산은 수혜자에게 지급되어야 합니다.

그러나 어떤 RDSP 수혜자의 경우는 DTC 자격은 중지되었지만 향후 DTC 자격을 다시 받을 가능성이 있는 분들도 있을 것입니다. 예를 들어 간헐적으로 발생하는 병이 그런 경우입니다. 이런 경우 정부는 DTC 자격을 상실한 후 최대 5년까지 휴면 상태로 RDSP를 유지하게 합니다. 이를 위해서는 반드시 의료진으로부터 해당 수혜자가 당시 상태로 보아 가까운 장래에 DTC 자격을 다시 받게 될 것이라는 증명서를 제출해야 합니다.

참고. 간헐적 장애는 장기간에 걸쳐 건강이 좋은 시기와 장애 시기가 주기적으로 발생하는 경우를 말합니다. 이 주기는 길 수도 있고, 정도나 예측가능성이 개인에 따라 다양합니다. 간헐적 장애의 일반적인 예는 정신 장애, 다발성 경화증(multiple sclerosis), 간질성 방광염(interstitial cystitis), 관절염(arthritis), 당뇨병 등이 있습니다.

휴면 기간 동안에는 RDSP불입이 가능하지 않으며 RESP의 RDSP로 이전도 가능하지 않습니다. 그러나 이미 고인이 된 개인의 RRSP나 RRIF의 금액은 재정적 부양이 필요한 자녀나 손자의 RDSP로 이전이 가능합니다. 당연히 이에 따른 정부 보조금이나 채권 지원은 RDSP로 지급되지 않습니다.

정상이 된 이후에 수혜자가 사망했다면, 과거 10년간 지급된 모든 정부 보조금과 채권은 반환되어야 합니다. 그리고 RDSP로부터 인출도 가능하며 인출금은 10년 규칙 혹은 비례상환규칙에 따라 그리고 최대, 최소 인출 규칙에 따라 이루어 질 것입니다.

자녀의 RDSP는 누가 감독을 하나요?

RDSP를 관리하는 사람은 RDSP 소유자입니다. 자녀가 미성년자일 경우는 부모가 소유자가 됩니다. 자녀가 18세가 되었을 때 부모는 계속해서 소유자가 될 수도 있고 자녀에게 혹은 성인 신탁관리인 혹은 위임장 대리인에게 그 권한을 넘길 수도 있습니다.

2012년 6월 29일부터 2016년 12월 31일 사이에 수혜자가 성인일 경우 RDSP 소유자의 정의가 확장되어 수혜자의 배우자, 동거인, 부모까지 가능해 졌습니다. 임시 방편이긴 하지만 2016년말 이전에 이미 어떤 가족 구성원에 의해 개설된 RDSP는 그 상태로 유지될 수 있습니다.

참고. 위임장은 위임장을 만드는 당사자가 계약을 체결할 수 있는 법적 능력이 있어야만 가능합니다. 18세 이상이 된 성인이 RDSP를 개설하려면, 위임장을 통해 대리인에게 그 권한을 넘기지 않는 한, 본인이 소유자가 되어야 합니다.

지금 당장 해야 하는 것!

- 자녀가 사회보장번호(Social Insurance Number, SIN)를 갖도록 합니다.
- 자녀가 DTC(Disability Tax Credit, 장애세액공제) 자격을 갖도록 신청합니다.(소득세 양식 T2201 혹은 www.rdspresource.ca 를 참고하세요)
- 자녀가 18세 되는 해 전년도 및 그 이전 연도 소득세 신고를 합니다. (즉, 자녀가 16세가 되면 소득세 신고를 시작하십시오)

• 만일 수혜자가 미성년자라면 CCTB(Canada Child Tax Benefit, 자녀양육수당) 신청을 잊지 마십시오.

참고. 추정컨데 캐나다 내 수천 명의 사람들이 DTC 자격이 있지만, 소득이 없기 때문에 신청하지 않는 것으로 알고 있습니다. 이제 이 분들도 DTC를 신청해야 할 충분한 이유가 있을 것입니다. 왜냐 하면 DTC 자격이 생기면 자동적으로 장애 저축 보조금 및 채권을 받을 자격이 주어지기 때문입니다.

RDSP 사례 소개

RDSP의 힘

다음 사례들은 RDSP의 잠재력을 보여주는 것입니다. 몇 가지 가정을 두고 사례들을 요약 소개합니다. 결과는 가정과 개인의 상황에 따라 다를 수 있습니다.

사례 소개를 목적으로 수익률은 5.5%로 가정하였습니다. 이자율은 오르기도 하고 내리기도 합니다. 여러분이 생각하는 이자율로 계산하기 원한다면 PLAN의 RDSP 계산기를 참고 하십시오: http://www.rdsp.com/calculator/.

RDSP와 어린 자녀들

어린 자녀가 있는 가족들은 보통 지출할 곳이 많습니다. RDSP는 부모나 조부모님들이 자녀를 위해 얼마간의 자금을 따로 떼어 RDSP에 불입을 하면 정부의 매칭 지원금도 받을 수 있는 매우 경제적인 방안입니다.

예를 들어, 연 가족 소득이 $87,123 (2013년 금액을 기준으로) 이하 이고 4살짜리 자녀가 있는 경우 한달에 $100(일년에 $1,200)씩 20년을 불입하면 자녀가 34세가 되었을 때 $250,000 가량을 받게 될 것입니다. 즉, $24,000의 투자가 30년 후에 10배가 된다는 것입니다.

어떻게 이것이 가능할까요:

- 가족 과세 소득 : $87,123 이하
- 자녀가 19세가 되었을 때 소득 : $25,356 이하

- 매년 가족 불입액 : $1,200
- 4세부터 24세까지 총 가족 불입액 : $1,200 x 20 = $24,000
- 정부 매칭 보조금 : $58,000
- 정부 채권 : $6,000 (19세부터 24세까지)
- 총 정부 보조금 및 채권 : $64,000
- 34세 추정 가치 : 약 $250,000

만일 평생 장애 연금의 형태로 34세부터 자녀에게 지급된다면 첫해 연도에 $5,200이 지급될 것이며 자녀가 65세가 될 때까지 총 $700,000 이상이 지급될 것입니다.

원하는 연령에 한꺼번에 인출하는 방법도 있습니다. 예를 들어:

- 40세가 되었을 때 가치 : 약 $360,000
- 50세가 되었을 때 가치 : 약 $640,000

언제 얼마나 불입 했는가에 따라 수 많은 조합이 가능합니다. www.rdsp.com을 방문하시어 PLAN의 RDSP 계산기를 참고 하십시오.

10대 : 나탈리 사례

같은 팀 친구가 점수를 냈을 때 나탈리가 기쁨에 겨워 소리를 지르면 아빠 에릭 역시 마치 온 세상을 다 가진 것 같이 기쁩니다. "나탈리는 팀의 일원이 되는 것을 너무나 좋아하고 경기에서 이기는 것을 너무 좋아합니다."

다른 10대 아이들처럼 나탈리도 친구에 관심이 많고 노는 것을 좋아합니다. 하지만 엄마 캐린은 나탈리의 미래를 생각하면 불안합니다. "눈을 감고 있으면 마치 우리가 잔잔한 물위에 있고 위

에는 나이아가라 폭포가 있는 것 같아요. 앞으로 닥칠 일을 생각하면 참 무서워요."

"RDSP는 지금 당장 미래를 준비할 수 있는 아주 좋은 방법이죠. 재정적인 안정은 미래 설계를 가능하게 해 줍니다. 우리는 이제 미래에 대한 꿈을 꿀 수 있어요."라고 에릭은 말합니다. 캐린은 현재 가사를 돌보고 있고, 에릭의 연 소득은 $87,123 이하입니다; 따라서 이들은 매년 최대 $3,500의 정부 보조금을 받을 수 있습니다. 나탈리가 47세가 되면 아무런 환불금 없이 모두 인출할 수 있으며 그 금액은 약 $350,000 정도기 될 것입니다. 이 금액을 연금형태로 받으면 초기 연도에는 매년 약 $9,700 정도 받을 것이고 나탈리가 77세가 되었을 때는 매년 약 $48,200로 늘어날 것입니다.

캐린과 에릭은 매달 $125, 연간 $1,500 정도는 RDSP에 저축할 수 있다고 생각합니다. 그래서 앞으로 20년간 이 금액을 저축하기로 계획을 세웠습니다.

RDSP 요약

- 나탈리 나이 : 17세
- 가족 과세 소득 : $87,123미만
- 연간 가족 불입액 : 월 $125(연 $1,500)
- 17세부터 36세까지 총 가족 불입액 : $30,000
- 정부 보조금 : $70,000
- 정부 채권 : $18,000
- 투자 성향 : 중간 위험도

- 인출 시기 : 47세
- 인출 시작 시점에서 RDSP의 가치 (47세) : $350,000
- 연간 평생 장애 연금 지급액은 대략 다음과 같이 지급될 것입니다:
  - 47세부터 연 $9,700로 시작해서
  - 57세부터는 연 $16,500
  - 67세부터는 연 $28,200
  - 77세부터는 연 $48,200

성인 전환기 : 대런

사람들이 많은 곳에서도 대런은 혼자 있는 사람들에게 다가가 말을 겁니다. 누구도 대런이 활짝 웃는 모습을 거부할 수는 없을 것입니다.

"대런이 가진 은사죠" 대런을 지켜보던 대런의 어머니 재니스는 말합니다. "하지만 이제 대런이 6월에 학교를 졸업하면 이런 은사를 어디에 사용할 지 모르겠네요." 하며 한숨을 쉽니다.

"RDSP가 좋긴 좋은 것 같아요. 하지만 미래를 생각하면 너무 걱정이 돼요. 남편도 없이 아이를 키우며 매달 각종 고지서 요금을 내고 나면 RDSP에 불입할 돈이 없어요."

재니스는 대런을 위해 RDSP를 개설해서 캐나다 장애 저축 채권을 받으려고 합니다. 그녀는 PLAN의 유언장 및 유산상속 워크샵에 참석을 했었습니다. 그후 그녀는 부모에게 가서 대런을 위해 남겨주려고 하는 유산의 몫을 대런을 위한 재량 신탁에 넣어둘 것을 부탁드렸습니다. 대런이 어릴 때는 신탁에서 RDSP에 불입을 하고,

나이가 좀 들면 신탁 금액을 대런을 위해 직접 쓸 것입니다.

RDSP 요약

- 대런의 나이 : 19세
- 과세 소득 : $25,356 미만 (대런의 소득에 의해 결정)
- 연간 가족 불입액 : $0
- 채권 가치 : $20,000
- 투자 위험 정도 : 중간
- RDSP에서 인출 시기 : 49세
- 인출이 시작되는 시기에 RDSP 추정 금액 (49세) : $60,000
- 연간 평생 장애 연금 지급액은 대략 초기 매년 $1,750에서 시작해 매년 약 $170 정도씩 오를 것입니다.

참고. 만일 대런의 조부모가 RDSP에 불입을 해 주면 대런에게 지급되는 RDSP 금액은 달라질 것입니다.

청년기 : 마리아

"나는 유명해! 나는 유명해!" 밴쿠버 극단의 '미녀와 야수' 출연진에 둘러 싸여 마리아는 외칩니다. 그녀가 뮤지컬에 대해 얘기할 때 보면 그녀의 목소리에서 흥분을 감출 수 없습니다. 마리아의 부모, 조지와 로사는 시간(그리고 돈)이 충분하다면 마리아를 매일 저녁마다 극장에 보내고 싶을 정도입니다.

마리아의 부모는 그들이 살아있는 한 마리아에게 행복한 삶을 살게 해 줄 수 있다고 확신합니다. RDSP는 부모가 사망한 이후에도 마리아의 미래를 책임질 수 있는 수단이 됩니다.

로사와 조지는 대가족입니다. 지난번 모임에서는 마리아를 위해 RDSP를 개설하는 것이 대화의 주제였습니다. 가족들은 $25,000을 모으기로 목표를 세웠습니다. 조지는 이 목표가 달성되리라 생각합니다. 조지와 로사는 별도로 20년 동안 매년 $1,500을 불입하기로 계획을 세웠습니다.

RDSP 요약

- 마리아의 나이 : 27세
- 과세 소득 : $25,356 미만 (마리아의 소득에 의해 결정)
- 매년 가족 불입액 : 매달 $125 (매년 $1,500)
- 27세부터 46세까지 총 가족 불입액 : $55,000 (총 연간 불입액 $30,000 더하기 일시 불입액 $25,000)
- 정부 보조금 : $70,000
- 정부 채권 : $20,000
- 투자 위험도 : 중간
- 인출 시작 시기 : 57세
- 인출이 시작되는 시기에 RDSP 추정 금액 (57세) : $475,000
- 이 때 연금을 구입하면 연간 지급액은 $24,000에서 시작해 매년 평균 약 $500씩 올라갑니다. 마리아의 RDSP에 있는 일부

혹은 전액은 주택을 구입하는데 사용될 수도 있고 그때 필요한 다른 용도로도 지출이 가능합니다.

미래는 바로 여기에 : 알렉스

톰은 PLAN의 평생 회원입니다. 톰은 알렉스의 미래가 잘 준비되었다고 생각합니다. 그의 유언장은 최근 것이고 유언장 집행인에게 알렉스를 위해 재량 신탁을 만들어 주도록 지시를 해 놓았습니다. 톰이 사망하고 나면 알렉스를 돌봐줄 '개인 네트워크 (Personal Network)'도 있습니다.

이제 막 41세가 된 알렉스는 사진, 자원 봉사 등 관심있는 것이 많습니다. 여유 시간이 있을 때면 주위에 있는 노인 센터나 푸드 뱅크에 가서 봉사를 합니다.

알렉스가 49세가 되기까지 향후 8년간 정부 보조금과 채권을 받고 나서, 지원된 보조금이나 채권을 환불하지 않고 찾아 쓰려면 59세가 될 때까지 인출하면 안됩니다. 하지만 톰은 59세 이전에 RDSP 금액을 사용하기 원합니다. 그렇게 되면 정부 불입액은 포기해야 합니다. 톰이 원하는 것은 이자를 얻는 것입니다. 즉 세금이 이연되는 효과를 본 것입니다. 그리고 BC 장애 보조금을 그대로 받으면서 알렉스가 원하는 곳에 RDSP 자금을 사용하고자 합니다. 톰은 또한 재량 신탁과 달리 RDSP는 알렉스가 65세가 되어 BC 장애 보조금 대신 받게 될 GIS에도 영향을 미치지 않는다는 사실도 알고 있습니다.

톰의 계획은 가능한 빨리 $200,000를 알렉스의 RDSP에 불입해서 향후 10년간 불어나도록 하는 것입니다.

톰은 자신의 유언장에 알렉스를 위해 재량 신탁을 만들어 놓을 것입니다. 하지만 신탁 관리인은 신탁자금 사용에 있어 RDSP보다 많은 제약을 받게 될 것입니다. 그럼에도 RDSP와 신탁을 잘 조합하면 알렉스에게 좋은 삶을 마련해 줄 수 있습니다.

톰의 계획은 아주 좋아 보입니다. 앞으로 10년 내에 그가 불입한 $200,000은 약 $350,000 정도기 될 것입니다. 약 2% 인플레이션 조건으로 평생 연금을 구입하게 되면, 알렉스가 52세가 되었을 때 매년 약 $16,000이 지급될 것이고 83세가 되면 매년 약 $29,000까지 이를 것입니다. 이 정도면 $200,000 투자 치고는 꽤 괜찮은 것입니다!

RDSP 요약

- 알렉스 나이 : 41세
- 과세 소득 : $25,356 미만
- 41세에 가족 불입액 : $200,000
- 정부 보조금 : $3,500
- 정부 채권 : $1,000
- 투자 위험도 : 중간
- 인출 시작 시기 : 52세
- 인출이 시작되는 시기에 RDSP 추정 금액 (52세) : $350,000
- 평생 연금 : 2% 물가 연동 기준으로 매년 약 $16,000

비교 – RDSP와 재량 신탁

RDSP와 신탁의 차이점을 잘 알아두면 어떤 방안이 자녀에게 바람직한지 결정하는 데 도움이 될 것입니다. 어떤 가족들은 연방 정부에서 지원하는 RDSP 보조금이나 채권을 활용하기 원할 것입니다. 반면에 어떤 가족들은 신탁을 보다 현실성 있는 대안으로 생각할 것입니다. 또 어떤 가족들은 두 방안 모두를 원할 수도 있습니다. www.rdsp.com을 방문하시거나 보다 자세한 지원을 원하시면 전문 상담사의 조언을 받으시길 바랍니다.

재량 신탁	RDSP
나이	
수혜자의 나이와 관계없이 언제든 재량 신탁을 개설할 수 있습니다. 비재량 신탁 역시 나이와 상관이 없습니다. 신탁에서 지급을 할 때도 나이와 관련해서는 어떤 제약 조건도 없습니다.	RDSP는 수혜자가 59세가 되는 해 마지막날까지 개설할 수 있습니다. 정부에서 지원하는 보조금과 채권은 당사자가 49세가 되는 해의 마지막 날까지만 가능합니다. 나이가 어릴수록 그리고 RDSP 불입이 빠를수록 수혜자가 RDSP에서 받는 혜택은 커집니다. 왜냐하면: • 연방정부에서 지원하는 보조금과 채권을 사용할 기회가 더 많아지고 • 복리로 불어나는 소득의 힘이 커지고 • 정부 위약금없이 젊은 나이에 RDSP 자금을 사용할 수 있기 때문입니다.
불입 한도	
재량 신탁에는 불입 한도가 없습니다. BC 장애 보조금도 재량 신탁 금액의 크기에 영향을 받지 않습니다. 비재량 신탁의 경우는 최대 $200,000까지만 BC장애 보조금에 영향이 없습니다.	RDSP는 평생 불입액이 $200,000까지입니다. 연방 정부 보조금 $70,000과 연방 채권 $20,000을 모두 합치면 최대 불입액은 $290,000이 됩니다. 투자 소득이 쌓이면 RDSP 금액은 이보다 훨씬 많아질 것입니다.

재량 신탁	RDSP
통제/감독	
신탁 관리인은 투자와 지출에 대한 결정을 합니다. 재량 신탁의 경우는 신탁 관리인에게 이러한 재정적 결정을 할 수 있는 절대적 재량이 있습니다. 신탁을 개설할 때 유언장에 신탁 관리인과 대리인을 명시해 놓아야 합니다. 아니면 신탁 관리인에게 나중에 대리인을 지정할 수 있는 권한을 줄 수도 있습니다.	RDSP 소유주가 투자 및 인출에 관한 의사결정을 합니다. 수혜자가 미성년자인 경우는 부모나 법정 후견인이 RDSP의 소유주가 되어야 합니다. 자녀가 성인이 되어도 부모는 소유주 역할을 계속할 수 있습니다. 만일 성인을 위해 개설되는 경우는 해당 성인에게 '재산 및 개인 후견인 (Guardian of Property and Person)' 혹은 '재산에 관한 영구 위임인 (Continuing Power of Attorney for Property)'을 세우지 않는 한 당사자가 RDSP 소유주 중 한 명이 되어야 힙니다
인센티브	
장애 자녀를 위해 신탁을 개설하는 것은 전적으로 개인의 자금으로 이루어집니다. 정부로부터 어떤 추가 지원도 세제 지원도 없습니다.	연방 정부는 캐나다 장애 저축 보조금($70,000)과 캐나다 장애 저축 채권($20,000)을 통해서 총 $90,000까지 지원을 해 줍니다
자격조건	
누구든 장애인을 위한 재량 신탁을 개설할 수 있습니다. 이때 수혜자가 BC 장애 보조금을 받는지 안 받는지는 상관이 없습니다. BC 장애 보조금을 받는 사람들에게 있어 재량 신탁은 자산으로 간주되지 않습니다.	RDSP를 개설하기 위해서는 수혜자가 · DTC(Disability Tax Credit, 장애세액공제) 자격이 있어야 하고 · 60세 미만이어야 하며 · 캐나다 거주자이어야 합니다
투자	
신탁에 있는 자산의 투자는 신탁관리인법(Trustee Act)에 명시되어 있는 신중한 투자자 규칙에 제한을 받습니다. 다만 유언장이나 신탁 서류에 허용된 투자의 경우는 가능합니다.	RDSP자금으로 가능한 투자는 RRSP에 상응하는 투자만 가능합니다. 다른 제약은 거의 없습니다.

재량 신탁	RDSP
자금 사용에 대한 제한	
신탁 개설자가 신탁관리인에게 제시한 지시나 방향은 따라야 하지만 그 외에 수혜자를 위해 지출하는 자금에 대해서는 특별한 제한이 없습니다. 다만, 수혜자가 BC 장애 보조금을 받고 있는 경우 BC 장애 보조금이 차감되지 않으려면 신탁 자금 지출 시 제약조건을 따라야 합니다.	RDSP 자금 사용에 아무런 제약이 없습니다. 설사 BC 장애 보조금을 받고 있다 하더라도 어떤 목적으로 사용하든 관계없이 자유롭게 써도 BC 장애 보조금에 영향을 주지 않습니다. RDSP 자금은 어느 때고 사용할 수 있지만 수혜자가 60세가 되었을 때는 반드시 수혜자에게 지급이 시작되어야 합니다. 만일 정부 불입금이 가족 불입금보다 많으면 RDSP에서 인출할 수 있는 금액에 제한이 있습니다.
투자 소득에 대한 세금	
생전 신탁은 투자로부터 발생한 소득이 신탁의 수혜자에게 배분되지 않는 한 반드시 세금을 내야 합니다. 생전 신탁에서 과세 대상이 되는 소득은 가장 높은 한계 세율이 적용됩니다. 유언장을 통해 개설된 신탁(사후 신탁)에서 얻은 투자 소득은 장애를 가진 수혜자의 한계 세율이 적용되며 각 납세자에게 해당되는 누진율이 적용됩니다. 보다 자세한 내용은 전문 세무사와 상담하십시오.	RDSP는 비과세입니다. 즉, RDSP에서 발생한 투자소득에는 세금이 부과되지 않습니다.
인출금에 대한 세금	
신탁에서 지급된 자금은 과세 대상이 아닙니다.	인출금 중에서 정부 불입금과 RDSP에서 발생한 이자 소득에 대해서는 세금이 부과됩니다. 즉, 수혜자에게 지급이 될 때 수혜자에 해당하는 한계 세율이 적용됩니다.

재량 신탁	RDSP
수혜자가 사망했을 때 어떻게 되는가?	
신탁을 개설할 때 수혜자 사망 시 누가 잔여 자산을 받게 될 것인지를 명시합니다.	RDSP의 수혜자가 사망했을 경우 RDSP는 유산의 일부가 되고 유언장에 따라 배분됩니다. 유언장이 없을 경우는 유산행정법(Estate Administration Act)에 따라 배분됩니다. **참고.** 만일 수혜자가 10년 보유 기간 이후에 사망한다면 정부 보조금과 채권은 반환하지 않습니다. 그러나 수혜자가 10년 보유기간 이전에 사망하면 정부 보조금과 채권 모두 혹은 일부를 정부에 다시 반환해야 합니다.

워크시트 10 – 유언장 준비

이 워크시트는 유언장 작성 전에 본인이 무엇을 원하는지 목적을 명확히 하는데 도움이 될 것입니다. 본 장의 뒤에 있는 워크시트를 지금 한번 살펴보십시오. 모든 변호사들이 사용하는 양식을 토대로 한 것입니다. 이 워크시트에 있는 내용들을 자세히 기입해 보십시오. 변호사와 상담할 때 큰 도움이 될 것입니다.

지불 형태

RDSP 자금 지불 방식에는 장애지원지불(Disability Assistance Payments: DAP) 방식과 평생장애지원 지불(Lifetime Disability Assistance Payments: LDAP) 방식, 두 가지가 있습니다.

장애지원지불 방식은 언제든 얼마의 금액이든 인출이 가능합니다만 개인 불입금이 정부 불입금보다 많은 경우에만 허용됩니다.

평생장애지원 지불 방식은 특정 산식에 의해 결정되는데, 그 산식은 RDSP 금액을 수혜자의 기대수명으로 나눈 금액과 거의 유사하거나 혹은 해당 연도 초에 평가된 RDSP 금액의 10%까지 가능합니다.

또한 RDSP 금액 중에서 원하는 금액만큼 연금 보험을 구입하는 것도 가능합니다. 이 연금은 평생장애지원 지불의 한 형태가 됩니다. 이 지불은 어느 때고 시작할 수 있지만, 일단 시작되면 계속해야 합니다. 평생장애지원 지불은 수혜자가 60세가 되면 반드시 시작되어야 합니다.

유용한 자원

RDSP, 유언장, 신탁 등에 관한 세미나에 관심이 있으시면 해당 지역의 PLAN 사무소(혹은 Here and Now)에 문의하십시오. RDSP에 관한 정보는 www.rdsp.com을 방문하시면 가장 정확하고 최신의 정보를 찾으실 수 있습니다. 또한 RDSP 계산기 및 PLAN에서 제공하는 무료 원격 세미나 등 RDSP 관련 세미나 정보를 얻으실 수 있습니다. 친절한 상담을 원하신다면 PLAN의 무료 전화 1-844-311-PLAN (1-844-311-7526)로 연락하십시오.

유언장 없이 사망할 경우 미성년 자녀에게 어떤 일이 일어나는가?

미성년 자녀가 있는데 부모가 유언장 없이 사망할 경우 다음과 같은 일이 일어납니다.

첫째, 만일 배우자가 살아있다면 우선 배우자에게 유산의 $65,000과 가구, 그리고 배우자가 사망할 때까지 그 집에서 거주할 권한이 주어집니다. 그리고 나서 남은 유산은 유산 행정법 (Estate Administration Act)에 따라, 1/3이 배우자에게 배분되고, 나머지 2/3는 자녀들에게 균등 배분됩니다. *

미성년 자녀에게 배분된 유산은 성년이 될 때까지 공공 후견인 및 관리인 신탁에 보관됩니다. 이 경우 생존한 배우자가 자녀를 위해 해당 유산을 사용하려면 공공 후견인 및 관리인 사무소에 신청을 해야 합니다. 특별 경비 뿐만 아니라 일상 경비의 경우도 마찬가지입니다.

둘째, 배우자도 생존해 있지 않다면 – 즉, 부모가 모두 사망했을 경우 – 혹은 법적 보호권을 가진 부모가 없다면, 아동가족개발부가 해당 미성년자의 후견인이 되고, 공공 후견인 및 관리인이 해당 유산의 후견인이 됩니다. 다른 친지나 친구가 후견인이 되기 위해서는 BC 대법원에 신청해야 합니다.

이렇듯 비용도 많이 들고, 복잡하고, 골치 아프고, 마음 아픈 상황을 예방하려면, 반드시 유언장을 만들어야 합니다. 그리고 19세 미만의 미성년자가 있는 경우는 자녀의 법정 후견인을 반드시 지정해야 합니다.

---

* 2015년 8월 5일 현재, 변경된 유언장, 유산 및 상속법 (Wills, Estates and Succession Act , WESA)에 따르면, 배우자가 한 명이고 자녀가 동일 부모의 자녀라면, 유산의 처음 $300,000이 먼저 배우자에게 배분됩니다. 그리고 나서 나머지 유산의 반이 다시 배우자에게 배분되고 나머지 반이 자녀들에게 균등 배분됩니다. 또한 배우자는 거주하던 주택을 먼저 구매할 권한이 있습니다. (역자 주)

워크시트 10
유언장 및 신탁 준비

이 워크시트는 다음과 같은 목적으로 만들어 졌습니다.

- 유언장 작성을 위해 변호사에게 가기 전 필요한 정보 정리에 도움을 주기 위해
- 의사결정 사항이 무엇인지 알려 주기 위해

이 워크시트를 완성하고 나면 유언장 작성을 위해 변호사를 만날 준비가 되신 겁니다. 이 문서는 법적 조언이 아닙니다. 유언장을 작성하려면 자격 있는 변호사를 찾아가야 합니다.

개인 및 가족 정보

날짜 _____

1. 본인 이름:

   주소:

   직업

   집전화:

   사무실 전화:

   생년월일:

   출생지:

   시민권:

   혼인 여부:

   결혼일:

   결혼 장소:

   결혼 서약서가 있는가?

   당신 혹은 배우자가 과거에 결혼을 했거나 법적 사실혼 관계가 있었는가?

2. 결혼 혹은 사실혼 관계

　　배우자 이름:

　　주소:

　　직업:

　　집전화:

　　사무실 전화:

　　생년월일:

　　출생지:

　　시민권:

3. 자녀

(부부의 모든 자녀를 적으십시오. 이전 배우자의 자녀에게는 *를 표시하고, 장애 자녀는 **를 표시하십시오. 입양한 자녀도 포함하십시오. 사망한 자녀가 있으십니까?)

이름　　　　　　　　　　　　　　　　　　생년월일

＿＿＿＿＿＿＿＿＿＿＿＿　　　　　　＿＿＿＿＿＿＿＿＿＿＿＿

＿＿＿＿＿＿＿＿＿＿＿＿　　　　　　＿＿＿＿＿＿＿＿＿＿＿＿

＿＿＿＿＿＿＿＿＿＿＿＿　　　　　　＿＿＿＿＿＿＿＿＿＿＿＿

4. 다른 부양 가족

　　연로한 부모님을 포함, 당신이 재정적으로 돌봐 주어야 하는 부양가족이 더 있습니까?

　　이름:

　　주소:

　　관계:

5. 다른 책임

　　다른 성인 장애인의 법정 후견인 혹은 커미티로 섬기십니까? 그렇다면 다음을 작성하십시오:

　　이름:

　　주소:

　　관계:

유언장 내용

1. 미성년자를 위한 후견인 지명

19세 미만의 미성년자 자녀가 있으십니까?

자녀가 19세가 넘으면 부모라 해도 자녀의 후견인을 지명할 수 없습니다.

자녀가 19세가 되기 전에 당신이 사망할 경우 누구를 후견인으로 하시겠습니까?

이름	영문		관계	
	한글		직업	
	주소			
이름	영문		관계	
	한글		직업	
	주소			

자녀가 19세가 되기 전에 누구를 대리 후견인으로 하시겠습니까?

이름	영문		관계	
	한글		직업	
	주소			
이름	영문		관계	
	한글		직업	
	주소			

2. 유언장 집행인 선정

당신은 누구를 당신의 유언장 집행인으로 하시겠습니까?

➡

3. 유산배분

(a) 배우자가 살아 있다면 유산을 배우자에게 남기시겠습니까?

➔

(b) 배우자와 자녀들에게 유산을 배분하시겠습니까?

➔

(c) 배우자가 먼저 사망한다면 유산을 자녀들에게 남기시겠습니까?

➔

그렇다면 똑 같이 배분하겠습니까?

➔

동등 배분이 아니라면, 각 자녀에게 어떤 비율로 혹은 얼마씩 배분하겠습니까?

➔

(d) 자녀가 몇 살이 되었을 때 자녀가 유산을 상속 받기 원하십니까?

➔

(e) 자녀가 그 나이가 되기 전에 사망한다면 해당 유산을 자녀의 자녀가 받기 원하십니까?

➔

(f) 당신보다 자녀가 먼저 사망한다면 자녀의 몫을 누가 받기 원하시나요?

➔

(g) 당신보다 배우자와 자녀들이 모두 먼저 사망했을 경우 당신의 유산을 누가 받기 원하시나요?

➔

4. BC 장애 보조금을 받는 사람을 위한 재량 신탁

(a) BC 장애 보조금을 받고 있는 혹은 받을 가능성이 있는 자녀가 있으십니까?

    ➡   ☐예   ☐아니오

(b) 당신의 자녀를 위해 신탁을 개설하기 원하시나요?

    ➡   ☐예   ☐아니오

(c) 재량 신탁 개설을 원하시나요?

    ➡   ☐예   ☐아니오

(d) 이 신탁의 신탁 관리인을 누구로 하시겠습니까?

이름	영문		관계	
	한글		직업	
	주소			
이름	영문		관계	
	한글		직업	
	주소			

참고. 공동 신탁관리인은 몇 명을 해도 상관 없습니다. 신탁 관리인을 공동으로 할지 대리 신탁관리인으로 할지 변호사와 상의 하십시오. 또한 지정한 신탁관리인이 추가로 혹은 후계 신탁관리인을 지정할 수 권한을 줄 것인지에 대해서도 변호사와 상의 하세요.

(e) 신탁 관리인이 일을 맡지 못할 경우 대리 신탁관리인을 누구로 하시겠습니까?

이름	영문		관계	
	한글		직업	
	주소			
이름	영문		관계	
	한글		직업	
	주소			

(f) 수혜자

신탁을 개설할 때는 신탁의 수혜자가 사망했을 때 신탁에 남겨진 자산을 어떻게 할지 명시해야 합니다. 신탁 수혜자가 사망했을 때 남겨진 신탁 자산을 누가 받기 원하십니까?

→

위와 같이 할 경우 이익 충돌은 없나요? 이익 충돌 가능성에 대해 변호사와 충분히 상의하세요.

(g) 신탁 관리인의 권한

당신은 신탁관리인이 필요하다고 판단할 경우 신탁관리인이 자녀가 살고 있는 집을 매매, 임대, 모기지를 할 수 있도록 하시겠습니까? 그렇다면 변호사와 상의하세요. 신탁관리인에게 그런 권한을 줄 수 있도록 해 놓아야 합니다.

→

당신은 신탁관리인이 필요하다고 판단할 경우 어떤 투자도 할 수 있도록 제한 없는 투자 권한을 주시겠습니까?

→

아니면 어느 정도 제한을 두시겠습니까? 어느 정도까지 권한을 주어야 할 지 변호사와 상의하세요

→

특정 자산을 특정인에게 남기시겠습니까? 예를 들어, 의류, 보석, 예술품 등. 구체적으로 명기하세요.

→

현금을 특정인에게 남기시겠습니까? 구체적으로 명기하세요.

→

현금이나 현물을 자선 기관에 기부하시겠습니까? 구체적으로 명기하세요.

→

어떤 자산들은 유언장에서 명기하지 않아도 수혜자에게 넘어갑니다. 당신은 다음과 같은 플랜에 수혜자를 구체적으로 특정해 놓았습니까?

1) RRSP   ☐ 예   ☐ 아니오

2) RRIF   ☐ 예   ☐ 아니오

3) 연금   ☐ 예   ☐ 아니오

4) 생명 보험   ☐ 예   ☐ 아니오

당신은 다른 자산, 예를 들면, 은행 계좌, 부동산 등을 다른 사람과 공동으로 소유하고 있습니까? (그렇다면 이 자산들은 유언장에 명기하지 않아도 공동소유자에게 넘어갑니다.)

☐ 예   ☐ 아니오

5. 추가 지원

당신은 당신이 더 이상 당신의 자녀를 도울 수 없을 때 Here & Now가 당신의 자녀를 도와 주기 원하시나요? 만일 그렇다면 당신의 유언장에 관련 문구를 넣을 수 있도록 Here & Now 및 변호사와 상의하세요.

6. 기타 코멘트 혹은 지시 사항

   ⇒

변호사가 알아야 할 추가 정보

   ⇒

자산 요약

(자산이나 부채가 BC주 밖에 있다면 표시하세요)

(a) 현금 및 예금
→

(b) 생명 보험

보험사	보험 가입인	수혜자	보험 금액

(c) RRSP

RRSP 기관	가입인	수혜자	금액

(d) 주식 및 채권

(e) 연금 등

(f) 이자/배당 소득 등

(g) 부동산

	No.1	No.2
주소		
등록 소유주		
합유 재산권?		
추정 가치($)		
대출 잔액		
대출 생명 보험 가입 여부?	예 아니오	예 아니오
추정 자산(Equity)		

(h) 동산

주거 용품, 가구, 보석, 보트, 자동차 등의 가치:

이들 동산 중에 다른 사람과 공동 소유인 것은?

(i) 기타

A) 유산이나 신탁에서 나오는 이자:

B) 기타 자산:

C) BC주 밖에 자산이 있다면 구체적으로 명기하세요.

부채 요약 (주택 대출 제외)

채권자	생명 보험	금액
	□ 예 □ 아니오	
	□ 예 □ 아니오	
	□ 예 □ 아니오	
	□ 예 □ 아니오	
	□ 예 □ 아니오	

유산의 순가치 추정

	부	모	공동
총 자산			
빼기 총 부채			
빼기 추정 세금			
빼기 지불해야 할 금액 (Liability)			
유산 순가치			

낯선 용어 정리

BC Disability Assistance(BC 장애 보조금): BC 주 장애인에게 제공하는 재정적 지원, 의료, 치과, 의약 혜택.

Beneficiary(수혜자): 유산을 받을 사람 혹은 신탁을 통해 지원을 받을 자격이 있는 사람 (돈, 증여, 보험, RRSP, 신탁 등).

Bequest(유증): 유언장에 명시된 특정 재산, 혹은 특정 금액의 현금 증여

Co-Decision Maker(공동 의사결정자): 중증 장애를 겪는 성인의 동의 하에 해당 장애인의 건강 및 개인 사안에 대한 의사결정을 지원하기 위해 법원이 지명한 사람

Codicil(유언 보충서): 유언장에 필요한 서명과 증인에 대한 형식은 동일한 상태로 두고 기존 유언장의 일부를 수정한 법적 문서.

Discretionary Trust or Henson Trust(재량 신탁): 신탁 자산의 사용을 신탁관리인의 재량에 맡긴 신탁

Enduring Power of Attorney(영구 위임장): 무능력자로 판정된 사람을 대신해서 재정적 사안에 대한 실행과 관리의 권한을 다른 사람에게 양도하는 문서

Executor or Personal Representative(유언장 집행인): 유언장에 기록된 내용들을 실행할 책임이 있는 사람 혹은 전문가

Grant of Probate(검인 증서): 유언장 집행인으로서 자격이 있다는 법원의 명령서.

Guardianship(후견): 다른 사람을 대신해서 건강 및 개인 사안에 대해 의사결정 할 수 있는 권한.

Holdback Amount(보류액): 지난 10년간 RDSP에 지불된 정부 보조금 및 채권 총액에서 그 10년 기간 동안 정부에 환수된 보조금과 채권 금액을 뺀 금액

Inter Vivos Trust(생애 신탁): 신탁 개설자가 생존해 있는 동안 효력이 있는 신탁.

Intestate: 효력 있는 유언장 없이 사망한 사람

Life Interest Benefit: 유언장에 언급된 특정인이 생존해 있는 동안에만 특정 자산 혹은 특정 금액을 사용할 권한을 주고, 해당인이 사망하면 다른 사람에게 나머지가 분배되도록 하는 것

Non−Discretionary Trust(비재량 신탁): 신탁에 있는 자산 사용에 대해 수혜자가 어느 정도 재량을 가지고 있는 신탁

Non−Probatable Assets(비검증 자산): 유언장 범위 밖에 있는 자산. 예를 들어, 합유 소유 부동산, 공동 명의 은행 계좌, RRSP/RRIF, 생명보험, 수혜자가 명시된 연금보험.

Personal Directive(개인 지시): 본인이 의사결정 능력이 없을 때 본인을 대신해서 개인 사안에 대한 의사결정 권한을 특정인에게 준다는 법적 문서

Probate(유언장 검증): 고인의 유언장이 법원에 의해 법적으로 승인되고 문서화 되는 절차. 유언장 집행인에 대한 지정도 확인해 줌.

Representative(대리인): 성인 장애인이 재정, 건강, 개인 신변에 대한 의사결정 지원을 받기 위해 지정한 사람.
참고: PLAN은 모든 성인이 장애 여부와 관계없이 대리권 동의를 만들 수 있는 능력이 있다고 믿습니다.

Revocation(취소): 기존 유언장의 일부 혹은 전부를 취소하는 것

Settlor: 신탁 개설자

Specific Decision−Maker(특정 의사결정자): 개인 지시나 후견 명령이 없을 경우 성인 후견 및 관리법에 따라 해당인을 대신해서 치료 수락 및 거부 권한을 부여 받은 사람

Testator (유언자): 유언장 작성자. 바로 당신.

Testamentary Trust(사후 신탁): 당사자가 사망한 이후에 효력을 발생하는 유언장에 개설된 신탁

Trust(신탁): 신탁 개설자가 특정 자산의 명의를 신탁관리인에게 전환하고 해당 자산을 수혜자의 유익을 위해 사용하도록 만든 법적 장치

Trustee(신탁 관리인): 신탁 문서나 유언장의 지시에 따라 신탁을 관리하는 개인 혹은 회사

자녀의 입장에서 옹호하십시오

우리가 서로를 도울 때
우리는 더 강해진다.
우리가 경험을 나눌 때
우리는 의미를 찾는다.
우리가 나눈 경험의 의미를 숙고할 때,
우리는 어떤 운동을 형성한다.
그것이 운동이라는 것을 깨달을 때,
우리는 혼자가 아니고 강하다는 것을 알게 된다.
우리가 강하다고 느낄 때,
우리는 계속해서 보호할 수 있다.

도나 톰슨 (DONNA THOMSON), 장애 운동가, 작가

나는 누구의 삶을 살고 있는가?

샤논과 나는 베이비 샤워(출산 축하 파티)에 초대 받았다. 나도 잔뜩 기대가 되었다. 가는 날 아침 샤논이 침대에서 기침하는 소리를 듣고 나는 샤논이 밖에 나가도 될까 싶었다. 결정을 내리기 전에 우선 샤논을 씻기고 의자에 앉혀 보기로 했다. 일단 휠체어에 앉히고 나서 샤논에게 기분이 어떤지 물어보는 것이 나을 것 같아서였다.

남편도 출장 가고 없어, 나는 두 명을 동시에 준비시켜야 했다. 샤워도 두 명, 양치질도 두 명. 여전히 오늘 행사에 가도 되는지 확신이 서지 않았다. 겨우 시간에 맞춰 샤논을 휠체어에 앉히자 샤논의 기침이 좀 나아진 것 같았다. 기분도 좋아 보여 우리는 외출하기로 했다.

나는 때때로 과연 내가 누구의 삶을 살고 있는가 생각한다. 오늘도 예외가 아니다. 오늘도 전혀 다른 상황일 수도 있었다. 기껏 다 준비했는데 샤논의 상태가 좋지 않으면 못 가는 것이다. 샤논이 성인이긴 하지만 여전히 내 삶을 꽉 쥐고 있다. 샤논은 우리가 계획한 것을 할지 말지 결정하는 결정적 요인이다. 때로는 변경해야 하고 때로는 취소해야 한다. 오늘은 그래도 끝이 좋았다.

랍과 나는 샤논이 할 일도 많아야 하고 만날 친구도 있어야 한다는 것을 잘 안다. 우리도 마찬가지다. 다행이, 샤논은 좋은 친구들이 많다. 하지만 누군가가 준비해 주어야 하고 일정을 만들어 주어야 한다. 마찬가지로 랍과 나도 친구가 있다. 그리고 관계를 유지하려면 그만한 수고가 필요하다. 때때로 이 두 세계가 부딪혀 누가 친구를

만나러 가고, 누가 나중에 갈지 결정해야 한다. 오늘도 결국 일정을 바꿔 집에 있어야 할지 말지를 결정해야 했던 것처럼.

샤논은 도움이 필요하다. 우리가 부모이니 직접 보살펴 줄 수도 있다. 아니면 샤논을 보살펴 줄 누군가를 고용할 수 있도록 샤논을 대변해 줘야 한다. 그래야 우리도 쉴 수 있고 샤논도 독립적인 삶을 살아갈 수 있기 때문이다.

샤논이 내 인생의 대부분을 차지하고 있다는 것을 느낀 첫번째 순간은 샤논이 청소년기를 끝내고 성인기로 접어들면서다. 회의실에서 직원들이 하는 얘기를 들어보니 모두 내 일에 대한 것이었다. 나는 교사로 일주일에 3일 일하고 여름에는 쉰다. 내가 가능한 시간이 언제인지에 대해 그들이 의논하는 것을 들으면서 샤논과 내 삶이 점점 더 얽혀지는 것을 느꼈다.

샤논이 받을 수 있는 서비스가 내 일정과 관계 있는 것 같았다. 우리는 당시 개별 펀딩을 고려하고 있었는데 그것은 샤논이 자기의 삶을 스스로 결정할 수 있게 하기 위해서였다. 그런데 샤논이 서비스를 받을 수 있는 시간이 내 일정을 기준으로 결정된다니?

나는 언제나 샤논의 사회 생활에 중추적인 역할을 해 왔다. 하지만 샤논이 나이가 들면서 나는 뒤로 물러날 필요가 있다는 생각이 들었다. 대학에 가서도 내가 강의실 뒤에 앉아 있을 수는 없는 노릇이었다. 그리고 나 또한 내 시간이 필요하다.

죄책감 없이 책을 읽을 시간, 수영도 가고 강의도 듣는 시간. 나는 샤논을 위해서만 대변했던 것이 아니었다. 내가 누려야 할 나의 삶을 위해서도 옹호한 것이었다.

샤논의 서비스를 의논하면서 우리는 의자에 앉아, 어떤 서비스가 가능한지 듣고, 그것이 우리 각자에게 개별적으로 또 가족 전체적으로 어떻게 영향을 미치는지 생각해 보았다. 일이 마무리되는 데까지 많은 시간이 걸렸다. 논의가 시작되고 나서야 비로서 우리가 정확히 무엇을 필요로 했는지 알게 되었고 동시에 내 자유 시간도 사라지는 것을 알 수 있었다.

샤논은 지금 SFU 대학을 다니고 있고, 친구들과 잘 어울리며, 초등학교와 어린이집에서 아이들 돌보는 자원봉사도 하고 있다. 랍과 나도 주중에 각자의 직장에서 열심히 일하고 취미 생활도 잘 하고 있다.

단계 6

자녀의 입장에서 옹호하십시오

인간의 존엄성은
공격당하고, 훼손되고,
잔인하게 짓밟힐 수 있다.
하지만 굴복하지 않는 한
절대 빼앗을 수 없다.

마이클 제이 폭스
(MAICHAEL J. FOX)
영화배우, 작가, 운동가

장애를 가진 사람들 대부분은 유급 도우미의 서비스나 도움을 필요로 합니다. 이것은 어쩔 수 없는 현실입니다. 사실 우리도 다르지 않습니다. 우리도 치과의사, 일반 의사, 회계사, 컴퓨터 기술자, 자동차 정비사 등의 서비스를 필요로 합니다. 청소 서비스가 필요하기도 하고 나이 드신 부모님을 위해 가사 도우미를 고용하기도 합니다.

하지만 우리가 이 분들을 고용하는 것과 장애인들이 고용하는 것에는 두 가지 큰 차이가 있습니다. 첫째, 우리는 어떤 서비스를 이용하고 누구를 고용할 것인가를 우리가 결정합니다. 서비스의 질이나 직원의 태도가 마음에 들지 않으면 다른 곳으로 갈 수 있습니다. 둘째, 우리는 이런 서비스를 가끔 이용합니다.

애석하게도, 장애를 가진 우리 자녀들은 이것이 완전 반대입니다. 첫째, 이들은 어떤 서비스를 받을지에 대한 선택권이 거의 없으며, 설사 서비스에 대해 불만이 있다 해도 그것을 바꿀만한 영향력도 없고 힘도 없습니다. 둘째, 유급 도우미의 도움이 거의 평생 필요합니다. 만약 이 분들이 제대로 돌봐 주지 않으면 우리 자녀들의 삶 그리고 우리들의 삶도 많이 힘들어지게 됩니다. 결국 자녀들이 꿈을 추구하고, 친구들과 함께 지내고, 사회에 기여할 수 있는 기회를 갖기 어렵습니다.

장애를 가진 자녀들에게 있어 서비스나 프로그램은 매우 중요합니다. 그래서 더욱 더 긴 안목과 전체적인 관점에서 살펴볼 필요가 있습니다. 프로그램이나 서비스는 결국 각 개인의 목적을 위한 수단입니다. 그리고 개인의 목적은 각각 다릅니다. 따라서 개인의 삶이 개개인의 특성과 이익에 따라 이루어져야 하지 펀드 제공기관이나 서비스 제공기관의 우선 순위를 따라가서는 안됩니다.

6 단계에서 다룰 내용은 다음과 같습니다.

  • 서비스는 장애인의 행복한 삶을 대체하는 것이 아니라 보완해야

한다는 것
- 사회복지, 의료, 교육 전문가와 효과적인 동반 관계 구축
- 세 가지 형태의 관계 중심 권익옹호: 자기 옹호, 개별 옹호, 정책 옹호

행복한 삶을 대체하는 것이 아닌 보완하는 것

이런 경우를 많이 보셨을 겁니다. 삶을 편리하게 해 주는 매우 혁신적인 아이디어가 탄생합니다. 그런데 어느새 그 혁신이 우리의 삶을 조정하기 시작합니다. 스마트폰이 아마 그런 예가 될 것입니다. 겉으로는 아무런 해를 끼치지 않는 이 기기가 우리 삶의 모든 영역에 슬며시 들어옵니다. 저녁 시간, 대화 중에, 심지어 운전 중에도. 어떤 기술이든 그것이 통신 기술이든 사회적인 기술이든 간에 삶의 영역에 침범하는 것을 최소화하려면 절제가 필요합니다.

지역사회 기반의 프로그램이나 서비스들도 시작할 때는 항상 좋은 의도로 시작됩니다. 제2차 세계대전 이후 많은 가족들은 장애 자녀를 특수시설에 보내는 것보다 자신들과 함께 지역사회에서 사는 것이 더 좋다는 결론을 내렸습니다. 하지만 거기에는 큰 난관이 하나 있었는데 그것은 지역기반 서비스가 부족하다는 것이었습니다. 모든 지원이 특수시설기관에 집중되었기 때문입니다.

결국 가족들은 늘 하던 대로 할 수 있는 일을 시작하였습니다. 그것은 바로 소매를 걷어 부치고 필요한 서비스를 개발하는 것이었습니다. 교회 지하실을 이용하고, 버려진 교과서를 사용하고, 필요한 비용 충당을 위한 모금활동을 하고, 직접 학교를 운영하고 그 외 필요한 프로그램들을 시작하였습니다. 시간이 흐르면서 직원도 고용할 수 있었습니다. 1955년까지 부모들이 운영하는 7개의 비영리 단체가 생겼고 BC주 협회도 만들어졌습니다. 1980년대에는 수백 개의 기관과 수십 개의 주 연합회가 만들어져 광범위한 지역사회기반 프로그램 및 서비스를 제공하게 되었습니다.

그런데 여기에 문제가 생겼습니다. 좋은 프로그램들이 많이 개발되었지만 이제 시계추가 반대로 움직이기 시작한 것입니다. 서비스들이 너무

많다 보니 어떤 경우는 오히려 서비스가 장애인들을 가려 버리는 것입니다. 우리가 사랑하는 자녀들은 자신들이 서비스 대상이 아니라 특별하고 다양한 도움이 필요한 '인간'이라는 것을 알리기 위해 싸워야만 했던 것입니다.

유익도 있고 의도도 좋았지만, 마치 스마트폰처럼, 지역사회기반 서비스와 프로그램들도 의도치 않은 결과를 가져오게 되었습니다. 장애는 그저 서비스만 있으면 된다는 것으로 인식되고 그 이상은 관심을 갖지 않게 된 것입니다. 그러다 보니 일반 사람들이 장애를 가진 사람과 관계를 맺기 위해서는 뭔가 훈련이 필요하다는 느낌을 갖게 됩니다. 이는 오히려 친구 관계를 맺는 데 장벽이 됩니다. 그 결과 사람들은 서비스라는 틀 안에 고립되는 현상을 보입니다. 무엇보다 가장 치명적인 것은 장애를 가진 사람들과 그 가족들조차 '서비스가 전부다'라고 생각한다는 것입니다.

이것이 바로 PLAN이 "당신에게 필요한 프로그램이나 서비스가 무엇입니까?"라는 질문을 더 이상 하지 않게 된 이유입니다. 이런 질문이 오히려 더 많은 서비스와 프로그램으로 우리를 끌고 간다는 것을 알게 된 것입니다. 대신에 우리는 "무엇이 좋은 삶인가?"라는 질문을 하기 시작했습니다. 이 질문은 서비스나 프로그램과 거의 관계가 없는 대답들을 가능하게 했습니다.

좋은 삶의 구성 요소들은 우리가 단계 1 에서 논의한 '개인 미래설계 (Personal Future Plan)'와 동일한 요소들입니다: 장애인을 돌봐 주는 친구 및 가족 네트워크; 자신의 주거 공간; 의사 결정 지원; 의미 있는 삶; 그리고 재정적 안정. 잠시 단계 1로 다시 돌아가서 거기 있는 두 개의 워크시트 질문에 답해 보십시오. 그 비전이 바로 북극성입니다. 그 비전이 여러분과 장애자녀를 위한 목적지를 밝혀 줄 것입니다. 그 비전이 바로 어떤 서비스들이 도움을 줄 수 있고 어떤 서비스들이 방해가 되는지 결정해 줄 것입니다.

뒤돌아보지 말라.
미안하다고 말하지 말라.
네 소리를 듣게 하라.
넬리 맥클렁
(NELLIE MCCLUNG)
캐나다 페미니스트 선구자

서비스 제공기관과 동반 관계 구축하기

(학교, 서비스 제공 기관, 정부기금 제공 기관)

PLAN 활동 초기에 우리는 마치 코끼리와 널뛰기를 하고 있다고 느꼈습니다. 서비스 제공이라는 '코끼리'는 너무 크고 위압적이었습니다. 우리의 모델을 스스로 개발하고 시간과 여유를 갖기 위해 일부러 서비스 제공 체계를 고려하지 않으려 했습니다. 우리 에너지의 대부분이 개인 네트워크가 중요하다는 것을 입증하는데 투자되었습니다. 그런데 얼마 되지 않아 가족들은 우리에게 장애 자녀의 필요를 옹호해 달라는 요청을 하기 시작했습니다. 당시 우리가 관여한 일이 대부분 장애자녀들이 받는 서비스 체계가 잘못 돌아가고 있는 상황이었기 때문에 서비스 제공기관을 대히는 우리의 지세는 반항적이고 전투적이고 신뢰를 기반으로 하지 않았습니다. 서비스 제공 기관과 우리의 관계는 긍정적이거나 발전적이지 않았습니다.

오늘날, 개인 네트워크가 우리의 사회적, 신체적 건강을 증진시킨다는 사실은 잘 이해되고 있습니다. 심지어 페이스북 덕분에 '네트워크'라는 용어도 익숙합니다. 그 결과 PLAN의 자세도 바뀌었습니다. 여전히 어떤 상황, 예를 들어 학대나 착취가 있는 경우에는 '전투적' 자세가 필요합니다. 하지만 장기적으로 대립적 관계는 무너지기 마련입니다. 이런 관계는 입장을 고착화 시킵니다. 게다가 장기간 지속되는 갈등 분위기는 우리 자녀들에게도 좋지 않습니다.

서비스는 좋은 삶을 영위하는 수단 중의 하나입니다. 개인 네트워크도 그 중 하나입니다. 중요한 것은 어떤 수단이 좋은 삶을 가능하게 하고 어떤 수단이 그렇지 않은지를 이해하는 것입니다. 예를 들어, 네트워크는 지역 사회의 친절과 사랑을 받을 수 있게 합니다. 반면에 서비스는 훈련된 직원들을 관리하는 시스템입니다. 네트워크는 장애 자녀의 열정과 흥미에서 단서를 찾아냅니다. 반면에 서비스는 장애 자녀의 필요에 초점을 맞춥니다. 네트워크는 유연합니다. 한 주는 하키 게임을 가고 또 다른 주는 생일 파티를 하거나 커피를 마시러 갑니다. 하지만 서비스는 표준과 정해진 일정을 따릅니다. 네트워크는 가능성을 탐색합니다. 그러나 서비스는 예측 가능성을 추구합니다.

장애 자녀들이 받는 서비스나 프로그램의 질을 유지할 수 있는 가장 좋은 방법은 서비스 제공자와 신뢰관계를 만들어 나가는 것입니다. 많은 서비스 제공자가 이 부분에 동의합니다. PLAN은 BC주에 있는 많은 서비스 제공 기관과 좋은 관계를 유지하고 있습니다. 우리는 서로의 강점과 한계를 인정하는 것을 배웠습니다.

대부분의 서비스 제공 기관은 자신의 '고객'을 위한 '개인 네트워크'를 구축하고 유지하는 것이 어렵다고 인정합니다. 그것은 아무리 노력을 해도 서비스 제공이라는 그들의 우선순위가 항상 길을 가로막기 때문입니다. 다만 이들은 친구 관계로 발전할 수 있는 환경을 만들어 내는 데 초점을 맞춥니다. 그리고 그들의 규정이나 관행이 관계형성을 방해하지 않도록 조심합니다. 그러면서 PLAN에게는 PLAN이 가장 잘 하는 것을 요청합니다. 그것이 바로 네트워크 구축입니다.

서비스 제공기관 역시 인식의 변화를 거치고 있습니다. 그들도 더 이상 자신들이 '하나로 모든 것을 해결'하는 전문가라고 인식하지 않습니다. 호주 작가 에디 바트닉(Eddie Bartnik)의 저술을 보면 부모, 장애인, 그리고 서비스 제공 체계 사이에 이처럼 변화하는 관계가 잘 설명되어 있습니다. 그의 저술에 대한 링크를 '참고 자료' 난에 연결해 놓았습니다.

에디는 서비스 제공자와 부모 사이에 진정한 관계를 형성하는 요소로 5가지를 꼽았습니다.

- 능력 (Capabilities) – 장애 당사자의 필요보다는 재능과 강점에 초점을 맞추어야 한다.
- 협력 (Collaborative) – 새로운 방법을 찾기 위해 장애인과 가족들을 적극적으로 포함시켜야 한다.
- 맞춤 (Customized) – 프로그램과 서비스가 각 개인에 맞는 맞춤형이어야 한다.
- 네트워크 중심 (Network Centric) – 해당 장애인이 가족과 친구로부터 소외된 상태로 지원되어서는 안된다.

• 결과 지향 (Results Oriented) − 성공을 측정할 때는 서비스 제공기관이 펀딩 계약을 충족시켰는가 보다는 해당 장애인이 '좋은 삶'이라는 목적을 달성했는지를 기반으로 해야 한다.

감시 및 권리 옹호에 대한 몇가지 팁

• **다른 사람이 돌보는 것을 신뢰하십시오.**
장애 자녀를 가진 부모들이 겪는 가장 힘든 것 중 하나는 다른 사람들도 우리 자녀를 우리만큼 사랑하고 돌볼 수 있다는 것을 신뢰하지 못하는 것입니다. 저는 과거 수년 동안 많은 사람들이 제 아들을 너무나 사랑해 주는 것을 보아왔습니다. 그들이 세 아들을 보았을 때 그들의 얼굴이 얼마나 밝아지는지를 볼 수 있었습니다. 우리가 살아 있을 때 다른 사람들이 관계 안으로 들어오게 하는 것이 좋습니다. 그래야 다른 사람들이 아들을 돌보는 과정을 지켜보고 도와줄 수 있기 때문입니다.

• **다른 방식으로 붙드십시오.** 우리가 사랑하는 자녀를 다른 사람이 돌보게 놓아 주는 것은 참 힘든 일입니다. 수년 전에 PLAN은 "놓아주기"라는 주제로 워크샵을 한 적이 있습니다. 장애 자녀를 다른 사람이 돌보게 하는 전환 과정 중에 있는 나이 드신 부모님들을 위한 워크샵이었습니다. 그런데 아무도 참석하지 않았습니다. 그 이유를 부모님들께 물어보았을 때 그분들의 대답은 다른 사람에게 맡길 수가 없었기 때문이라고 했습니다. 그 다음에 우리는 워크샵 제목을 "다른 방식으로 붙들기"로 바꾸었습니다. 그러자 참석자가 생겼습니다. 이는 우리가 살아 있는 동안에는 결코 우리 자녀를 놓아주기 어렵다는 것입니다. 하지만 우리는 다른 방식으로, 즉 다른 사람들이 우리 자녀를 돌볼 수 있는 방식으로 자녀를 붙들어야 합니다.

• **다른 사람들도 감시할 수 있도록 초대하십시오.** 친척, 친구, 네트워크 멤버들도 우리 자녀가 제대로 돌봄을 받고 있는지 다른 관점에서 볼 수 있습니다. 그들이 보는 것은 무엇인가? 어떤 해결의 실마리를 찾아낼까? 이들은 때때로 우리보다 더 명확하게 보기도 합니다. 집단 지성이 개인 지성보다 낫다는 것을 알게 되었습니다.

• **조쉬는 어떻게 반응하나요?** 저는 제가 신뢰했던 사람들에 대해 아들 조쉬가 어떻게 반응하는지 살펴봅니다. 그들을 만나는 것을 좋아하는가? 그가 미소를 짓는가? 그가 그들에게 손을 뻗어 자기 손을 잡아달라고 하거나, 옆에 앉으라고 하는가? 조쉬의 언어적 기능은 부족하지만 몸짓으로 크게 말합니다. 조쉬는 조절하기 어려운 경련 증세가 있습니다. 하지만 잘 보살펴지고, 잘 먹고, 잘 자고, 휴식을 잘 취하면, 경련도 줄어듭니다. 조쉬에게는 경련의 정도가 행복과 건강의 척도인 것입니다.

• **나라면 행복할까?** 다른 사람이 내 자녀를 돌보는 것을 평가할 때 제가 하는 가장 기본적인 질문은 "나라면 행복할까?"와 "나라면 여기 살고 싶을까?"입니다. 어떤 기관은 집이라고 하기 어렵지만 또 어떤 곳은 진짜 집처럼 느껴지는 곳이 있습니다. 포근하고, 인격적이고, 머물고 싶은 안식처 말입니다. 만일 어떤 시설에서 내가 행복할 것 같지 않다면 우리 자녀도 행복하지 않을 것입니다.

• **사람들은 그들이 할 수 있는 한 최선을 다합니다.** 저는 제 아들을 돌보는 사람들도 최선을 다한다고 믿습니다. 누구나 잘 하기를 원합니다. 우리는 아주 최근까지도 장애인을 분리시키는 사회에서 살아왔습니다. 그 결과 많은 사람들이 장애인과 어떻게 관계를 맺어야 하는지 모릅니다. 저는 여기에 제 역할이 있다고 생각합니다.

즉 그들이 제 아들과 관계를 맺도록 초대하고 아들이 필요로 하는 것이나 우리가 필요로 하는 것이 차이가 없다는 것을 알려주는 것입니다. 그 필요는 바로 사랑받고, 보살핌을 받고, 자기의 선택이 존중되고, 안전하고 안정된 삶, 그리고 존엄성을 인정받는 것입니다. 누구나 강점이 있고 한계가 있습니다. 따라서 제가 할 일은 제 아들에게 가장 잘 맞는 사람을 찾는 것입니다.

테드 쿤츠 (TED Kuntz,) PLAN 이사회 의장

관계 기반의 권익옹호

권익 옹호는 장애인, 가족, 친구 그리고 네트워크를 위해 꼭 필요한 업무 중 하나입니다. 사회, 교육, 건강 서비스들은 모두 인적 서비스이므로 그 자체로 완벽할 수 없습니다. 당연히 사람들이 원하는 것과 서비스 제공자나 펀드 제공자 그리고 정부가 제공하는 것 사이에는 차이가 있게 마련입니다. 일이 잘못될 수도 실제로 잘못 되기도 합니다. 정부 기금은 항상 모자라고 배분도 적절하게 이루어지지 않습니다. 해결 방안을 모색해야 하고, 권리를 옹호해 주어야 합니다.

PLAN의 전문분야 중 하나가 바로 '권익 옹호(Advocacy)'입니다. 개인, 가족 혹은 개인 네트워크들이 어떤 프로그램이나 서비스의 개선, 혹은 새로운 펀딩이 필요할 때 도와달라는 요청을 받습니다.

우리는 그동안 쌓아온 옹호 경험을 토대로 소위 '관계 기반 옹호'라는 개념을 만들었습니다. 관계 기반 옹호에는 두 가지 목적이 있습니다.

1. 관련기관 내부에서 일하는 사람들과 관계를 강화하면서
2. 해결책을 찾는 것입니다.

'관계 기반' 옹호가 기존의 옹호 방식과 다른 것은 '목적' 뿐만 아니라

'수단'에도 초점을 둔다는 것입니다. 즉, 결과뿐만 아니라 모든 참여자들 간에 관계를 증진시키고 새로운 원군을 끌어 들이고, 그 다음 문제를 해결하기 위한 기반을 구축하는 것입니다. 이것은 공동으로 문제를 해결할 수 있는 조건을 만드는 것입니다. 예의를 지키고 상대방을 존중하면서 개인의 특성보다는 문제에 초점을 맞추는 것입니다.

마음 자세가 중요합니다. 어떤 경우는 본래의 의도에서 벗어나게 합니다. 의로운 분노가 그 중 하나입니다. 분노는 오히려 효과를 떨어뜨립니다. 화를 내기보다는 그 에너지를 여러분의 논리가 왜 맞는지, 왜 해결책을 찾기에 시간과 여유가 없는지를 설명하는 데 사용하십시오. 절대적 확신도 또 다른 예입니다. 본인이 생각하는 해결방안에 너무 사로잡혀 있어 가능한 다른 대안을 놓칠 수도 있습니다. 너무 방어적인 것도 도움이 되지 않습니다. 때로는 기금 제공자나 서비스 제공자가 하는 질문이 충분히 타당함에도 불구하고 그것을 위협으로 받아들임으로 해서 건설적으로 논의할 수 있는 기회를 놓치기도 합니다. 의견이 같지 않은 사람들이나 도움을 줄 수 없는 사람들을 악당 취급하는 것 또한 또 다른 함정입니다.

PLAN이 관계기반의 옹호 모델을 지지하는 것은 그리 놀랄 일이 못됩니다. 왜냐 하면 관계는 바로 우리 믿음의 핵심이기 때문입니다. 여기에는 또 다른 가치가 있습니다. 우리가 현재 만나는 많은 사람들은 내일 또 만날 사람들입니다. 우리가 좋아하든 좋아하지 않든 우리는 한 배를 타고 오랫동안 같이 갈 것입니다.

권익 옹호의 세가지 형태

1. 자기 옹호

본인만큼 자신을 강력하게 변호해 줄 수 있는 대변인은 없을 것입니다. 장애인들은 이것을 자기 옹호라고 합니다. 단계4에서 우리는 장애인들의 의사결정을 지원하는 다양한 방안에 대해 논의한 바 있습니다. 의사결정에 있어 중요한 핵심 중 하나는 뭔가 일이 잘못 되어가거나 뭔가

옳지 않다는 감이 왔을 때 무엇을 해야 하는지 아는 것입니다. 다시 말하면, 자신의 목소리를 찾고, '아니오'라고 말하는 것을 배우고, 항의하는 것을 배우고, 도움을 요청하는 것을 배우는 것입니다.

자기 옹호가들 사이에서 유명한 구호가 있는데 그것은 '우리가 없이는 우리에 대한 것도 없다'는 것입니다. 이 구절에는 두 가지 중요한 의미가 담겨 있습니다: 즉, 참석과 참여입니다. 첫째, 장애인들이 자신들에게 영향을 미치는 논의나 의사 결정이 이루어질 때 그 자리에 함께 있어야 한다는 것입니다. 설사 당사자가 의사 소통을 할 수 없고 일반적인 방식으로 상호 작용을 할 수 없는 상황이더라도 그들의 참석 자체가 대화를 변화시킵니다. 이것은 회의에 참석한 사람들이 또 다른 사람의 삶에 영향을 미치는 의사결정을 하고 있다는 것을 상기시켜주고, 그들이 추측하거나 가정해서 얘기하지 않도록 주의를 줍니다.

이 구절의 두번째 의미는 더욱 명확합니다. 자신들에게 영향을 미치는 의사결정에 장애인들이 적극적으로 관여하는 것은 매우 중요합니다. 우리 중 어느 누구도 우리에게 이래라 저래라 하면서 아무런 질문도 하지 않는 그런 전문가를 좋아하지는 않을 것입니다. 아무리 어눌하고 아무리 시간이 많이 걸린다 해도 장애인 본인의 견해는 매우 중요합니다.

자기 옹호는 어떤 부모들에게는 어려운 개념일 수 있습니다. 자녀가 어렸을 때는 그들을 위해 부모가 대변하는 것이 부모의 일입니다. 또 그들을 보호하는 것이 우리 부모의 일입니다. 자녀가 나이가 들면서도 우리는 자연적으로 그들을 옹호하는 일을 계속하게 됩니다. 하지만 동시에 그들은 자기 스스로를 옹호하는 옹호자가 되도록 자신감을 키워 줄 필요가 있습니다. 그렇지 않으면 우리가 더 이상 그들과 함께 할 수 없을 때 그들은 더 연약할 수 밖에 없을 것입니다.

우리는 우리 자녀들을 옹호하고자 하는 자연적 본능과 자녀들이 스스로를 옹호할 수 있는 권리 사이에 균형을 맞출 필요가 있습니다. BC주에는 장애인의 권리와 책임을 배울 수 있고 스스로를 어떻게 옹호하는 지 배울 수 있는 많은 자기 옹호 그룹과 쉬운 용어로 된 자료들이 있습니다. '참고 자료'에 이들 목록을 만들어 놓았습니다.

자기 옹호

자기 옹호는 다음과 같은 것으로 키워집니다

- 스스로를 대변할 수 있는 자신의 능력을 믿는 것
- 일상적인 의사결정을 하는 법과 실수로부터 배울 수 있는 기회를 많이 갖는 것
- 자기 옹호 그룹에 가입하는 것
- 높은 자기 존중과 자신감
- 가족과 친구 네트워크

2. 개인 옹호(Personal Advocacy)

옹호는 과학이라기 보다는 예술에 가깝습니다. 이것은 실제로 해 보면 늡니다. 그렇지만 우리는 과거 수년에 걸쳐 아니 이 책의 저자들의 경험을 모두 합친다면 수 평생에 걸쳐 터득한 핵심적인 접근법이 있습니다. 이 단원 초반에 논의한 마음자세 말고도 다음과 같은 세가지 기본적인 팁이 있습니다.

a) 절대 혼자 하지 마십시오: 최소한 한명이라도 함께 회의에 참석하고, 기록을 하고, 느낌을 비교하고, 다양한 아이디어들을 논의할 사람을 구하십시오. 우리의 자녀를 잘 아는 사람들이 가장 좋은 옹호자가 될 것입니다. 그들이 서비스 제공이나 펀딩에 대해 잘 모를 수 있습니다. 하지만 그들은 우리 자녀에게 무엇이 가장 좋은지에 초점을 맞추기 때문에 자녀를 위해 싸워줍니다. 우리의 자녀들에게 줄 수 있는 가장 커다란 선물 중 하나는 옹호에 대해 우리가 알고 있는 것을 우리 자녀의 개인 네트워크 멤버들에게 가르쳐 주는 것이고 그들이 스스로 옹호하는 요령을 배울 수 있는 기회를 제공해 주는 것입니다. 즉, 그들 중 한 명이나 두 명을 데리고 가는 것입니다. 결국 우리가 자녀들과 영원히 함께 할 수 없을 테니까요.

b) 한 입 정도만 먹으십시오: 바다를 다 끓이려고 하지 마세요. 모든 문제를 한꺼번에 해결할 수 있는 처방을 찾으려 하지 마십시오. 요구하려는 사항을 분명하고 간략하게 하시고 지금 당장의 현안에 초점을 맞추십시오. 선출된 공무원에 대해 당신의 정치적 견해를 표현하거나 그들을

훈계하려 하지 마십시오. 당면한 문제만 다루십시오. 초점에서 벗어나지 않도록 하기 위해 우리가 발견한 방법 중 하나는 본인의 '요구사항'을 25단어 이하로 쓰도록 연습시키는 것입니다. 요구사항을 긍정적이고 판단이 들어가지 않은 언어로 쓰되 본인이 기대하는 조치 사항을 명확하게 표현하십시오.

c) 동력을 잃지 마십시오: 결국 여러분은 정부나 서비스 제공자가 주려고 하지 않거나 생각해 본 적도 없는 어떤 것을 얻기 위해 옹호하고 있는 것입니다. 그렇지 않다면 굳이 옹호할 필요도 없는 것이지요! 처음부터 긍정적인 반응을 얻기는 매우 어렵습니다. 그렇다고 해서 완전히 가망이 없다는 뜻은 아닙니다. 결코 그렇지 않습니다. 사실 가장 가망이 없어 보일 때 일이 호전되는 경우가 많습니다. 어떤 커다란 조직이 방향을 바꾸거나 그들의 생각을 바꾸기까지는 꽤 오랜 시간이 걸립니다. 여러분이 하려는 옹호의 목표를 달성하기 위해 매주 한 두 가지를 실천하도록 자신만의 목표를 설정하십시오. 예를 들어, 전화를 한다거나; 지난 회의에 대한 후속 조치를 한다거나; 방금 발견한 흥미 있는 연구 자료를 보낸다거나 하는 일들입니다. 남을 배려하면서 기꺼이 도우려는 상태를 유지하고 있으면 결국에는 그쪽 내부에서 여러분을 도와줄 내부 옹호자들이 생길 것입니다.

3. 공공 정책 옹호

PLAN은 개인이나 가족을 위한 개인 옹호에 일상적으로 관여합니다. 그러다 보니 최근 논의되고 있는 사안에 대해 폭넓은 관점과 많은 정보

효과적인 권리 옹호

효과적인 옹호가 및 감시자는
- 장애 자녀를 잘 압니다
- 문제 해결 능력과 협상 기술이 있습니다
- 자신감이 있고 예의가 바르면서도 단호합니다.
- 갈등을 유발하지는 않지만 그렇다고 피하지도 않습니다.

들을 갖게 됩니다. 그래서 우리는 가장 공통적인 관심사를 한데 묶어 우리의 공공정책 옹호 우선순위를 만듭니다. 예를 들면, 몇 년 전에 BC 정부는 재량 신탁을 통한 지출액만큼 장애 보조금을 삭감하려 했습니다. PLAN은 BC주에 있는 가족들을 결집시켰으며 대중 매체에도 이 사실을 알렸습니다. 해당 관청 장관 및 고위직 관료들과도 잦은 만남을 가졌습니다. 롭슨 스퀘어(Robson Square)에서도 큰 집회를 했습니다. 결국 정부는 계획을 철회하였습니다. 이로 인해 재량 신탁은 장애인들의 재정적 안정을 가능하게 하는 중요한 수단으로 계속 자리 잡을 수 있었고 다른 캐나다 지역에도 이것이 표준이 될 수 있었습니다.

장애인을 위한 공공 서비스는 어떠해야 한다는 우리의 기대와 실제로 가능한 현실 사이에는 항상 차이가 있습니다. 우리 가족들이 PLAN을 설립한 주된 이유는 정부와 서비스 제공자들이 부모들보다 오래 사는 장애 자녀들이 많아지고 있다는 사실을 깨닫지 못했기 때문입니다. 이것이 바로 우리가 장애 저축(Registered Disability Savings Plan, RDSP)을 정부에 제안한 이유입니다. 당시 하퍼 수상도 RDSP가 실제로 실행되도록 정책 옹호 활동을 해 준 PLAN을 치하해 주었습니다.

공공 정책 옹호는 흔히 로비(lobby)라고 부르기도 합니다. 용어가 어떻든 간에 여기에는 많은 근거 없는 속설이 있습니다. 그 중 하나가 정부는 과거와 다르게 생각하고 행동한다는 것입니다. 오늘날 정부는 대중의 압력에 더 저항하고, 자금 지원이 튼튼한 큰 로비 활동조차도 능숙하게 잘 쳐 낸다는 것입니다. 또 다른 하나는 정부가 과거보다 더 조심스러워 한다는 것입니다. 그들이 하는 일이 24시간 감시하에 있으며, 위험한 일은 하지 않으려 하고, 다른 사람들이 이용할 가능성이 있는 전례를 남기려 하지 않는다는 것입니다.

물론 항상 예외는 있고 매우 힘든 옹호가 때로는 성공하기도 합니다. 하지만 이런 접근방법을 사용할 경우 생기는 문제는 사안들이 양극화되고 관계가 험악해진다는 것입니다. 어쨌든 머잖아 당신은 문을 열고 들어가서 당신이 싸워온 사람들과 함께 마주 앉아야 할 것입니다. 필요가 생겼을 때 강하고 단호해야 함은 매우 중요합니다. 하지만 그것은 그 사람들에게 그래야 하는 것이 아니라 사안에 대해 그래야 한다는 것입니다. 장기적으로 보았을 때 관계 중심의 옹호가 장애인들과 그 가족들에게 더 큰 이득이 됩니다.

앞 절에서 개인 옹호에 대해 우리가 드렸던 조언이 정책 옹호에도 그대로 적용됩니다. 혼자 하지 마시고, 사안에 집중하시고, 동력을 유지하십시오. 아래에 두 가지 팁이 더 있습니다.

a) 전략적 질문: 정부는 정권 초기에 몇 가지 우선 순위를 세우고 그것을 지키려고 합니다. 따라서 이 정책의 방향을 바꾸기는 매우 어렵습니다. 그렇다고 불가능한 것은 아닙니다. PLAN 및 다른 비영리 단체의 오랜 동료이기도 하며 캐나다 로비스트의 대부라 불리는 션 무어(Sean Moore)라는 분이 계십니다. 그는 로마 정치인이었던 키케로(Cicero)의 말을 곧잘 인용했는데 그것은 "당신이 나를 설득하고 싶다면, 내 생각처럼 생각하고 내 느낌처럼 느끼고, 내 말처럼 말해야 한다"는 것입니다.

션은 정부에 어떤 해결책을 제시하기 전에 정부의 정책 우선순위를 이해하고 있어야 하고 본인이 제기하려는 사안과 그들의 우선순위가 어떻게 연결되는지 알아야 한다고 말합니다. 그들의 언어와 마감 시한, 그들의 형식 및 우선순위 등을 알아낼 수 있는 가장 좋은 방법은 그들에게 묻는 것입니다.

션은 이것을 전략적 질문이라 부릅니다. 전략적 질문은 방송 진행자보다는 청취자의 입장에 서는 것입니다. 션은 대화 중 80퍼센트는 들으라고 권고합니다! 개괄적으로 큰 그림을 그리는 것은 좋습니다. 하지만 잘 알지도 못하면서 아주 상세한 내용으로 그들을 제압하려는 충동을 억제해야 합니다.

전략적 질문은 신뢰를 쌓고, 해당 사안에 대한 정치적 이해관계를 알게 되고, 때로는 기관 내부에 있는 잠재적인 아군이나 대변자를 찾을 수도 있게 합니다. 궁극적으로 전략적 질문은 정부의 정책 우선순위 중 하나와 연결시키는 실질적인 '질문'을 하도록 도와주는 역할을 하는 것입니다.

b) 직접 수행하기: 이상하게 여겨지겠지만 좋은 아이디어를 받아들이고 실행하는 정부의 역량은 점점 줄어드는 것 같습니다. 그들은 과거에 그들이 했던 만큼 필요한 정책 연구를 하지 않습니다. 공무원들은 일상으로 벌어지는 문제와 긴급 사안에 매달리게 됩니다. 어쩌면 여러분의 제안이 그들이 인식조차 못했던 해결책이 될 수도 있습니다. 최근에는 옹호자들이 어떤 사안에 대해 제때에 일을 진행시키려면 엄청난 양의 일을 해야 하기도 합니다.

PLAN이 '직접 수행한 공공정책'의 예가 있는데, 그것은 RDSP가 승인되고 나서 본격적인 시행이 되기 전에 일어난 일입니다. 당시 각 주 및 지방 정부는 자체 복지 규정에 의해 RDSP자산이 장애 보조금을 깎아먹지 않도록 하기 위해서 기존에 갖고 있던 그들의 규정을 변경해야만 했습니다. 이것을 '환수(claw back)'라고 합니다. 연방 정부는 이 부분에 관여하는 것을 주저하였고 주 정부도 무엇을 해야 할지 몰랐습니다. 시간이 계속해서 흘러갔고 PLAN은 혹여 형편없이 고안된 규정이 RDSP의 진정한 가치를 손상시키지 않을까 염려하게 되었습니다. 그래서 PLAN은 자체적으로 연방정부-주정부 회의를 주관하기로 하였습니다. BC 정부가 나름 적절한 가이드 라인을 만들었기 때문에 우리는 BC 정부 대표들을 모셔서 발표토록 했습니다. 놀랍게도 대부분의 주 정부가 참석하였고 BC주의 방안을 채택하였습니다.

공공 정책에 성공적으로 영향을 주기 위해서는 배울 것이 더 많이 있습니다. 이 책의 주 저자인 앨 에드만스키(Al Etmanski)는 캐나다에서 가장 대표적인 옹호가 중 한 분이십니다. 그 분의 블로그 '해결 기반 옹호를 위한 팁(Tips for Solution-Based Advocacy)'을 방문하시거나 그의 최근 저서 '영향 - 사회적 개혁을 퍼뜨리고 공유하는 여섯 가지 패턴(Impact - Six Patterns to Spread and Share Your Social Innovations)'을 참고하십시오. 그리고 '참고 자료'에 소개된 션 무어의 옹호 학교(Advocacy School)와 그의 교육팀을 살펴 보십시오.

장애 자녀의 행복을 위해 함께 노력하는 부모 단체보다 더 강력한 것은 없다.

아론 요한스(Aaron Johannes)는 자녀를 도와 줄 에이전시를 찾을 때 다음과 같은 3가지 팁을 이용하라고 권합니다.

1. 여러 곳을 둘러 보십시오: 최근에 아주 많은 에이전시가 생겼습니다. 그러니 최소한 3군데는 만나 보십시오. 다른 가족들의 의견을 들어보는 것도 아주 좋은 방법입니다.
2. 많은 질문을 하십시오: 직원 인터뷰는 어떻게 하나요? 인터뷰에 참여해도 될까요? 지금 하는 일들은 어떤 것인가요? 개인중심계획(Person-centered planning)은 어떻게 이루어지나요? 등등. 지금 원하는 질문을 하지 않으시면 나중에 더 질문을 할 수 없습니다. 그 에이전시가 장기간 우호관계를 가져갈 파트너로 느껴지는지 살펴 보십시오.
3. 네트워크 멤버를 함께 데리고 가십시오: 함께 참석하는 사람들을 에이전시가 환영하는지 빨리 아는 것이 좋습니다. '의자가 충분치 않네요'라고 얘기하는 것은 원하는 인사가 아닙니다. '너무 많은 사람이 오면 직원들이 힘들어집니다'라는 말도 마찬가지입니다. 이렇게 말하는 에이전시를 찾으세요: '환영합니다! 이렇게 모두 와 주시니 너무 좋습니다'

아론 요한스는 PLAN 이사회 멤버이며, Spectrum Society의 공동 사무총장입니다. Spectrum Society는 장애 가족을 돕는 에이전시 중 하나입니다.

가족, 서비스 제공기관, 정부의 새로운 관계: 몇 가지 사례

개별 펀딩(Individualized Funding)

대부분의 서비스 제공기관들은 정부로부터 한꺼번에 묶어서 계약을 하는 블록 펀딩(Block Funding)의 형태로 계약을 합니다. 그러다 보니 서비스 제공 기관은 두 고객 집단에 동시에 충성을 해야 합니다. 자금 제공자와 그들이 서비스를 제공하는 개인들입니다. 이런 상황은 그 자체로 이해가 상충될 뿐만 아니라 보통의 경우 자금 제공자에게 우선순위를 두기 마련입니다. 대부분의 지역에서 한 기관이 개인에게 필요한 모든 서비스들을 한꺼번에 제공합니다. 즉, 직접 주택을 소유하거나 리스를 하고, 도우미를 제공하며, 주거 서비스, 고용 서비스, 레크리에이션 및 기타 다른 서비스들을 모두 제공합니다.

물론 많은 기관들이 각 개인의 필요에 따라 맞춤형으로 서비스를 제공하려 노력하지만 많은 수의 사람들을 대상으로 할 경우 맞춤형으로 하기가 매우 어렵습니다. 그러다 보니 어떤 절충이 이루어지기가 어렵고, 있다해도 큰 타협만이 있을 뿐입니다. 프로그램도 많은 사람들을 대상으로 하여 짜여지기 때문에 개인의 취향이 무시되기 쉽습니다. 예를 들어, 정부와 계약으로 인해 특정 그룹홈에 인원을 꽉 채워서 운영해야 하는 상황이 생기면, 개인들은 서로 함께 살 공통점이 없음에도 함께 살아야 할 것입니다.

직원 이직율도 높습니다. 직원들의 자격과 경험도 고르지 않습니다. 서로 알지도 못하는 사람들 혹은 서로 싫어하는 사람들과 함께 살아야 하는 상황도 생깁니다. 작업 계획도 한 직원이 많은 수의 사람들을 돌보도록 설계됩니다.

이렇게 하면 개인들이 기여할 수 있는 기회를 잃게 되고 하루하루 지루한 삶을 살게 됩니다. 기관의 규칙과 규정도 경직되어 있습니다. 예를 들어, PLAN이 서비스 제공 기관으로부터 비난을 받는 경우가 있는데 그것은 PLAN이 지원하는 한 개인의 삶은 풍요로워 질 수 있지만 다른 고객은 그런 지원을 받지 못한다는 것입니다.

기관의 서비스를 이용하는 사람들은 보통 그들에게 일어나는 일들에 대해 거의 말을 하지 못하기 때문에 많은 부모들과 개인들이 최근 개별 펀딩 혹은 직접 펀딩이라 불리는 방안을 추진하고 있습니다. 이것은 개인이 받을 서비스를 직접 설계하는 것입니다. 보다 유연하고 스스로 조정할 수 있습니다. 정부도 여기에 호응을 합니다. 예를 들어, CLBC는 BC주에 사는 일부 개인들에 한해 개별 펀딩을 제공합니다. 영국에서는 개인들이 원하면 (부모님들의 압력에 힘입어) 의무적으로 직접 펀딩을 제공해야 하는 법안이 만들어졌습니다.

개별 펀딩은 장애를 가진 개인(혹은 그 가족 혹은 대리인)이 각자가 필요로 하는 특정한 지원이나 서비스를 스스로 구입할 수 있도록 당사자에게 직접 자금을 제공하는 것입니다. 지원자들의 도움을 받아 개인들은 그들이 선호하는 기관으로부터 서비스를 받는 데 있어 직접 관여하고 협상할 수 있습니다. 예를 들면, 직원을 인터뷰하고, 채용하고, 일정을 잡는 데 관여할 수도 있습니다. 혹은 자신만의 서비스를 마련하여 직접 직원을 채용할 수도 있습니다. 개별 펀딩은 또한 서비스 기관을 바꾸거나 자신의 생활 스타일이 바뀌어도 개인을 따라 움직입니다.

마이크로 보드

여러분의 장애 자녀만을 위한 프로그램과 서비스를 제공하기 위해 존재하는 비영리단체를 상상해 보십시오. 바로 그것이 마이크로 보드입니다. 마이크로 보드는 이사진(board of directors)이 있는 작은(그래서 이름이 마이크로) 단체입니다. 이사진은 주로 가족과 친구들로 구성됩니다 (5명 이상 8명 이하). 이사진은 장애 자녀를 대신해서 정부로부터 펀딩을 받고 필요한 서비스를 제공하기 위해 서비스 제공기관들과 협상합니다. 장애 자녀와 함께 이사진은 필요한 서비스의 방향을 잡고 개인에 맞게 설계합니다. 마이크로 보드는 개별 펀딩과 맞춤형 서비스의 성공적인 변형이라 할 수 있습니다. 마이크로 보드는 또한 관계 형성을 더욱 발전시킬 수 있는 기회를 제공해 주기도 합니다. 종합적으로 봤을 때 마이크로 보드는 개인의 필요에 대해 더 많은 통제권을 갖게 합니다. 벨라 마이크로 보드 협회(Vela Microboard Society)는 BC주 뿐만 아니라 세계적으로도 마이크로 보드의 선구자입니다. 아주 훌륭한 자원입니다. 보다 자세한 정보는 '참고 자료'를 참조하세요.

독립생활지원 선택(Choices in Supports for Independent Living, CSIL)

BC주에서 개별 펀딩의 또 다른 예는 '독립생활지원 선택(CSIL)'입니다. CSIL은 보건부(Ministry of Health Services)가 주관하고 있으며 "일상 생활에서 개인 수발이 필요한 장애인들이 집에서 필요한 서비스 운영에 유연성을 주기 위해" 마련된 것입니다. CSIL은 자가 운영 케어 모델이라 할 수 있습니다. 개인들은 필요로 하는 주거 지원 서비스를 직접 구매할 수 있는 기금을 받습니다. 그리고 서비스에 대한 운영, 조정 및 재정적 책임 등 모든 책임을 담당합니다. 본인에게 필요한 직원을 직접 채용하고, 배치하고, 훈련하고, 감독하고, 일정을 짭니다. 관련 사항들에 대해 도움이 필요한 경우는 '고객지원그룹(Client Support Group: 당사자가 지정한 5명으로 구성 등록된 비영리단체)'을 만들어 당사자를 대신해서 필요한 서비스를 운영할 수 있습니다. 보다 자세한 정보는 '참고 자료' 난을 참조하세요.

사회 개혁 연구소

정책을 개발하는 또 하나의 새로운 방식이 있습니다. 이것을 '사회 개혁 연구소(social innovation lab)'라 부릅니다. 다른 연구소들과 마찬가지로 이들 연구소들도 통제된 조건하에서 실험을 하기도 하고; 새로운 아이디어들을 시도하고; 내부든 외부든 필요한 분들을 모셔 오기도 합니다. 이들 연구소들은 위험 부담없이 새로운 아이디어들을 검토하고 실행할 수 있는 최선의 방법을 개발합니다. 이들 연구소들은 새로운 기기, 제품, 그리고 처방약들을 개발하는 기술 연구소, 제품 연구소, 의료 분야 연구소에서 사용하는 방식과 동일한 방식을 따릅니다. 사회개혁 연구소들은 노령화부터 보호시설이나 간병인 보호 하에 있는 아동 등 다양한 주제로 조직되어 왔습니다. PLAN은 사회적 고립과 소속감이라는 주제로 사회개혁 연구소를 만들었으며 또 다른 하나는 주택과 관련된 사회개혁 연구소를 만든 바 있습니다.

결론

본 단계는 앞서 다룬 단계들을 기반으로 합니다. 앞서 소개된 단계의 워크시트들을 보면 장애 자녀를 위한 서비스나 프로그램 및 기타 지원들에 대해 구체적인 방향을 제시해 줄 것입니다. 또한 이들 워크시트들은 여러분과 네트워크 멤버들이 모니터링 가이드로 사용할 수 있는 기준을 제시해 줄 것입니다. 그리고 필요한 경우 권익 옹호 활동을 통해 보완해야 합니다. 우리의 목표는 항상 건강한 협력 관계를 회복하는 것이어야 하며 우리 자녀들이 좋은 삶을 유지하는 것에 초점이 맞추어져 있어야 합니다. 단계 7, '안전장치를 마련하라'는 준비하고 있는 계획을 한 차원 높여 줍니다. 즉, 가족으로 구성된 조직을 만들어 여러분의 계획에 대한 안전장치를 마련하라는 것입니다.

Accessibility 2024 · 동행하는 정부

Accessibility 2024는 BC주가 캐나다에서 장애인에게 가장 좋은 주가 되는 것을 목표로 마련한 **10개년 계획**입니다.

Accessibility 2024는 정책 협의를 통해 선정된 12개 항목을 축으로 구성되어 있으며, 융합 정부, 주택, 편리한 교통, 고용, 재정 안정 등의 주제가 포함되어 있습니다.

재정 안정

목표 : BC주는 2024년까지 캐나다에서 장애인 저축률이 가장 높은 주가 된다.

성공 측정 : BC주는 1인당 RDSP가입율이 가장 높은 주이다.

실천 사항

- 매년 10월을 RDSP의 달로 정한다.
- 정부 사무소를 통해 RDSP 및 RESP를 판매한다.
- 장애인을 위한 재정 전문 상담소 설립을 위해 금융기관 및 장애 단체와 함께 협력한다.
- RDSP Action Group을 설립한다.

Accessibility 2024에 대한 보다 상세한 정보는 GOV.BC.CA/ACCESSIBILITY를 참고하세요.

무능력(장애)

그것은 재미있게 지내는 능력

사랑에 빠지는 능력

자유할 수 있는 능력

친구를 사귈 수 있는 능력

웃을 수 있는 능력

능력은 세상

책임지는 능력

당신 자신이 되는 능력

그것은 바로 무능력(장애)

리즈 에트만스키 (LIZ ETMANSKI)
리즈 에트만스키는 밴쿠버에 거주하는 예술가이다. 고등학교 때 예술적 재능을 인정 받아, 에밀리카 미술 대학에 진학하여 다운 신드롬을 가진 최초의 졸업생이 되었다. 리즈는 주로 사랑과 개인적 장애를 극복하는 주제로 시를 쓴다. 리즈에 대한 보다 자세한 사항은 www.lizetmanski.com

페기
학대, 방치, 착취

믿기 어렵겠지만 페기는 병원의 장기요양병동에서 어린 시절을 보냈다. 빅키와 앨의 친구들이 아니었다면 페기는 아마 아직도 거기 있었을 것이다. 이들은 그 병동에 계신 할머니를 보기 위해 갔다가 페기를 만나게 됐는데 아주 어린 아이가 있어 매우 의아하게 생각했다. 그녀는 항상 혼자 있었다. 게다가 페기가 큰 소리를 내기 때문에 사람들은 그녀에게 종종 '닥쳐'라고 소리쳤다.

페기는 두 살 때부터 그 병동에서 살았다. 그녀는 자동차 사고로 인해 심한 뇌손상을 입어 움직일 수 없었다. 그녀의 가족은 더 이상 페기를 돌볼 수 없다며 결국에는 방문조차 안하게 되었다. 그녀에게 유일하게 자극을 주는 것은 그녀가 보지도 못하는 TV뿐이었다. 대부분의 시간을 침대에 누어서 움직이지도 못하고 의사소통도 하지 못했다. 완전히 고립된 외롭고 지루한 삶이었다. 병원의 암묵적 동의로 PLAN이 그녀를 돕기로 했다.

바로 맞닥뜨린 어려움은 그녀를 알아가는 것이었다. PLAN은 도우미(Community Connector)를 구했고, 도우미는 페기가 음악을 좋아하는 것을 알아차렸다. 곧 네 명의 네트워크 멤버가 생겼고, 번갈아 가며 페기를 방문하고 때로는 지역 음악회에 초대하기도 하였다. 그런데 병원이 방어적이 되기 시작했다. 아마도 페기를 새로 알게 된 사람들이 페기가 병원에서 어떻게 보살핌을 받는지도 물어보고, 어린 나이에 어떻게 이 장기요양시설에서 살게 되었는지 묻기 때문이리라. 병원은 이제 페기를 방문하는 사람들의 자격을 따지기 시작했다.

마침내 사건이 터져 버렸다. 병원에서 페기의 이를 모두 뽑아 버리기로 결정했다고 하는 얘기를 페기의 네트워크 멤버가 우연히 듣게 된 것이다. 분명히 페기는 식사 시간에 잘 협조하지 않았을 것이다. 음식이 목구멍으로 밀어 넣어지면 페기는 저항하며 이를 꽉 다물었다. 결과적으로 그녀에게 밥 주는 시간이 꽤 많이 걸렸을 것이다. 페기에게 이가 없다면 직원들이 밥 먹이기 쉬울 것이고 죽 같은 음식을 주면 시간도 얼마 안 걸릴 것이라 생각했을 것이다. PLAN은 보건부를 통해 압력을 넣어 그 결정을 취소하도록 했다.

정부 고위 관계자를 설득해서 페기가 지역사회에서 살아 보도록 했다. 친구들과 방문자들이 많아 지면서 페기의 삶도 밝아지기 시작했다. 페기의 가족에게도 연락이 닿았다. 정부는 페기를 그룹홈에서 살도록 지원해 주었다.

지금 페기는 완전히 다른 사람이다. 지역사회에 살고 있고, 그녀의 네트워크는 건강하고 활발하다. 그녀의 눈에는 생기가 돌고 살도 좀 붙었다. 우리가 가장 좋아하는 사진은 밴쿠버 다운타운에 있는 레스토랑 앞에서 음악회에 들어가기 전에 페기가 멋진 검은 색 드레스를 입고 그녀가 가장 좋아하는 가수와 함께 찍은 사진이다. 그 가수는 바로 셀린 디옹이다.

우리는 지금 많은 장애인들이 방치, 학대, 착

취의 위험에 많이 노출되고 있다는 슬프고 힘든 삶의 현실을 얘기하려는 것이 아니다. 이에 대해서는 이미 충분한 연구가 있고 경험이 있다. 혼자 살 건 기관에서 살 건 관계없이 장애인들은 항상 위험에 취약하다.

당연히 에이전시들은 안전 규칙과 절차가 준비되어 있어야 한다. 그러나 가장 좋은 보호막은 돌봐주고 믿을 수 있는 친구들의 네트워크이다.

이들은 본능적으로 친구의 행복에 주파수가 맞춰져 있는 사람들이다. 이들은 다른 사람들이 놓치는 것을 잡아 내는 사람들이다. 아무리 조심을 해도 안 좋은 일은 생기게 마련이다. 그런 일이 생겼을 때 상황에 잘 대처하고 신속히 움직여 결과를 얻어 낼 수 있는 팀이 필요한 것이다.

안전장치를
마련하십시오

PLAN에서 일한 내 경험은
실로 신나고 도전적인 것이었다.
처음에 우리는 비전은 있었다.
하지만 어떻게 달성해야 할 지 알 수 없었다.
지금, 나는 너무 기쁘다.
PLAN으로 인해 전 세계에 있는 장애인들이 덜 고립되고
가족들이 마음의 평안을 얻게 되었으니

조앤 로렌스(JOAN LAWRENCE), PLAN 전 회장

브롬리 가족 이야기

대학은… 어떨까?

고등학교 졸업이 빠르게 다가 오면서, 우리는 샤논이 졸업 후에도 계속해서 활동적인 생활을 할 수 있도록 다양한 대안들을 알아 보았다. 아무래도 샤논이 매일 뭔가 할 일이 있는 것이 좋겠다고 생각했다. 대학은 어떨까? 대학은 샤논이 고등학교 때 좋아했던 것을 계속할 수 있는 대안이었다.

장학금 신청 과정은 수 많은 장학 기관들을 검색한 후 각 기관에서 요구하는 정보를 한 장의 편지에 담아야 하는 것이었다. 샤논을 옆에 앉혀 놓고 랍과 나는 장학금 선정 기준을 살펴보았다. 아래 편지는 그 작업의 결과이다. 샤논에게 행운이 있기를!

안녕하십니까?

저는 Foundation for Success Program의 회원입니다. 저는 새로운 것을 배우고 또래들과 어울리는 것을 좋아하며, 가능한 많은 경험을 하기 원합니다. 제가 가장 바라는 것은 고등학교 졸업 후에도 계속해서 배우고 친구들과 어울리는 것입니다.

Steps Forward라는 프로그램을 통해 중증 장애가 있는 학생도 대학 교육의 기회가 주어진다고 들었습니다.

저는 고등학교에서 댄스와 드라마 수업을 매우 좋아했습니다. 무대 위에만 서면 활기가 넘칩니다. 같은 반에 있던 학생들은 휠체어를 타고 있는 저와 함께 공연하기 위해 놀라운 상상력으로 독창적이고 혁신적인 방법들을 만들어 냈습니다.

저는 Simon Fraser 대학에서 댄스와 드라마를 계속 공부하고 싶습니다. Steps Forward는 대학에서 공부하는 것뿐만 아니라 여름 방학에는 파트타임 직업도 연결해 주고, 대학 졸업 후 계획도 도와줍니다.

저는 Rock Solid라고 하는 '따돌림 방지 프로그램'에 팀원으로 참여하여 지역 내 초등학교와 중학교에 가서 활동하기도 했습니다. 또한 졸업 앨범 준비반에서는 직접 사진도 찍고 페이지 디자인에도 참여하였습니다. 제가 찍은 많은 사진들이 지난 4년간 졸업 앨범에 수록된 바 있습니다.

12학년 때는 3학년 학생들에게 책을 읽어 주는 일을 하기도 했습니다. 특히 아이패드에 아동 도서를 담고, 아이들이 글을 읽을 때 칭찬해 주는 Partner Four사의 음성출력 기술을 사용하는 등 학생들의 흥미를 끌어내기도 했습니다. 제가 교실에 들어가면 학생들은 열렬히 환영해 주었으며 제가 하는 의사소통 방식을 좋아했습니다. 밖에서 저를 만나면 반갑게 다가와 인사를 나눕니다. 저는 고등학교 4년 동안 70시간의 자원봉사를 하였습니다.

방과 후 지역활동에도 활발히 참여했습니다. 2010년 장애 올림픽 성화봉송 릴레이에도 참여했으며, 야구를 좋아해 코퀴틀람 Challenger League에도 참여했습니다. Disabled Skiers Association of B.C. 회원이기 해서 지난 4년간 Van-couver Adaptive Snow Sports Sit Ski Program에도 참여했습니다. 또한 스페셜 올림픽 볼링팀, Simon Fraser Society의 청소년 그룹과 함께 하계 밴쿠버 지역 탐험, Girl Guides에도 수년 동안 참가했습니다.

저는 개인적으로도 친구들을 만나고 온라인 공간에서 만나기도 합니다. 특히 몇 년 전 'O' 선생님 반에서 만난 또래 친구들을 지금도 만나고 있습니다. 함께 영화도 보고, 쇼핑도 하고, 특별한 일이 있으면 함께 축하도 해 줍니다. 여유 시간에는 뮤지컬도 보고 강아지와 놀기도 하면서 시간을 보냅니다.

저는 중증 장애가 있기 때문에 주 정부에서 지원하는 보조금이 저의 소득이며 저축입니다. 그러다 보니 대학 학비를 위한 저축이 어렵습니다.

귀 학교에서 능력과 자원이 부족한 제게 장학금이나 학비보조금의 형태로 도움을 주신다면 제가 미래에 독립적인 삶을 살아가는데 큰 도움이 될 것입니다.

이 편지는 샤논을 대신해서 부모가 쓴 것임을 알려드립니다. 샤논의 장학금을 고려해 주셔서 감사합니다.

샤논 브롬리

후기.

샤논은 Simon Fraser 대학으로부터 입학허가를 받았으며 첫 학기 등록금을 장학금으로 받았습니다. 수고했다 샤논!

단계 7

안전장치를 마련하십시오

장애 자녀의 행복한 삶과 안정된 미래를 달성하기 위해서는 다음과 같은 요소들에 주의를 기울여야 합니다.

- 장애 자녀, 부모, 가까운 친척, 친구들이 함께 만든 상세하고 구체적인 비전
- 자녀를 사랑하고 아끼는 헌신된 가족과 친구들로 구성된 네트워크
- 집이라 느낄 수 있는 주거 환경
- 자녀의 의사결정을 도와주고 권리를 옹호해 줄 수 있는 믿을만한 가족과 친구들
- 제대로 작성된, 실행이 가능한 유언장
- RDSP와 재량 신탁이 포함된 재정 계획

위 사안들은 아무리 바빠도 반드시 해야 하는 일들입니다.

이 책을 다 읽은 후에 만일 여러분이 '아, 할 일이 너무 많구나'라는 결론을 내린다면 우리로서는 참으로 난감할 것입니다. 그래서 분명히 해두고 싶은 것이 있습니다. 첫째, 이것은 혼자서 혹은 한 가정이 알아서 하기에는 너무 벅찬 일입니다. 둘째, 이 모든 것을 한번에 다 할 필요가 없습니다. 우리도 몇 년에 걸쳐 계획을 수립했습니다. 셋째, 비슷한 상황에 있는 다른 가족들을 신뢰하십시오. 그래서 PLAN이 설립된 것입니다.

PLAN의 초기 설립에 참여한 가족들은 '가족을 돕는 가족'이라는 개념을 믿은 분들입니다. 특히 부모가 더 이상 자녀와 함께 할 수 없을 때 그 장애 자녀를 돌봐 주자는 소중한 일을 하기 위해 모인 분들입니다. 이들은 함께 개혁하고 지식과 경험을 공유하기 원했습니다. 이 장에서는 PLAN을 사회적 혁신 기관으로 만들어 준 몇가지 요인들에 대해 설명할 것입니다. 여기에는 장애 가족들이 보유한 경제적 잠재력을 활용한 부분

도 포함됩니다. 또한 지금부터 미래까지 인생의 여러 개 공을 떨어뜨리지 않고 잘 저글링할 수 있는 방법도 설명할 것입니다.

꽃과 퇴비

가만히 생각해 보면 부모의 일은 마치 정원사가 하는 일과 비슷합니다: 양분을 주고, 다듬어 주고, 변화하는 환경에 대비하고, 비바람을 피할 수 있는 공간을 제공하고, 필요할 때 비료도 주고, 순간의 아름다움을 음미하고, 수고하며 흘린 땀의 가치를 인정하고, 모든 과정의 자람을 즐기는 것. 또한 정원사가 꽃과 퇴비의 상호 관계에 대해 배우는 것처럼 우리도 인생에서 비슷한 것을 배웁니다.

방금 꺾어 꽃병에 꽂은 아름다운 장미는 아주 순결합니다. 신선하고 향긋한 냄새가 납니다. 반면에 썩은 퇴비는 그렇지 않습니다.

하지만 이것은 우리가 표면만을 보기 때문입니다. 닷새나 엿새 정도가 지나면 장미는 퇴비의 일부가 됩니다. 그리 오래 기다릴 필요도 없습니다. 그때가 되면 진실을 볼 수 있습니다. 장미를 자세히 들여다 보십시오. 그 장미 안에 있는 퇴비를 볼 수 있으신가요? 이번에는 퇴비를 잘 들여다 보십시오. 퇴비 안에 있는 장미를 볼 수 있으신가요?

정원사는 하나가 없이는 다른 하나도 가질 수 없다는 것을 잘 압니다. 장미와 퇴비는 하나입니다. 퇴비도 장미와 똑같이 소중한 것입니다.

부모들은 잘 알 것입니다. 그들이 경험한 찬란한 순간들은 대부분 인생에서 가장 어두운 시기에 불어 닥친 위협을 극복하며 맞이하게 된 것이라는 것을.

장애 운동에 가족이 등장한 것은 제2차 세계대전 말입니다. 당시 가족들은 장애 자녀들을 보호시설에 보내라는 사회적 통념에 이의를 제기하고 자녀들을 기관으로 보내지 않았습니다. 기존의 통념과 부족한 재원에도 불구하고 가족들은 스스로를 지키며 발전했습니다. 당시 초기에 뿌려진 변화의 씨앗은 결국 가장 아름다운 정원 – 즉, 지역사회 기반의 장애인 지원 체계 – 에서 꽃을 피웠습니다.

장애 운동은 지구상 최초의 소비자 운동이었습니다. 이 운동은 'UN 장

중요한 질문 한 가지가 있어. 당신은 죽을 때, 누구의 품에 안기기 원하지?
앤 미셸(ANNE MICHAELS)
소설 The Winter Vault 중에서

애인 인권 헌장(UN Charter of Human Rights for Persons with Disabilities)' 제정의 뿌리가 되었습니다. 이 운동은 기존의 통념을 변화시키는 계기를 만들었을 뿐만 아니라 관련법의 제정과 재정 지원에 있어서도 변화를 이끌었습니다. 일이 완전히 끝난 것은 아니지만 그래도 우리의 운동은 많은 진전을 보았습니다.

미래를 바라보며

그동안 장애인을 위한 가족들의 권익 운동이 활기를 띠고 있지만, 21세기에 접어들면서 장애인의 지원을 위협하는 새롭게 등장한 여러 과제들이 있습니다.

다음 시나리오들은 나름대로 예측해 본 것입니다. 이런 일들이 일어나지 않을 수도 있습니다. 하지만 반대로 전혀 예상치 못한 일들이 일어날 수도 있습니다. 이런 상황들을 유심히 지켜 볼 필요가 있습니다. 새로운 환경 변화에 대해 우리는 항상 깨어있어야 합니다.

인구 통계학적 변화 15년 이내에 인구 노령화는 연방 경제나 주 경제가 당면할 가장 중요한 문제가 될 것입니다. 그 잠재적 영향은 3가지로 함축됩니다. 첫째, 베이비 부머 세대가 은퇴하면서 납세자 수가 줄어들 것입니다. 이는 곧바로 정부의 운영예산이 줄어든다는 것을 의미합니다. 예를 들어, 2025년이 되면 BC주만 하더라도 15세 미만보다 65세 이상 인구가 더 많아질 것입니다.

둘째, 의료 서비스 비용이 증가할 것입니다. 한 연구에 따르면, 현재 추세가 계속된다면 BC주의 의료 서비스 비용은 2017년 BC주 전체 예산의 70% 이상이 될 것이라고 합니다.

셋째, 국가 재정이 줄어드는 와중에 의료 서비스로 배정되는 비중이 늘어나게 되면 사회, 교육, 환경분야에 배정되는 재원은 더 적어질 것이며 그에 따라 당연히 장애인들을 지원하는 재정도 줄어들 것입니다.

가치 논쟁 취약계층에 있는 사람들의 가족이나 친지, 친구 및 그들을 돕는 사람들은 장애인들을 돕는 사회 지원체계가 얼마나 와해되기 쉬운지 잘 압니다. 죽을 권리에 대한 법안 토론, 유전 공학에 대한 숭배 등은

우리 모두는
사랑받을 때 더 좋다.
앨리스태어 맥클러드
(ALISTAIR MACLEOD)
캐나다 작가

우리로 하여금 새로운 우생학 운동에 대한 우려를 자아내고 있습니다. 우리는 모든 생명, 특히 장애인들의 가치와 중요성을 지키기 위해 우리가 할 수 있는 모든 일을 해야 합니다.

THE 'X' FACTOR(예측 불가능한 일들) 세상에는 예견치 못한 위기와 재난이 점차 확대되고 있습니다. 최근 BC 주에 있었던 마운트 폴리댐 (Mount Polley dam)의 붕괴가 그 한 예입니다. 2003년 일어난 오카나간 마운틴 공원 화재 사건도 그렇습니다. 멀리 떨어진 곳에서 일어난 일도 우리의 삶에 영향을 미칩니다. 2008년 세계 금융시장의 붕괴는 아직도 캐나다 경제와 정부 예산에 영향을 미치고 있습니다. 일본 해안에서 일어난 지진은 쓰나미를 가져왔고, 이로 인해 후쿠시마 원자력 공장의 붕괴 및 해 방사선이 바다로 흘러 들어가는 사태가 발생했습니다. 이 방사선은 다시 BC 주 해안에서 잡히는 물고기에도 영향을 미치고 있어 우리를 두려움에 빠지게 합니다. 이러한 사태에 대해 우리가 확실히 예측할 수 있는 것은 앞으로 이런 일들이 더 자주 일어난다는 것입니다. 그리고 이러한 일들로 인해 정부 재원이 우리가 필요로 하는 분야에서 빠져 나간다는 것입니다.

우리가 미래를 예측할 수는 없습니다. 하지만 준비할 수는 있습니다. 우리 앞에 놓인 변화와 도전에 적응할 수 있는 능력은 바로 상호 연계입니다. 미래에 어떤 일이 벌어지든지 간에 그 해결책은 혁신적이고 단합된 가족 운동에 있습니다.

사회 개혁가로서의 가족들

다행스럽게도 우리 가족들은 역경을 극복하는데 익숙합니다. 이러한 역경을 통해 우리 가족들은 자연스럽게 문제 해결 능력과 창의력을 습득하게 됩니다. 이것은 결국 변화의 시기에 걸맞는 새로운 해결책을 만들어 내는데 큰 도움이 됩니다. 과거에도 항상 그래 왔습니다.

우리 가족들이야 말로 원조 사회 개혁가들입니다. 우리 가족들과 장애인들은 더 좋은 방안을 찾기 위해 단 하루도 고민하지 않고 지낸 날이 없습니다. 그들은 뛰어난 문제 해결사들이라 할 수 있습니다. 사회 개혁에 관한 저의 새로운 졸저, '영향 – 사회 개혁이 전파되고 공유되는 여섯 가지 형태(Impact – Six Patterns to Spread and Share Your Social Innovation)'에서 저는 이런 가족들을 '열정적 아마추어'라고 불렀습니다.

열정적 아마추어들은 두가지 이유, 즉 사랑과 필요 때문에 개혁을 합니다. 자녀를 위한 사랑, 그리고 자녀가 당면한 문제들에 대해 자신들이 하지 않으면 아무도 대신해 주지 않음으로 인한 필요 때문입니다.

가족들은 포기하지 않습니다. 불가능이라는 것이 그들에게는 용납되지 않습니다. 그들의 헌신은 정해진 업무의 범주를 넘어서고, 근무시간, 전략적 계획, 자금, 유행, 정치적 우선 순위 등에 구애를 받지 않습니다. 그들의 독창성은 시간이 지남에 따라 더 쌓여갑니다. 그들이 만들어 낸 타개책은 반복된 실패의 결과이며 뭔가를 개선하려는 지속적인 시도의 결과입니다. 그들의 자원은 한정되어 있지만 한 푼의 동전을 어떻게 늘리는지 알고 있으며, 가지고 있는 재료가 무엇이든 간에 그것을 창의적으로 활용하는 방법을 압니다.

장애가족들의 특징을 정의한다면 그것은 그들의 혁신성이지 옹호 활동이 아닙니다. 즉, 그들이 옹호 활동을 하는 것은 서비스 제공기관이나 정부로 하여금 그들의 사회 개혁안을 채택하도록 하기 위함입니다. 옹호 활동은 단지 목적을 위한 수단인 것입니다. 우리는 이것을 경험을 통해 알게 되었습니다. PLAN은 가족간 협력을 촉진하는 매개체가 되어 그들의 혁신안을 전파하게 된 것입니다. 이런 혁신들이 전 세계 구석구석까지 전파되어 공식적인 정부 정책이 되기도 하였고, 그 결과 수십만 명의 사람들이 혜택을 보게 되었습니다.

PLAN은 그 자체로 전 세계 40여개 기관에 유사하게 적용된 사회적 개혁이기도 하지만 PLAN 가족들도 다른 개혁안에 적극 참여하였습니다. 그 예로는

1. 개인 네트워크를 재정적으로 지원하기 위한 사회적 기업 모델 창출
2. 세계 최초 장애적금(Registered Disability Savings Plan) 도입 : 단계 5 제2절 참조
3. 장애인을 시민으로 인식하는 이론 소개 (단계 2 참조)

아무리 많이 생각한다 해도 예상치 않게 오는 것을 알아낼 수는 없다.
아더 에릭슨
(ARTHUR ERICKSON)
캐나다 건축가

4. 대리권 동의 – 법정 후견인 제도에 대한 대안

5. Tyze 개인 온라인 네트워크 – 네트워크의 가치를 널리 알리기 위해
   PLAN이 시작한 온라인 SNS사업 (참고 자료 참조)

무엇이 PLAN을 사회적 혁신이라 부르게 하는가?

PLAN의 사회적 혁신은 크게 다음 세가지로 요약됩니다.

첫째, 다른 관점으로 질문합니다: 행복한 삶이란 무엇인가? 이것은 모든 부모들에게 공통적으로 적용되는 질문입니다. 이 질문은 상황, 나이, 신념, 경험과 상관없이 부모의 마음과 생각, 상상력을 열어줍니다. 장애 자녀의 행복한 삶에 대한 논의는 모든 가족의 희망, 꿈, 걱정과 두려움의 본질에 이르게 합니다. 이런 논의는 외부기관에서 제공하는 서비스에 의존하는 데 그치지 않고 친구, 재정 안정, 의미 있는 삶과 같은 중요한 주제들을 생각하게 합니다.

둘째, PLAN은 사회적 기업입니다. 기관 운영을 위해 정부 지원금에 의존하지 않습니다. 대신 우리가 가진 '지적, 사회적 자산'을 팔아 수익을 얻습니다. 어느 정도 여유가 있는 가족들에게는 PLAN의 상품과 서비스를 판매합니다. 금융기관, 법률회사, 신탁회사, 유산상속계획 전문가들과도 협력합니다. 출판 기관도 가지고 있으며, Tyze라는 사업도 시작하였습니다.

셋째, PLAN은 시민이라는 패러다임을 가지고 운영합니다. 장애인도 사회에 기여할 수 있는 훌륭한 자원임에도 저평가되어 있고 충분히 활용되지 않고 있음을 인식하고 있습니다. 장애인들이 더 이상 동정이나 자선의 대상이 아니라 다른 시민처럼 세상에 기여할 책임이 있는 시민으로 인정되기를 바랍니다.

Planned Lifetime Advocacy Network (PLAN)

PLAN의 핵심 가치

PLAN을 설립한 부모들은 과거 수십년 동안 장애 자녀에게 영향을 미치는 많은 변화를 겪었습니다. 이들은 부모들이 중심이 되어 운영하는 지역사회 기관과 장애인을 위한 단체를 만들었습니다. 정부 재정 지원이 늘어나기도 하고 줄어드는 것도 경험하였습니다. 프로그램과 서비스의 질이 바뀔 수 있다는 것도 알게 되었습니다. 무엇을 하지 말아야 하고 무엇을 강조해야 하는지도 알게 되었습니다. 이들은 풍요의 정신을 토대로 한 단체를 만들기 원했습니다. 그 결과 다음과 같이 4가지 핵심가치를 설정하였습니다.

1. 관계는 사람들의 안전을 지키고 행복한 삶의 토대가 된다.
2. 재정 자립 – 즉, 정부 재정 지원으로부터 독립
3. 가족 중심 – 정관에 이사진의 과반수는 가족이어야함을 명시
4. 기여 – 기여를 통해 삶의 의미를 찾으며 동시에 온전한 시민으로 인정받음.

PLAN의 네 가지 기본 기능

1. 미래 설계 자문 서비스

PLAN은 미래 설계에 필요한 요소들과 관련하여 최신의 정보를 제공합니다.(현재도 포함하여) 예를 들면,
- RDSP
- 유언장 및 유산 상속
- 재량 신탁
- 정부 지원 혜택
- 자가 소유 (Home Ownership)
- 장애 세액 공제 (Disability Tax Credit)

• 대리권 동의 (Representation Agreement)

2. 개인 네트워크 구축 및 유지

가족과 친구들을 개인 네트워크로 묶는 가장 좋은 시기는 바로 지금입니다. PLAN이 미래에도 해당 장애인의 삶에 관여할 수 있으려면 개인 네트워크가 반드시 있어야 하며, 장애인 당사자, 가족, 개인 네트워크에 PLAN이 적극적으로 개입해야 합니다. 해당 장애인 및 가족과 친밀한 관계가 없다면, PLAN은 그들을 위한 옹호 활동은 고사하고, 그들에게 무엇이 필요한지 알 수 없을 것입니다.

3. 가족 지원 및 권익 옹호

PLAN에 속해 있는 가족들이 공통적으로 보이는 반응은 가족들과 함께 협력해서 일을 하다 보면 도움도 받고 위안도 받는다는 것입니다. 개인 네트워크가 있는 가정들은 정기적으로 만나 서로 관심사를 나누고 조언을 구하기도 합니다. 또 어떤 가족이 필요로 한다면 중요한 회의에 함께 따라가 힘이 되어 주기도 합니다.

좀 더 폭넓은 활동으로는 주정부나 연방정부와도 긴밀히 협력하여 장애인들에게 도움이 될 수 있는 법적, 재정적 정책 개선 방안을 제안하기도 합니다.

4. 평생 책임

이것이야말로 PLAN의 가장 핵심적인 기능입니다. 가족들은 PLAN이 제공하는 모든 서비스를 이용할 수 있습니다. 그러나 가족들이 사망한 이후에도 장애 자녀를 위해 마련해 놓은 모든 계획이 잘 실행되도록 PLAN이 보살펴 주기를 원한다면 '평생 회원'으로 가입해야 합니다.

PLAN: 사회적 기업

PLAN을 설립한 부모들이 정부 재정지원에 의존하기를 원치 않았기 때문에 PLAN은 자체적으로 수익을 창출하는 방법을 찾아야만 했습니다. 처음에는 잘 몰랐는데 그것이 결국 사회적 기업이었습니다. 사회적 기업이란 수익 창출을 통해 자신들의 사회적 임무를 수행하려는 비영리 단체의 한 형태를 말합니다. 단순히 다른 곳에서 받는 보조금이나 기부금에 의존하지 않습니다.

사회적 기업으로 성공하기 위해서 우리는 돈이 어떻게 작동하는지 배워야 했습니다. 우리는 사업가나 투자가들을 초청해 조언을 받기도 했습니다. 그러던 중 우리는 우리가 아직 미개척 분야인 장애 시장을 두드리고 있다는 사실을 깨달았습니다. 예를 들어, 캐나다 장애인들의 총 가처분 소득은 약 470억 달러입니다. 게다가 이 가처분 소득을 장애 부문으로 확대하면 3,000억불이 넘습니다. 장애 부문이란 장애 가족, 친구, 서비스 제공기관 및 전문직 종사자들의 총 구매력과 재정 자산(즉, 융자금, 저축, 투자, 기업 계좌)까지 포함한 것을 말합니다. 이 시장의 경제력을 이해하기 위해 간단한 계산을 해 보면 다음과 같습니다: 10명 중 1명은 장애인입니다. 최소 2명(가족, 친지, 친구, 전문인 등)이 각 장애인을 돌보고 있습니다. 따라서 아무리 적게 잡아도 최소 10명 중 3명은 미개척 장애 시장의 대상이 됩니다. 이것을 토대로 하면 유언장 작성 혹은 개정의 수, 재량 신탁 개설 수, 생명보험 금액 등을 대략 추정할 수 있습니다. 이렇듯 장애인 시장 규모를 계량화하면 법률 사무소나 보험 회사 그리고 금융 기관과 협상을 할 때 매우 유용합니다.

사회적 기업으로서 PLAN의 수익원은 다음과 같습니다.

- 신용조합, 은행, 보험회사, 법률 사무소, 그리고 새로운 장애 시장에 관심이 있는 재무 설계사와 유산상속계획 전문가 등과 제휴
- PLAN의 상품 및 서비스에 비용 부과
- 출판 및 TYZE 등에서 나오는 사업 수익

PLAN이 사회적 기업으로 태어나기까지는 많은 어려움이 있었습니다. PLAN이 제공하는 서비스에 비용을 청구하는 것도 참으로 어려운 결정이었습니다. 그러나 그것은 재정적 독립없이 PLAN이 옹호자의 역할을

> 사회적 기업은 수익을 내고 미개발 자원을 활용함으로 본연의 사명을 이루려 한다.

제대로 하기 어렵다는 것을 잘 알고 있었기 때문에 내린 결정이었습니다. 현재 PLAN은 PLAN에서 제공하는 서비스에 대한 비용 지불이 어려운 분들을 위해 네트워크 기금(Network Endowment Fund)을 운영하고 있습니다.

사회적 기업이 되면 여러가지 이점이 있습니다. 본연의 핵심 가치에 충실할 수 있으며 사회적 목적을 더욱 더 발전시킬 수 있습니다. 다양한 수익원으로 인해 기관의 재정이 안정됩니다. 우리가 번 돈에는 조건이 달려 있지 않습니다. 이것은 다시 기관에 유연성을 주고 새롭게 등장하는 요구에 부응할 수 있도록 해 줍니다. RDSP를 만들기 위한 캠페인에 자금을 지원할 수 있었던 것도 이런 유연성 때문이었습니다.

사회적 기업과 사회적 금융에 대해 관심이 있다면, www.planinstitute.ca를 방문해서 'Innovate with Us'를 클릭하십시오

이보다 더 중요한 것이 있는데, 사회적 기업이 되면 우리의 방식대로 수익을 창출할 수 있다는 것입니다. 게다가 독립적인 재정 기반이 마련되면 미래에 어떤 일이 일어나도 대비가 가능합니다. 이런 모델은 다른 단체도 본받을 만한 모델이라 생각합니다.

우리는 최근 PLAN 설립 회원 중 하나인 조앤 로렌스(Joan Lawrence)로부터 감동적인 얘기를 들었습니다. 그녀는 많은 장애인들을 위해 서비스와 프로그램을 개발한 선구자이며 장애가족들을 위해 오랫동안 옹호활동을 해 온 분입니다. "요즘은 참 재미있어요. 부모 운동을 시작했던 초기와 비교해 보면 지금은 모든 것이 고무적이에요. 과거에는 뭔가 무너지는 느낌을 받았는데 요즘은 뭔가 새로운 것을 건설하는 느낌이에요. 일도 수월해 졌고 만족스러워요."

PLAN Institute for Caring Citizenship

캐나다에서뿐만 아니라 전세계 곳곳에서 PLAN에 대한 관심이 높아짐에 따라 우리는 PLAN Institute를 설립하였습니다.

PLAN Institute는,

- 온라인 코스, 워크샵, 교육훈련 및 컨설팅을 제공합니다. 주요 분야는 타인을 돌보는 시민사회; 사회적 네트워크 활성화; 사회적 기업; 가족 리더쉽; 조직 개발; 사회적 혁신 등입니다.

- PLAN 모델을 적용하려는 가족 그룹을 멘토하며
- 서적, CD, DVD 등을 배포하며
- 시민의식, 사회적 네트워크, 돌봄과 소속감에 대한 연구와 출판을 담당합니다.

PLAN Institute는 현재 전세계 40여개 가족 그룹을 지원하고 있습니다.

PLAN Institute는 매년 PLAN 모델을 배워서 적용하려는 가족들에게 '리더쉽 훈련' 과정을 제공하고 있습니다. 사회적 변화에 대해 좀 더 알기를 원하시는 분들을 위해서 'Thinking Like a Movement'라는 4일간의 훈련 피정을 개최합니다. PLAN Institute에 대한 자세한 정보는 www.planinstitute.ca를 방문해 보십시오.

수 많은 도움의 손길들 – 저글러의 기쁨

사실, 동시에 여러 가지 일을 처리하는 능력은 우리 가족들에게는 생존 기술 같은 것입니다. 우리는 마치 여러 개의 공을 던지며 묘기를 부리는 곡예사처럼 여러 역할을 감당해야 합니다 – 때로는 부모로서, 배우자 혹은 파트너로서, 고용주 혹은 고용인으로서, 친구로서, 쇼핑객 혹은 소비자로서, 학생으로서, 시민으로서, 창조자로서. 그리고 만일 가족 중에 장애인이 있다면 이보다 더 많은 일들을 해야 합니다. 하지만 우리가 더 많은 손을 가질 수는 없기 때문에 이 문제를 해결하는 방법은 다른 도움의 손길에 의존하는 것입니다.

장애 자녀를 위해 부모들은 많은 공을 저글링해야 합니다. 하지만 이 공들은 부모들만 저글링하는 것이 아니라 다른 가족들, 친구들, 돌보미들 그리고 원한다면 PLAN까지도 저글링해야 하는 공들입니다.

여기서 가장 중요한 공은 바로 장애자녀를 위해 만들어 유지하고 있는 가족과 친구로 구성된 개인 네트워크입니다. 개인 네트워크는 신탁 관리인, 대리인, 권익 옹호인, 감시자의 역할을 할 수 있는 사람들의 인적 자원이 됩니다.

두번째 공은 공동 신탁관리인들입니다. 단계 5에서 살펴본 바와 같이 두 명의 신탁관리인을 두는 것을 권합니다. 한 명의 신탁관리인은 재정적인 부분을 관리하고 감독하는 역할을 하고, 다른 한 명은 개인 네트워크 멤버이면서 장애 자녀와 아주 가까운 관계에 있는 사람으로 하는 것이 좋습니다. 신탁관리인들이 하는 재정적 의사결정이 장애 자녀에게 최선의 이익이 되도록 감시하기 위해, 유언장에 신탁관리인들은 장애 자녀 및 개인 네트워크 멤버들과 상의하라고 지시해 놓을 수 있습니다. PLAN의 평생회원들은 자신들 유언장에 신탁 자산 지출과 관련하여 신탁관리인들이 PLAN으로부터 조언을 구하라고 지시하기도 합니다.

세번째 공은 장애 자녀의 의사결정 지원을 위해 장애 자녀가 선택한 대리인들입니다. 개인 네트워크의 멤비들 중 한 멍이 대리인이 될 수도 있습니다. 대리권 동의에 보면 대리인들의 착취를 막기 위해 감시자를 지정하도록 하는 조항이 있습니다. PLAN의 직원에게 이런 역할을 맡기실 수도 있습니다.

네번째 공은 장애 자녀가 받고 있는 프로그램이나 서비스를 지속적으로 감시하는 감시자나 옹호자와 관련되어 있습니다. 장애 자녀와 가까운 관계에 있는 사람들이 가장 좋은 옹호자가 될 것이라는 것은 두말할 나위가 없습니다.

자, 이제 여러분은 장애 자녀의 행복을 감시하는 훌륭한 견제와 균형의 틀을 갖추게 되었습니다. 여기서 한발 더 나아가 이렇게 준비된 틀을 견고히 하기 위해 PLAN과 같은 기관을 의지할 필요가 있습니다. PLAN의 평생회원들은 PLAN에 다음과 같은 것들을 요청합니다.

- 정기적으로 장애 자녀와 연락을 하도록
- 개인 네트워크가 건강하게 유지되도록
- 신탁 자산 지출에 대해 신탁관리인들에게 조언해 주도록
- 대리권 동의에 감시자의 역할을 하도록
- 장애 자녀를 위한 옹호자 역할을 하도록

추가로, 가족들은 PLAN이 지속적으로 지켜봐 주기를 원하는 특별한 바람이나 염려가 있습니다. 예를 들어, 어떤 부모는 가족의 특별한 전통이 계속해서 존중되도록 PLAN이 도와 주기 원합니다. 또 어떤 부모는 가족이 오랫동안 가지고 있었던 특별한 가구가 없어지거나 버려지지 않도록 감독해 주기를 원하기도 했습니다.

여러분은 혼자가 아닙니다. 다른 가족들에게 의지할 수 있습니다. 특히 장애 자녀의 미래 행복을 위해 헌신하고자 하는 부모들이 모여 재정적으로 안정된 기관을 만들었다면 더욱 더 그러합니다. 이들을 의지하면 저글러의 두려움은 기쁨으로 바뀝니다. 그리고 그 기쁨은 마음의 평안이 됩니다.

미래 설계 완성

이 책은 자녀의 미래를 준비하는 – 동시에 현재를 변화시키는 – 일곱 단계를 설명하고 있습니다.

단계 1 – 비전을 명확히 하십시오. 미래에 대한 소망을 중심으로 사람들을 모으십시오.

단계 2 – 관계를 형성하십시오. 배려심 많고 헌신된 친구들과 지원자들로 구성된 강한 네트워크를 구축하고 유지하십시오.

단계 3 – 자녀에 맞는 집을 장만하십시오. 주택이 아닌 집으로 만드십시오.

단계 4 – 자녀의 의사를 존중하십시오. 장애 자녀를 보호하고 그들의 선택을 존중하십시오.

단계 5 – 재정적 안정을 준비하십시오. 유언장, 신탁, RDSP 등 모든 가능한 법적, 재정적 수단을 충분히 활용하십시오.

단계 6 – 자녀의 입장에서 옹호하십시오. 자녀가 받는 서비스가 자녀의 행복한 삶을 대체하는 것이 아니라 보완하도록 지원하십시오.

단계 7 – 안전장치를 마련하십시오. 개인이든 PLAN과 같은 기관이든 여러분을 대신할 누군가를 임명하고 그들을 멘토하십시오.

이미 보신 바와 같이 각 단계는 그 전 단계를 토대로 세워집니다. 각 단계는 그 자체로 더 안전하고 더 좋은 삶으로 인도합니다. 각 단계들은 또한 서로 연결되어 있습니다. 이들이 모두 합쳐지면 하나의 완전한 견제와 균형 시스템을 갖추게 됩니다. 물론 완벽하다고 할 수는 없지만, 그래도 나름 철저한 계획입니다. 현재 가족들이 하는 것을 이런 시스템으로 바꿀 필요가 있고 다음 세대까지 이어질 필요가 있습니다.

어느 누구도, 수십년간 미래 설계 사업에 종사해 온 전문가라 해도, 만들어 놓은 미래 설계에 만족하지는 못할 것입니다. 계속해서 손을 보고 수정해야 합니다. 이것이 자연스러운 깃입니다. 전과 차이가 있다면, 이제는 만들어 놓은 계획을 수정만 하는 것입니다. 어려운 작업은 이미 끝났으며 기본적인 부분도 모두 준비되었을 것입니다.

우리는 이런 준비의 결과가 여러분에게 마음의 평안을 가져다 줄 것이라 확신합니다.

결론

이 책은 정원사들을 위한 책입니다. 우리는 여러분들에게 영감과 정보라는 씨앗을 드렸습니다. 하지만 그 나머지 – 씨앗을 심고, 잡초를 뽑고, 물을 주고, 양분을 주는 것 등 – 는 여러분에게 달려 있습니다. 우리는 여러분의 삽과 괭이가 새로운 길을 내리라 확신합니다. 여러분은 과감하게 이랑을 만들고 두려움으로 그 이랑을 따라갈 것입니다. 그러다 보면 어느새 여러분의 정원이 만들어 질 것입니다.

여러분의 손안에서 여러분의 정원은 잘 자랄 것입니다. 그리고 그 정원은 안정과 휴식의 장소가 될 것입니다.

우리는 씨앗을 드렸습니다. 여러분은 사랑을 주십시오.

워크시트 11
최종 점검표

나는 다음 서류를 모두 완료했습니다.

☐ 자녀 및 가족 정보

☐ 미래에 보내는 편지

☐ 자녀와 관련된 문서 리스트 : 출생증명서, 사회보장카드, 의료보험카드 등

☐ 최신 유언장

☐ 신탁 목적 기술서

☐ 주요 자산 목록 및 보관처: 생명 보험, 은행 계좌, 주식, 뮤추얼 펀드 등

☐ 내가 사망했을 경우 장례 절차

그리고

☐ 모든 관련 문서를 안전한 곳에 보관해 두었습니다.

☐ 내 유언장 집행인이 이들 문서들이 어디에 있는 지 알고 있습니다.

참고 자료

추천 도서

A Good Life

Al Etmanski

Vancouver: Orwell Cove and Planned Lifetime Advocacy Network, 2004

앨 에트만스키의 영감을 통해 장애와 장애인의 가치를 되새겨 보게 한다.

Abundant Community—Awakening the Power of Families and Neighbourhoods

John McKnight and Peter Block

Berrett-Koehler Publishers; 1st edition, 2010

모든 이웃이 번영과 마음의 평화를 줄 수 있는 은사가 있고 재능이 있다 – 이 책은 이것을 찾는 실제적인 방법을 소개한다.

www.abundantcommunity.com/home/book.html

Becoming Human

Jean Vanier

House of Anansi Press Limited, 1998

장 바니에르의 책은 어떤 책을 보아도 읽을 가치가 있다. 이 책은 장애인들로 인해 영감을 받은 장 바니에르의 통찰력을 보여준다.

The Body Silent

Robert F. Murphy

New York: W. W. Norton, 1990

의심할 바 없이, 이 책은 장애인이 장애인에 관해 쓴 가장 좋은 책 중 하나이다. 인류학자로서 점차 장애인이 되어가는 자신의 경험을 통해 무엇이 자신을 안전하게 지켜주는지, 삶의 질을 유지하게 해 주는지에 대해 얘기한다.

Breaking Bread and Nourishing Connections: People With and Without Disabilities Together at Mealtime

Karin Melberg Schwier and Erin Schwier Stewart

Paul H. Brookes Publishing Co. Baltimore, 2005

함께 식사하고 호의를 베푸는 방식에 대한 통찰.

Building Communities from the Inside Out: a Path Towards Finding and Mobilizing a Community's Assets

John McKnight and John Kretzmann

John McKnight의 분석과 통찰을 토대로 PLAN의 사업을 모델화 하려 함. 본 제목으로 구글을 검색하면 pdf 파일을 다운 받을 수 있다.

The Careless Society

John McKnight

New York: Basic Books, 1995

John의 저서 중 최고라 할 수 있다. CBC 라디오 시리즈 "Community and Its Counterfeits"에서 영감을 받았다. John과 그의 작품은 앨 에트만스키에 많은 영향을 끼쳤다.

The Church of 80% Sincerity

David Roche

A Perigee Book, New York, 2008

모든 사람 안에 있는 아름다움과 가치에 대해 재미있고, 솔직하고, 눈을 뗄 수 없을 정도의 통찰

Community: The Structure of Belonging

Peter Block

Berret-Koehler Publishers, Inc.; San Francisco, 2008

관계를 통해 어떻게 사회가 분열로부터 벗어날 수 있는지 설득력 있게 설명한다.

Co-Production and Personalization in Social Care: Changing Relationships in the Provision of Social Care

By Contributors Eddie Bartnik et al.

Research Highlights 49, 2007

이 책은 공동 생산의 혁신적인 방안을 개발하는 이론과 실제를 소개한다. 즉, 파트너쉽 모델을 통해, 서비스를 제공받는 사용자가 서비스 개발에 직접 능동적으로 참여하는 서비스 모델을 말한다.

Dear Butterfly

Kirsteen Main

50개 시가 수록되어 있다. 커스틴은 자신만의 시각과 청각을 통해 자신의 세계를 받아 들인다. 그러나 의사소통이 어렵기 때문에 다른 사람의 도움에 의지해야 한다. 어떻게 다른 사람의 도움으로 시를 쓸 수 있는가를 묻자 커스틴은 글이 머리 속 시집 파일에서 풀려나기를 기다리고 있다고 한다. 이 책은 커스틴의 첫번째 단행본 시집이다. 구매를 원하는 분은 PLAN의 온라인 스토어를 방문하거나 c_newlife@shaw.ca 로 이메일 하면 된다.

Deepening Community—Finding Joy in Chaotic Times

Paul Born

San Francisco: Berrett-Koehler Publishers, Inc., 2014

전쟁 난민으로 자란 자신의 경험으로 시작하여, 지역 운동가, 작가, 강연가, 500명의 인사들과 가진 인터뷰 등 자신의 직업을 통해 얻은 탁견을 통해 지역사회를 어떻게 강화할 수 있는지 보여준다.

In the Company of Others

Claude Whitmyer, editor

Revised by Cathy Ludlum and the Communitas Team

New York: Jeremy Tarcher, 1993

지역 사회 개발 및 연계 방안에 관한 자료 모음집.

The Company of Others: Stories of Belonging

Sandra Shields and David Campion

Vancouver, The PLAN Institute, 2005

작가 산드라 쉴즈와 사진작가 데이빗 캠피온이 함께 작업한 것으로 개인 네트워크의 정신과 의미를 일깨워 준다. 강렬한 이야기와 사진으로 독자들을 5명의 삶 속으로 이끌고 간다 – 한 가지 이외에는 아무런 관련이 없는 사람들. 그것은 바로 각자가 가족과 친구들로 이루어진 네트워크라는 사회적 관계의 중심에 있다는 것. 이런 관계로 인해 이들의 삶은 더 풍요로워진다. 가족과 지역사회의 혁신적인 힘에 대한 매우 특별하고 감동적인 책이다.

Crossing The River: Creating a Conceptual Revolution in Community and Disability

David Schwartz

Cambridge, Mass.: Brookline Books, 1992

장애인을 위한 사회적 서비스 패러다임의 전환 혹은 새로운 사고 방식을 미국인의 관점에서 잘 설명한 책이다.

The Diving Bell and the Butterfly

Jean-Dominique Bauby

London, Fourth Estate, 1997

최근에 강렬하고 삶을 되새겨 보게 하는 영화로 만들어졌다.

Down Stairs That Are Never Your Own: Supporting People with Developmental Disabilities in Their Own Homes

John O'Brien and Connie Lyle O'Brien

Visit http://thechp.syr.edu/rsa.htm

이 책은 그룹홈에 대한 대안들을 소개하고, 장애인들이 직접 집을 소유하거나 장기 임대의 형태로 전환하는 개념을 설명한다.

Facilitating an Everyday Life

John Lord, Barbara Leavitt and Charlotte Dingwall

Inclusion Press, 2012

변화를 만들고 싶어 하는 사람들, 장애인들을 위해 헌신하는 사람들, 실질적 변화를 가져오는 방법을 찾는 사람들을 위한 책이다.

Facing Death, Embracing Life

David Kuhl, M.D.

Doubleday Canada, 2006

시한부 인생을 살고 있는 사람들과 그들을 돌보는 사람들 모두를 위한 안내서.

Four Walls of My Freedom

Donna Thomson

London UK: McArthur & Co.

자신이 직접 겪은 경험을 토대로 통합이라는 문제를 다룬다.

From Behind The Piano—The Building of Judith Snow's Unique Circle of Friends

Jack Pearpoint

Toronto: Inclusion Press, 1990

놀라운 한 사람, 쥬디스 스노우에 대한 책.

Getting to Maybe: How the World is Changed

Frances Westley, Brenda Zimmerman, and Michael Patton

Toronto, Random House, 2006

세상을 변화시키는 방법을 보여주기 위해 사용되어지는 많은 얘기 중 하나가 바로 PLAN의 이야기다.

The Healing Web—Social Networks and Human Survival

Marc Pilisak and Susan Hillier Parks

University Press of New England, 1986

사회적 네트워크의 중요성에 대한 모든 이론적 근거를 준다. 이 분야를 깊이 파고 싶은 사람이라면 반드시 읽어야 하는 고전이다.

How to Change the World—Social Entrepreneurs and Power of New Ideas

David Bornstein

New York, Oxford University Press, 2004

삶을 변화시키고 세상을 변화시키는 방법을 찾았던 사람들에 관한 이야기.

How to Create a Trust

Visit www.vcpgv.org

The Voice of the Cerebral Palsied(뇌성마비 환자들의 소리)에서 출간한 베스트 셀러. 이제까지 3판까지 나왔으며 최신 정보 및 장애세액공제(Disability Tax Credits)에 대한 소개를 덧붙였다.

The Goode Life: Memoirs of Disability Rights Activist Barb Goode

Barb Goode with Jim Reynolds

Spectrum Press, 2011

캐나다에서 가장 주목할 만하고 겸손한 시민의 감동적인 이야기. 평등을 주장하며 자신의 소리를 낼 수 없는 사람들을 대변하는 사명을 가진 분. 여러 나라를 여행하며 이 시대 가장 위대한 지도자들과 가장 나약한 사람들을 만났다. 바브 구드는 자기 옹호 그룹의 리더로서 놀라운 일을 하였다. 이 책은 그녀의 이야기다.

Liberation Welfare

Edited by Paul Gregg and Graeme Cooke

Contributors: Eddie Bartnik et al.

http://www.demos.co.uk/files/Liberation_welfare_-_web_final.pdf?1271779162

Mind/Body Health: The Effects of Attitudes, Emotions and Relationships (3rd Edition)

Keith J. Karren Ph.D., Lee Smith, Kathryn J. Frandsen

Benjamin Cummings, 2013

육체와 정신 건강 문제를 소개하는 책

Moving Toward Citizenship: A Study of Individualized Funding in Ontario

John Lord

Toronto, Individualized Funding Coalition of Ontario, 2006

The Myth of Ability
The End of Ignorance

John Mighton

Vintage Canada, Toronto

존의 글은 아이들을 존중하고 모든 아이들에게 적용된다. 아이들이 어떻게 관심을 기울이고, 어떻게 상상력을 키우고, 자신감을 키우는지에 대한 글이다. E-book도 가능.

On Equilibrium

John Ralston Saul

Toronto, Penguin Books, 2001

존은 PLAN의 후원자, 협력자, 지적 영감을 주는 사람이다. 특히 이 책에서 상상력과 직관력에 대한 글은 매우 사려 깊다.

One Candle Power—Seven Principles that Enhance the Lives of People with Disabilities and their Communities

Pat Beeman, George Ducharme, and Beth Mount's

original work on Circles

brought together, revised, and updated.

Toronto: Inclusion Press, www.inclusion.com.

고전!

PATH: Planning Possible Positive Futures

Marsha Forest, Jack Pearpoint, and John O'Brien

Toronto: Inclusion Press

우리가 아주 좋아하는 책이다. 하루하루 해야하는 일상에서 벗어나 우리의 마음을 열어 주고 열정을 불러 일으켜 주는 실제적인 미래 계획 과정이다. PATH는 전략적이고 미래 지향적인 계획을 세우는 틀을 제공해 준다.

Pathways to Inclusion: Building a New Story with People and Community

John Lord and Peggie Hutchison

Concord Ontario, Captus Press, 2007

장애에 대한 다양한 관점을 소개한다. 격리에서 사회적 통합으로 장애인들을 이동시키는 사회적 혁신의 필요성에 대해 통찰력 있는 의견을 제시한다.

Peace Begins With Me

Ted Kuntz

Coquitlam, 2005

테드는 전 PLAN 회장. 전세계 사람들을 감동시킨 책.

www.peacebeginswithme.ca.

Roots of Empathy—Changing the World Child by Child

Mary Gordon

Thomas Allen Publishers, Toronto, 2005

메리는 활기 넘치는 대학생으로 아기들을 대상으로 공감력을 배양하고, 공격성을 줄이고, 인내심을 키우는 일을 한다.

Slow Dance: A Story of Stroke, Love and Disability

Bonnie Sherr Klein

Toronto, Knopf Canada 1998

What's Really Worth Doing and How To Do It—A Book for People Who Love Someone Labelled Disabled

Judith Snow

Toronto: Inclusion Press, 1994

가장 지혜로운 사람에게서 배우는 지혜와 영감의 말.

The World We Want—Virtue, Vice and The Good Citizen

Mark Kingwell

Toronto, Viking, 2000

이제까지 무시되어 왔던 장애인들의 기여를 포함하여 시민에 대한 새로운 이론의 틀을 제시한다.

영화 및 비디오

Best Boy

Ira Wohl

몇 년 전에 아카데미 상을 받은 영화이다. 이 영화는 중년의 장애인이었던 자신(감독)의 사촌이 집을 떠나면서 겪게 되는 이야기를 영화화 하였다.

Peace of Mind (CD)

마음의 평화 CD ROM은 장애 지녀의 미래 계획에 도움을 주는 실제적이고 사랑이 담긴 안내가 될 것이다. 여러분을 마음의 평화로 안내하는 개인적 이야기, 경험담, 조언, 단계별 워크시트 등이 들어 있다.

Shameless: the Art of Disability

A film by Bonnie Sherr Klein

예술, 사회 운동, 장애가 출발점이 되어 자화상을 그리게 된 5명의 놀라운 인물들에 대한 이야기.

Temple Grandin

가축 처리 산업에서 인도적인 방법으로 선도적인 과학자가 된 자폐 여성의 전기 영화.

The Ties That Bind

Force Four Entertainment Inc.

National Film Board of Canada, 2006

크리스 조단과 그의 가족, PLAN에 대한 다큐멘터리. 장애 자녀의 미래 행복을 염려하는 모든 가족을 위한 DVD.

And Then Came John—The Story of John McGough

A video by Telesis Productions, Mendocino, California

다운 신드롬을 가진 예술가의 실화를 다룬 영화. 이웃 사람들이 그와 관계를 맺으며 발견하는 사랑에 관한 이야기.

PLAN 협력기관

www.abcdinstitute.org
John McKnight의 Asset Based Community Development Institute.

www.abilities.ca
Access Guide Canada, Abilities magazine 등 중요한 프로젝트를 시작한 Ray Cohen의 웹사이트.

http://www.advocacyschool.org/
Sean Moore's Advocacy School.

www.ashoka.ca
사회적 기업가의 국제 단체. 앨 에트만스키는 이 그룹의 회원으로 선정된 최초 캐나다인 두 명 중 하나이다.

http://www.hubcapbc.ca
BC Partners for Social Impact
기업, 정부, 지역 사회의 사회적 혁신가 및 사회적 기업가의 BC주 네트웍.

www.cdss.ca
Canadian Down Syndrome Society
긍정적 의사소통 방법 및 높은 도덕적 기준을 가진 선도적 옹호 기관.

http://chance.unh.edu/
The Center for Housing and New Community Economics
통합적이고, 저렴하고, 접근성이 좋은 주택을 보급하기 위해 노력하는 기관.

www.communityworks.info
사회적 개혁가, 훈련가, 상담가인 David and Faye Wetherow의 웹사이트.

www.fieldnotes.ca
경제적, 사회적 정의를 위해 글, 사진, 예술적 재능을 바쳐 헌신하는 Sandra Shields and David Campion의 웹사이트.

www.ilcanada.ca
캐나다에서 독립 생활 (Independent Living) 운동을 하는 기관.

www.in-control.org.uk
장애인과 가족들의 힘에 관한 증언. 노인 및 장애인들에게 직접 펀딩 혹은 준직접 펀딩을 주자는 캠페인을 이끌었음.

www.inclusion.com
Inclusion Press International의 웹사이트. Jack Pearpoint, Lynda Kahn, Cathy Hollands, Marsha Forest의 작품을 볼 수 있음.

www.judithnow.org

개인 및 사회적 차이가 바로 사회에 대한 기여와 기회의 창고라는 쥬디스 스노우의 통찰력이 담긴 웹사이트.

www.laidlawfdn.org

젊은이들로 하여금 건강하고, 창의적이고, 참여하는 시민이 되도록 독려하는 웹사이트. Nathan Gilbert와 그의 팀은 우리가 주도하는 Belonging Initiative의 후원자.

www.larche.ca

라르쉐 공동체는 PLAN의 가장 가까운 협력자로, 설립자 장 바니에르의 일을 구현하고 계승하고 있음. 시사하는 바가 많은 걸출한 캐나다인들과의 인터뷰를 담은 온라인 계간지 Human Future를 출간.

www.mcconnellfoundation.ca

JW McConnell Family Foundation의 웹사이트. PLAN과 PLAN Institute의 오랜 후원 재단.

www.normemma.com

통합 교육과 장애인 인권에 대한 강연, 워크샵, 교육훈련 등을 제공하는 Norman Kunc and Emma Van der Klift 팀의 웹사이트.

www.qualitymall.org

발달장애인을 위한 개인 중심 지원에 대한 정보를 제공. "Mall Store"에는 발달장애인들이 살고, 일하고, 참여하고, 지원의 질을 향상시키는데 도움이 되는 좋은 사례들을 볼 수 있음.

http://www.sigeneration.ca/home/labs/

사회적 혁신 연구소에 대한 소개 및 우수 사례에 대한 링크.

www.tamarackcommunity.ca

지역 참여, 지역 조직, 지역 회합 등에 관한 실질적 조언 및 정보가 담긴 웹사이트.

PLAN 관련 기관

Ability Tax and Trust

www.abilitytax.ca
장애인들과 가족들이 장애세액공제 및 혜택을 최대로 받을 수 있도록 소득세법에 대한 안내를 해 줌.

Autism Society of British Columbia

www.autismbc.ca
자폐인 및 가족들을 지원하는 부모 주도 협회.

BC Association for Child Development and Intervention

www.bcacdi.org
BC주에 있는 특수 아동 및 가족들에게 아동 발달 및 치료를 제공하는 에이전시 협회.

BC Brain Injury Association

www.bcbraininjuryassociation.com
BC주에 거주하는 후천적 뇌 손상 환자들의 이익을 대변하는 협회.

BC Centre for Ability

www.centreforability.bc.ca
삶의 모든 영역에서 통합을 지향하고 능력을 향상시키는 방향으로 지역기반 서비스를 제공함으로써 아동, 청소년, 성인 장애인과 가족들의 삶의 질을 향상시키는 것을 사명으로 함.

BC Coalition for People with Disabilities

www.bccpd.bc.ca
장애인을 대표하는 옹호 기관.

BC Paraplegic Association

www.bcpara.org
척수 손상 장애인 및 다른 신체 장애인들의 독립 생활, 자립, 지역사회 참여를 돕는 협회.

British Columbia Mobility Opportunities Society

www.disabilityfoundation.org
신체 장애인의 야외 활동을 지원하는 협회.

Canadian Mental Health Association– BC Division

www.cmha.bc.ca
BC 거주자의 정신 건강을 함양하고 정신 질환을 겪는 사람들의 회복을 지원하는 비영리 단체.

Canadian Red Cross—Aids to Independent Living Program

www.redcross.ca—click on AIDS TO INDEPENDENT LIVING PROGRAM
필요한 의료 장비를 구매하거나 임대할 자금이 없는 장애인들에게 의료장비 구매 및 임대를 위한 무이자 대출을 제공하는 프로그램.

Cerebral Palsy Association of BC

www.bccerebralpalsy.com

지역사회에서 뇌성 마비에 대한 인식을 제고시키고, 뇌성 마비 장애인들이 잠재력을 최대로 발휘하도록 돕고, 사회에서 동등한 위치를 갖고 살아갈 수 있도록 돕는 단체.

Choice in Supports for Independent Living (CSIL)

www.health.gov.bc.ca/hcc/csil.html

집에서 개인 돌보미를 고용하는 비용 지원 프로그램.

Coast Mental Health

www.coastmentalhealth.com

복지부에 장애인으로 등록된 정신 질환 장애인을 위한 Coast Financial Trust프로그램 운영.

Community Legal Assistance Society

www.clasbc.net

장애인과 관련있는 사안에 대해 무료 법률 상담 제공.

Community Living BC (CLBC)

www.communitylivingbc.ca

BC주에 거주하는 발달 장애인 및 가족들에게 서비스를 지원하는 정부 기관.

Down Syndrome Research Foundation

www.dsrf.org

다운 신드롬 장애인 및 가족들에게 연구에 기반한 상세 정보를 제공.

Family Support Institute

www.familysupportbc.com

캐나다 최초로 장애 자녀가 있는 가족들을 지원하기 위해 설립된 비영리 단체. 빅키 코맥이 초대 사무총장.

Inclusion BC (formerly BC Association for Community Living)

www.inclusionbc.org

발달 장애를 가진 아동, 청소년, 성인 및 그 가족들의 삶을 향상시키기 위해 설립된 단체로 능력 향상, 권리 옹호, 사회적 정의 구현을 사명으로 함.

Inclusion BC Self advocacy resources:

http://www.inclusionbc.org/resources/weblinks#Self_advocacy

INCOMMON.TV

지역 사회에서 사는 장애인들의 이야기를 나누는 웹 기반의 스토리 쉐어링 채널.

Infant Development Program of BC

www.idpofbc.ca

발달 지연의 위험이 있는 3세 이하 영아들을 지원.

Ministry of Social Development and Social innovation

www.gov.bc.ca/hsd

BC 장애 보조금, CLBC, 고용, 주택 및 장애인의 삶을 지원하는 프로그램 주관.

Nidus Personal Planning Resource Centre and Registry

www.nidus.ca

대리권 동의에 대한 정보 제공.

Opportunities for the Disabled Foundation

www.oftdw.org

신체 장애인들의 성취감을 고취하고 독립된 삶을 돕는 기관.

The Public Guardian and Trustee of British Columbia

www.trustee.bc.ca

BC주 법에 따라 아동들의 법적 권리와 재정적 이익을 보호하고, 성인 장애인의 재정 및 개인 신변에 관한 의사결정 지원, 연고자가 없는 고인이나 실종자의 유산을 관리하는 역할.

Saferhome Standards Society

www.saferhomesociety.com

신체적 필요나 나이와 관계없이 끊임없이 변하는 요구에 맞춰 보다 안전한 주택을 설계하고 건축하도록 필요한 정보를 제공하는 기관.

Self Advocate.Net

www.selfadvocate.net

장애를 가진 자기 옹호가들을 위해 자기 옹호가들이 만든 단체. 캐나다 및 전세계 자기 옹호가들과 링크 제공.

SET-BC(Special Education Technology)

www.setbc.org

학생들이 교육 프로그램에 접근할 수 있도록 보조 기술 장비를 (읽기, 쓰기, 의사소통 수단) 대여하는 BC주 교육부 프로그램.

Society for Disability Arts and Culture

(현 International Centre of Art for Social Change)

www.icasc.ca

밴쿠버에 소재한 기관으로, 장애를 가진 예술가들의 작품 전시 및 생산과 그들의 예술적 능력을 향상시키기 위한 목적으로 설립.

Vela Microboard Association

www.microboard.org

장애인을 위한 마이크로 보드 설립 지원.

PLAN quick links

PLAN Okanagan

www.planok.ca

Al Etmanski's blog

www.aletmanski.com

Planned Lifetime Advocacy Network
(PLAN Vancouver)

www.plan.ca

Al Etmanski's blog series:Tips for Solu-
tion-Based Advocacy

www.aletmanski.com/al-etmanski/tips-for-solution-

based-advocacy

RDSP Resource Centre

www.rdsp.com

PLAN Institute for Citizenship and Dis-
ability

www.planinstitute.ca

Tyze Personal Networks

www.tyze.ca

Here and Now Community Society

Here & Now는 캐나다 밴쿠버에서 한국 장애 가정의 어려움을 돕고, PLAN과 마찬가지로 장애 자녀가 행복한 삶을 살아가도록 돕기 위해 설립된 부모 중심의 비영리 기관으로서 다음과 같은 일들을 하고 있습니다.

- 웹사이트를 통해 필요한 정보를 영어 및 한글로 제공합니다.
- 매월 세미나 혹은 워크샵 개최를 통해 보다 자세한 정보를 전달합니다.
- 전화 및 개인 상담을 통해 맞춤형 지원을 합니다.
- 장애 자녀의 행복한 삶을 위한 미래 설계를 돕습니다.
- 장애 자녀의 네트워크 구축 및 유지를 돕습니다.
- 매월 사랑방 모임을 갖습니다. 사랑방 모임은 가족들이 가지고 있는 현안에 대해 논의하며, 경험이 많은 다른 가족들의 경험과 지식을 나누는 자리입니다.
- 매월 2박3일의 홈캠프를 통해 장애인의 사회성 증진 및 독립생활 능력 향상에 힘씁니다.
- 주 1회 아트 스튜디오 프로그램을 운영합니다. 아트 스튜디오는 장애인들이 만든 작품을 활용하여 카드, 달력 등을 제작 판매하고, 수익금은 참여자들과 공유하는 모델입니다.

보다 자세한 정보는 웹사이트 www.hereandnowca.org를 참조하세요.